JN122415

# 北海道の貨物列車

原田伸一・伊丹 恒 著

1本の列車にコンテナ100個を積んで、大地を駆け抜ける貨物列車。
「人以外、何でも運ぶ」ことで、北海道と全国の人々を結びつけている。
猛暑の夏も、凍てつく冬も、ひたむきな走りは止まることはない。
その姿は、北海道の壮大なパノラマの中で生き生きと躍動する。
深い峠で、輝く海岸で、そして緑なす草原で、
遠い街に向かう貨物列車をカメラで捉えた。

―――――― 写真　番匠克久

室蘭線　大岸駅－豊浦駅

函館線　七飯駅－大沼駅

石北線　生田原駅－西留辺蘂駅

石勝線　新夕張駅－占冠駅

室蘭線　有珠駅－長和駅

室蘭線　礼文駅ー大岸駅

石勝線　南千歳駅—追分駅

室蘭線　豊浦駅

根室線　富良野駅

石勝線　追分駅ー川端駅

室蘭線　小幌駅ー礼文駅

室蘭線　本輪西駅

# 第 1 章

# 「タマ臨」&「イモ臨」
# 秋の陣

北海道発の貨物の主役はなんと言っても農産物だ。タマネギ、ジャガイモ、カボチャ、乳製品、それにコメやブロッコリーなど、食卓の「主役・脇役」が顔をそろえている。収穫期の夏から秋にかけ、「北海道産」を旗印にした長大貨物列車が、隊列を組むように青函トンネルを抜けて本州に向かって行く。中には約2,700キロ離れた鹿児島県を目指す野菜もある。もちろん運ぶのは農産物だけではない。貨物列車は何を積んでどこに旅立つのか。まずはコンテナの扉を開いて、その中を探ってみたい。（列車番号は「レ」と省略します）

⇒タマネギは北見から休まず本州へ。東京都内に入り、眠らぬ街、新宿・歌舞伎町の未明のネオン街をひた走る。機関車はEH500形＝2019.11.14

# 北見発「全国行きタマネギ列車」

夏休みが終わりに近づいた2022年8月16日。オホーツク地方の内陸部、北見市内はこの日、太陽が顔を出さない雨模様の天気だった。重い空の下で、街が暮れなずんでいく。しかし、石北線北見駅の貨物専用4番線は高揚感に包まれていた。地元のタマネギを運び出す臨時8074レの今期一番列車が、エンジン音を響かせながら19時の発車時刻を待っている。

## PPで峠超える

コキ形コンテナ貨車11両、その上の5トン積みコンテナ合計55個にタマネギを満載した8074レ。その前後には、DF200形ディーゼル機関車が1両ずつ、編成を挟んで連結されている。これを「プッシュプル（PP）方式」といい、上り勾配に差し掛かると、前の機関車（本務機）だけでは力不足のため、後ろの補助機関車（補機）が押し上げる。途中、西留辺蘂駅－生田原駅の常紋峠、白滝駅－上川駅の北見峠の2つの難所を越えるためで、全国でも珍しい方式だ。2両とも同日13時56分着の8073レを引いて北旭川駅から到着し、タマネギの積み込みを待っていた。

北見駅の出発信号が青に変わり、札幌貨物ターミナル駅行きの同列車は、まずは183.9キロ先の北旭川駅を目指して発車した。編成の長さが約200メートルと、最大編成のほぼ半分なのは、急勾配対策と途中駅の構内が短いことによる。また、スイッチバックがある遠軽駅での進行方向変更は、機関車が2台付いているので、運転士が反対側運転席に移動するだけで良い。

暗闇の峠を越え、北海道北部の物流拠点、北旭川駅に到着したのは23時42分。ここで新たに貨車9両を組み入れ、合計20両の長編成になる。この9両も積んでいるのはタマネギで、先に北見からトラックで運ばれ、北旭川駅でコンテナに積み込まれていた。

タマネギの発送基地、北見駅。荷役作業が終わった8074レは、間もなく石北線を渡って4番線に入り、出発を待つ＝2022.11.2

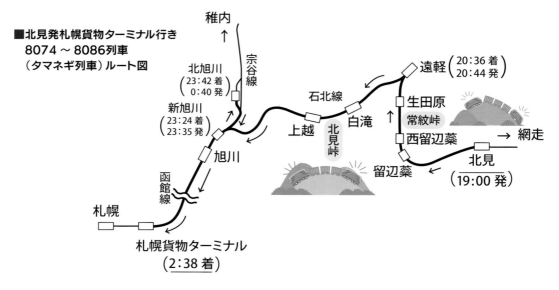

■北見発札幌貨物ターミナル行き
　8074 ～ 8086列車
　（タマネギ列車）ルート図

稚内
↑
宗谷線
北旭川
（23:42 着
　0:40 発）
新旭川
（23:24 着
　23:35 発）
旭川
函館線
札幌
札幌貨物ターミナル
（2:38 着）
石北線
上越
北見峠
白滝
遠軽（20:36 着
　　　20:44 発）
生田原
常紋峠
西留辺蘂
留辺蘂
北見
（19:00 発）
→ 網走

石北線沿線では箱に詰められ出荷を待つタマネギが見られる。東相内駅付近＝2022.11.2

　準備が整い、日付が変わった8月17日0時40分、札幌貨物ターミナル駅を目指して発車。このコースはほぼ平坦なので機関車は1両となる。同駅到着は2時38分。タマネギを積んだコンテナは、ここでさらに本州方面への列車に組み込まれ、全国の目的地に向かうことになる。列車運転の詳細は第4章で記述する。

## 北見の底力誇る

　北見市を中心とする北海道オホーツク総合振興局管内は冬は寒さが厳しく、夏は乾燥して暑い大陸的気候が様々な農産物を生み出している。とりわけ、タマネギ生産量は日本一だ。2020年のデータでは、日本のタマネギ収穫量は135万7千トンだが、うち北海道が89万2千トンで7割近く、さらにその7割を同振興局管内が占め、地域別トップを誇っている。
　中でもJAきたみらい（北見市）のタマネギは収穫量が多く、知名度も高い。太陽の光をいっぱい浴びるので「玉の締りが良い」「加熱すると甘みが出てくる」のが売りもの。JAきたみらいは北見市をはじめ、温根湯・留辺蘂・置戸・訓子府・相内・上常呂・端野の各農協が2003年に合併して誕生した大規模農協で、鉄道輸送をもって大量のタマネギを全国に送り込んでいる。
　さて、札幌貨物ターミナル駅で再編成されたタマネギの行き先は、東北、関東、関西圏はもとより、九州、四国も含めて日本全国に広がっている。例えば、2022年11月2日の8074レに積まれたタマネギの到着地を見てみると、東京は無論のこと八戸、横浜、長野、静岡、名古屋、金沢、岐阜、京都、大阪、神戸、広島、山口、松山、北九州、

DD51牽引時代の北見駅。常紋峠越えの本務機になるDD51 1157が積み込みを待っている＝2011.10.19

福岡、大分など全国都市圏をほぼ網羅している。

　また、東京都民の台所を支える東京・大田市場のタマネギを例に取ると、春はタマネギ生産全国2位の佐賀県産が80〜90パーセントを占めている。しかし、本格シーズンとなる夏以降は、一気に北海道産が90パーセントに達する。鮮やかな"秋の逆転劇"だ。ここにも北見発「タマネギ列車」の底力が見て取れる。現在の庶民価格を維持できるのも長距離大量輸送の貨物列車があってこそだ。

■[2019年度]
**北海道発のタマネギ・ジャガイモの輸送シェア**

2品目合計では道内発農産品全体の約40%を占めている

■2022年11月2日
**北見発　8074列車　コンテナの到着駅と品名一覧**
（17頁の積載通報をもとに作図）

DD51時代の石北線貨物列車。当時も今もタマネギが主役なのは変わらない＝生田原付近、2011.3.9

○ タマネギ
□ ジャガイモ
△ カボチャ
▽ 砂糖
× ニンニク

タマネギ畑（北見）

| 5 | 4 | 3 | 2 | 1 |
|---|---|---|---|---|
| 20D－280 北見→相模貨物 タマネギ | 20D－3482 北見→岐阜(タ) ジャガイモ | 19G－19687 北見→静岡貨物 タマネギ | 19D－25403 北見→静岡貨物 タマネギ | 19D－48053 北見→静岡貨物 タマネギ |
| 1両目コキ104－776 | | | | |
| 19D－35436 北見→高知ORS タマネギ | 19G－21543 北見→神戸(タ) タマネギ | V19C－80013 北見→熊谷(タ) カボチャ | V19C－1111 北見→宇部 カボチャ | 19G－8893 北見→京都貨物 タマネギ |
| 2両目コキ107－1795 | | | | |
| V19C－9286 北見→神戸(タ) タマネギ | 20G－506 北見→四日市 ジャガイモ | V19C－9221 北見→北九州(タ) タマネギ | V19B－6399 北見→竜王 タマネギ | V19C－9257 北見→新座(タ) カボチャ |
| 3両目コキ104－2558 | | | | |
| 19D－30537 北見→横浜羽沢 タマネギ | 19D－49021 北見→横浜羽沢 ジャガイモ | V19C－139 北見→北九州(タ) タマネギ | 20D－2203 北見→西大分 タマネギ | 20D－6720 北見→西大分 タマネギ・ニンニク |
| 4両目コキ104－1103 | | | | |
| 19D－51169 北見→新座(タ) ジャガイモ | 19D－45020 北見→百済(タ) タマネギ | V19B－2922 北見→金沢(タ) タマネギ | 19D－50421 北見→東福山 タマネギ | 19D－35658 北見→隅田川 ジャガイモ |
| 5両目コキ107－465 | | | | |
| 20D－7590 北見→東福山 タマネギ | 19G－15549 北見→熊谷(タ) タマネギ | 19G－22180 北見→名古屋(タ) タマネギ | 19G－17179 北見→名古屋(タ) タマネギ | 19D－47005 北見→名古屋(タ) ジャガイモ |
| 6両目コキ104－1451 | | | | |
| 19D－32837 北見→岡山(タ) タマネギ | 19D－41065 北見→伊予三島 タマネギ | 19D－31164 北見→東福山 タマネギ | V19C－3320 北見→岐阜(タ) ジャガイモ | 19D－80303 北見→伊予三島 タマネギ |
| 7両目コキ104－2227 | | | | |
| 19D－47871 北見→東青森 タマネギ | 19D－37110 北見→横浜羽沢 タマネギ | 19D－43745 北見→八戸貨物 タマネギ | 19D－34764 北見→横浜羽沢 タマネギ | 19D－40062 北見→南松本 タマネギ |
| 8両目コキ104－1107 | | | | |
| UV19A－750 北見→福岡(タ) ジャガイモ | V19C－1675 北見→横浜羽沢 ジャガイモ | 19D－42008 北見→倉賀野 砂糖 | V19B－2942 北見→横浜羽沢 ジャガイモ | V19C－8580 北見→新座(タ) ジャガイモ |
| 9両目コキ104－2326 | | | | |
| 20D－5964 北見→百済(タ) タマネギ | V19B－1901 北見→松山貨物 ジャガイモ | 19G－16701 北見→東京(タ) タマネギ | 19D－37950 北見→横浜本牧 ジャガイモ | 20G－2182 北見→横浜本牧 タマネギ |
| 10両目コキ107－1912 | | | | |
| 19D－45286 北見→福岡(タ) タマネギ | 19D－32726 北見→北九州(タ) タマネギ | 19D－36071 北見→神戸(タ) タマネギ | 19D－45804 北見→北長野 タマネギ | 19D－80351 北見→福岡(タ) タマネギ |
| 11両目コキ107－1431 | | | | |

# 帯広発「ジャガイモ超特急」

北見駅のタマネギ列車運行開始からほぼ1カ月後の2022年9月12日8時8分。今度は根室線帯広貨物駅からは臨時「馬鈴薯（バレイショ）列車」9078レの本年第1号がスタートした。近隣の士幌町農協で収穫されたジャガイモ500トンを積載。コンテナ車は20両から成り、一気に埼玉県の熊谷貨物ターミナル駅を目指す。「十勝の実りの秋」を関東一円に届けるシンボル列車だ。

なお、JR貨物など関係機関は同列車を「馬鈴薯列車」と命名しているが、文中では固有名詞を除き、一般的な「ジャガイモ」と記述する。

## 28時間で終着駅に

同列車は根室線、石勝線を通り、追分駅から室蘭線へ。東室蘭駅で臨時8054レに列車番号を変更し、最高速度を85キロから95キロに上げる。さらに函館線、北海道新幹線との共用区間などを経て本州に到達。東北線で2日目を迎え、JR東日本の大宮操車場に入る。ここからは下り列車となるため、臨時9085レに再度番号を変えて、熊谷貨物ターミナル駅に12時15分に到着する。途中コンテナの積み替えがない異例の直行列車で、所要時間は28時間7分。他の貨物列車に比べて8時間以上速く、東日本を秋だけ走る「ジャガイモ超特急」だ。

熊谷貨物ターミナル駅が終着なのは、同駅に隣接して士幌町農協熊谷事業所があるからだ。コンテナから下ろされたジャガイモは、いったん貯蔵庫に入れられ、翌年2月ごろから同農協のグループ会社でポテトチップスに加工され、さまざまな商品名で販売される。ジャガイモを下ろした専用列車は、今度は空のコンテナを積んで熊谷貨物ターミナル駅を16時44分発でとんぼ返りする。帯広貨物駅着は翌々日0時6分の長旅。そして再び、ジャガイモを積んで熊谷貨物ターミナル駅に向かうピストン輸送が繰り返される。

■帯広貨物発　熊谷貨物ターミナル行き臨時9078〜8054〜9085列車（ジャガイモ列車）ルート図

追分
東室蘭
←釧路
石勝線
函館貨物
帯広貨物（8:08 発）
青函トンネル
東北線
大宮操車場
○東京
熊谷貨物ターミナル（翌日 12:15）

| 列車番号の移行 |
| --- |
| 9078 列車　帯広貨物→東室蘭 |
| 8054 列車　東室蘭→大宮操車場 |
| 9085 列車　大宮操車場→熊谷貨物ターミナル |

## コンテナにジャガイモ満載

運転初日の9月12日に話を戻そう。帯広貨物駅では9078レを見送った後、時間をおかず、明日の同列車のための作業が始まった。現地で見ていると、屋根がある同駅貨物5番線にコンテナ車コキ104形6両が連なり、フォークリフトがジャガイモが入った網箱を次々とコンテナに積み込んでいく。箱の中はジャガイモ一番手となる「トヨシロ」だ。他の品種より一足早く収穫される。1個のコンテナに入るのは網箱2箱。コキ104形1両にはコンテナ5個を積めるので、網箱はコキ1両あたり10箱入る。

作業が進み、最後にコキ104−224積載の5個目のコンテナV19C−4061にトヨシロが収められた。コンテナの札を見ると、士幌町農協の農家名があり、9月4日に収穫したとある。これでコキ6両合わせて網箱60個の積み込みが完了した。コンテナの形式に「V」が着くのはベンチレーター、つまり通風式を表しており、ジャガイモの

帯広貨物駅でコンテナに積み込まれたジャガイモ。明朝、熊谷貨物ターミナル駅に向かう＝2022.9.12

鮮度を保つため必要なコンテナ。この時期、全国に散らばっている通風仕様をかき集めるのだという。

## 出発式で意気込み示す

引き続き、関係者や報道機関が見守る中、「馬鈴薯専用列車出発式」の特製ヘッドマークを付けたDF200－60がコキ形貨車に連結され、出発式

帯広貨物駅でのジャガイモ専用列車の出発式。農産物の傷みを防ぐため。荷役ホームには屋根が付けられている＝2022.9.12

が行われた。式が行われたのは今回が初めて。JR貨物の安田晴彦執行役員北海道支社長の「今年も安全に運びます」との挨拶の後、士幌町農協、日本通運らの関係者が機関車前に集合して記念撮影し、今年にかける意気込みをアピールした。11時52分、梅田蕙介帯広貨物駅駅長兼釧路貨物駅駅長が右手を高く掲げて「発車」と合図すると、ジャガイモを満載したコンテナ列車が動き出した。これはセレモニーなので本線には出ず、待機線に移動しただけだが、順次、他のコンテナと連結されて20両となり、明朝、「ジャガイモ専用2番手列車」として熊谷貨物ターミナル駅を目指す。

同列車は2022年は10月2日までの21日間で、ジャガイモ合計1万トンを輸送する計画。専用列車以外にも通常の貨物列車に組み込まれるケースもある。そのために、帯広貨物駅には所狭しとばかりにコンテナが2段に積み上げられ、出番を待っていた。

帯広貨物駅でジャガイモを待つコンテナ群＝2022.9.12

## 一寸停車

### ■■■「廃止案」、地元が跳ね返す ■■■

北見から全国に向けて出発するタマネギ専用列車。毎年順調に走っているが、2009年、JR貨物が従来3便（往復）だった運行を、「機関車、貨車の老朽化」「北見路線の赤字」を理由に、翌2010年から1便ずつ減らし、2012年には廃止する方針を示したことがあった。しかし地元は「タマネギ輸送の根幹を揺るがす事態」と危機感を露わにし、赤字補填のため運賃改定を受け入れて年間約4億円の収支改善に協力。さらに北見地域農産物輸送協議会を立ち上げて、北海道、北見市、訓子府町、美幌町が合計5千万円を出資する運びとなった。JR貨物も老朽化したDD51に代わり、廃止された石油輸送に使われていたDF200を充当する案を

示し、「2014年以降も1便運行する」ことが決まった。

減便分のタマネギはトラックで北旭川駅に運び、そこで貨物列車に積み替える。現在運行している8074レが同駅で貨車を増結するのは、その時の取り決めによっている。存続が決まった際、同協議会は扉にタマネギの愛らしいイラストが描かれた専用の私有コンテナ68個を製作。「北見・オホーツクのタマネギ」と一目で分かる工夫を凝らした。

ロゴとイラストで産地をアピールするタマネギ専用コンテナ＝東京貨物ターミナル駅、2023.1.19

# 道産野菜を全国へ

日本の「食糧基地」と言われる北海道。タマネギ、ジャガイモ、これに生乳を加えた3品目は、それぞれ全国の過半数を占める圧倒的存在だ。ホクレン（ホクレン農業協同組合連合会・札幌）の2020年度の資料では、ジャガイモは173万2千トンで全国の80パーセント、タマネギは88万6千トンで同66パーセント、生乳は416万トンで同56パーセントに上る。

こうした北海道産農産物の道外への移出量は年間350万トンにのぼる。うち252万4千トン（72パーセント）がホクレンの取扱分で、このうちJR貨物を利用するのが71万6千トンで3割近くになっている。内訳はタマネギが30万9千トン、ジャガイモが11万4千トン、コメが7万8千トンなど。これは鉄道貨物が小口輸送（コンテナ1個分5トン積単位）で使いやすく、全国の貨物取扱駅約140駅との連係も容易だからだ。近年では二酸化炭素抑制効果も重視されている。また、遠距離ほどコストの優位性が出てくる。ただ、生乳は品質維持のため、道外移出はフェリーやRORO（ローロー）船（トラックをそのまま船舶に積み込む）に回る。

## ブロッコリーも名乗り

タマネギとジャガイモという"ビッグ2"のほかにも様々な野菜があるが、近年輸送量が増えているのは冷涼作物とされるブロッコリーだ。6月末から夏場にかけて増え始め、9月にもう一度ピークが来る。十勝の音更町、空知の沼田町、札幌市近郊の江別市などが主な産地。2020年度は2万9,500トン（全国の17パーセント）と、この10年間でほぼ1.5倍の人気になった。

鉄道輸送にあたっては、遠距離でも鮮度を保つため、発泡スチロールの箱にブロッコリーを詰め、動かないよう隙間に細かい氷を入れる。そのうえで保冷コンテナに積み、東京など大都市圏に運ぶ。

これだと万が一、貨物列車が1日程度止まっても、食卓に上るまで鮮度が落ちることはほとんどないという。ブロッコリー輸送が増えたのを機に、生産者やホクレンがより効果的な詰め方を求めて取り組んだ成果だ。

## ドライバー不足にも対応

一方、ここ数年、トラックの運転手不足が深刻さを増している。若い層の成り手が少なく、高齢運転手の比率が高くなっている。さらに2024年からの法改正で労働時間の規制が厳しくなる（2024年問題）など、先行きは不透明だ。海上輸送も船員不足が続き、同様の状況にある。

これについてホクレン物流部は「道内には札幌貨物ターミナル駅をはじめ貨物駅など13カ所の拠点があり、そこに農産物をトラックで運び込んでコンテナに乗せれば、運転手の負担を軽減できる。長距離の鉄道と短距離のトラックを組み合わせることで、トラックの輸送距離が短くて済み、ドライバー不足にも対応可能だ」と長所を説明する。ただ、鉄道輸送は基本は5トン積みのコンテナを使用するので、少量だと割高になったり、災害や事故の影響を受けやすいのが短所だという。

貨物駅で活躍するトラック。運転手不足が悩みだ＝札幌貨物ターミナル駅、2022.9.29

# 北海道の弱点浮き彫りも

## コンテナ年間輸送量213万トン

　JR貨物北海道支社がまとめた2021年度の資料によると、コンテナによる年間の品目別輸送量の合計は213万1,600トンに上った（道内間輸送も含む）。うち農産物（ホクレン取扱以外を含む）が122万5,300トンで57パーセントを占めている。内訳はタマネギが断然トップの1位で35万2,800トン（16.5パーセント）、2位が砂糖で18万6,800トン（8.8パーセント）、3位が野菜類で17万2,900トン（8.1パーセント）、4位がジャガイモの15万1,900トン（7.1パーセント）、次いで乳製品、民間流通米などとなっている。

　2017年度以降の取扱合計量の推移（千トン以下切り捨て）を見てみよう。表にあるように、2017年度は254万9千トン、2018年度は237万8千トンだったが、2019年度は231万トン、2020年度は225万トン、2021年度は213万トンと鈍化傾向が続いている。これは①2019年度以降の新型コロナ感染拡大による経済停滞②天候による農産物の出荷減③デジタル化による紙類の減少—などが理由として考えられる。ただ、この中の主体である農産物は60パーセント弱を維持しており、基本的な構図は変わらない。

## 発着格差に課題

　北海道と道外を往来する輸送量は、道外への発送に比べて本州方面からの到着が多い。2021年度の統計では、発送が185万トン、到着が200万トンで、15万トンの差があった。こうした傾向は長く続く北海道の特色だ。主な発送品目と輸送量は、前述のタマネギをはじめとする農産品のほか、自動車部品、紙製品、合板など原材料が目立つ。札幌圏を中心に菓子類、ご飯類、水

### ■コンテナ主要品目輸送量実績

単位：千トン

| 年度 | | 2017 | 2018 | 2019 | 2020 | 2021 |
|---|---|---|---|---|---|---|
| 米 | 政府米 | 3.8 | 0.9 | 3.8 | 0.9 | 0 |
| | 民間米 | 125.4 | 117.6 | 115.9 | 105.9 | 107.4 |
| | 計 | 129.2 | 118.5 | 119.7 | 106.8 | 107.4 |
| ジャガイモ | | 207.8 | 177.7 | 185.3 | 179.1 | 151.9 |
| タマネギ | | 431.9 | 391.6 | 419.7 | 432.4 | 352.8 |
| 野菜類 | | 230.6 | 172.7 | 179.9 | 185.3 | 172.9 |
| 豆 | | 70.5 | 69.8 | 62.3 | 62.7 | 69.5 |
| 乳製品 | | 128 | 122 | 119.3 | 120.7 | 122.9 |
| 砂糖 | | 188.1 | 193.2 | 192.2 | 184.8 | 186.8 |
| 紙類 | | 74.8 | 55.7 | 50.8 | 44.1 | 37.7 |
| 床・合板 | | 23.8 | 21 | 18.7 | 16.6 | 15.9 |
| 引越荷物 | | 55.8 | 51.8 | 45.1 | 36.7 | 38.1 |
| 特積貨物 | | 122.5 | 112.6 | 104.3 | 96.1 | 90.2 |
| 菓子類 | | 57 | 59.7 | 59.2 | 54.3 | 53.3 |
| 酒・ビール | | 12.8 | 14.8 | 14.7 | 12.4 | 12.3 |
| 清涼飲料 | | 43.2 | 44.7 | 33.6 | 29.8 | 30.2 |
| 水産品 | | 16.9 | 17 | 16.2 | 15.9 | 15.5 |
| でん粉 | | 47.5 | 44 | 45.8 | 44.2 | 45.6 |
| 返回送コン | | 158 | 157.4 | 140.9 | 138.2 | 135.5 |
| 自動車部品 | | 35.4 | 34.3 | 22.3 | 16.4 | 17.5 |
| エコ関連 | | 71.4 | 76 | 50.3 | 65.9 | 67.8 |
| パレット | | 86.7 | 89.2 | 89.7 | 92 | 91.1 |
| LNG | | 27.6 | 27 | 24.8 | 16.2 | 15.3 |
| その他 | | 330.2 | 327.8 | 315.4 | 300.3 | 301.6 |
| 計 | | 2549.6 | 2378.5 | 2310.1 | 2251 | 2131.6 |

（道内間輸送も含む）

### コンテナ発着トン数

単位：トン

| 年度 | | 2017 | 2018 | 2019 | 2020 | 2021 |
|---|---|---|---|---|---|---|
| 発送 | 北海道→本州 | 2,235,956 | 2,055,309 | 2,023,931 | 1,973,996 | 1,858,088 |
| | 道内間 | 313,689 | 323,144 | 286,158 | 276,967 | 273,549 |
| | 計 | 2,549,645 | 2,378,453 | 2,310,089 | 2,250,963 | 2,131,637 |
| 到着 | 本州→北海道 | 2,298,434 | 2,248,083 | 2,164,726 | 2,069,998 | 2,009,304 |

### ■北海道における鉄道貨物コンテナ品目別輸送量

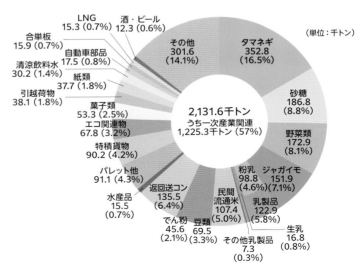

（単位：千トン）

LNG 15.3 (0.7%)
酒・ビール 12.3 (0.6%)
その他 301.6 (14.1%)
タマネギ 352.8 (16.5%)
合単板 15.9 (0.7%)
自動車部品 17.5 (0.8%)
清涼飲料水 30.2 (1.4%)
紙類 37.7 (1.8%)
引越荷物 38.1 (1.8%)
菓子類 53.3 (2.5%)
エコ関連物 67.8 (3.2%)
特積貨物 90.2 (4.2%)
パレット他 91.1 (4.3%)
水産品 15.5 (0.7%)
返回送コン 135.5 (6.4%)
でん粉 45.6 (2.1%)
豆類 69.5 (3.3%)
その他乳製品 7.3 (0.3%)
生乳 16.8 (0.8%)
乳製品 122.9 (5.8%)
民間流通米 107.4 (5.0%)
粉乳 98.8 (4.6%)
ジャガイモ 151.9 (7.1%)
野菜類 172.9 (8.1%)
砂糖 186.8 (8.8%)

2,131.6千トン
うち一次産業関連
1,225.3千トン (57%)

（ペットボトル）などもあるが、加工品は少数派にとどまっている。

　一方、道外からはさまざまな品目が送られて来る。大半は札幌貨物ターミナル駅に到着するもので、宅配貨物、飲料水、加工食品、衣類、書籍、各種雑貨と生活に密着した多様な品目が見られる。特に関東圏との出入りは、北海道から77万トンを送っているのに対して、関東からは102万トンの到着があり、その差は少なくない。首都圏との経済力の違いが、こうした数字にも反映されている。

　また、北海道特有の季節変動も見逃せない。2021年度で見てみると、道外への発送は4月〜8月にかけて月間10万〜14万トンで推移するが、農産物出荷が本格化する9月〜10月は月間23万トン近くに跳ね上がる。しかし11月から下降基調になり、年明けの2月は10万トンがやっとの水準。そして、人や物が動く3月は持ち直して

■北海道における貨物鉄道輸送〜月別輸送実績〜

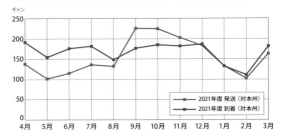

16万トン強に一度上昇する。これが毎年繰り返される傾向だ。

　これに対して、道外からの到着は引越時期の4月と、歳暮やクリスマス関連品などが配達される12月が19万トン前後でピークとなる。年明け1月の13万トン、2月の11万トンへの落ち込みを除けば、おおよそ15万〜20万トンで推移している。これは食料加工品、日用品、電化製品など、あまり季節を問わない完成品が多いからだ。

　もちろん、鉄道貨物が北海道経済をすべて反映しているわけではない。北海道発の特徴的な産品の貨物のシェアは、タマネギが64パーセント、ジャガイモは37パーセントを占めるものの、ほかはトラックや船舶が分け合っている。ただ、北海道から季節を問わず送り出す産物を増やすことが、鉄道貨物を効率よく発展させることにつながっていく。

■北海道発着の輸送品目と輸送量

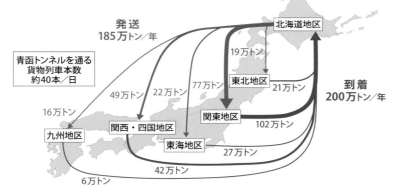

■北海道における貨物鉄道輸送　〜月別輸送実績〜

単位：トン

| 年度 | 区分 | | 4月 | 5月 | 6月 | 7月 | 8月 | 9月 | 10月 | 11月 | 12月 | 1月 | 2月 | 3月 | 合計 |
|---|---|---|---|---|---|---|---|---|---|---|---|---|---|---|---|
| 2021年度 | 発送 | 本州 | 137,935 | 101,622 | 115,286 | 136,228 | 132,143 | 225,686 | 224,381 | 202,648 | 183,082 | 133,170 | 102,307 | 163,600 | 1,858,088 |
| | 発送 | 道内 | 23,950 | 20,034 | 23,046 | 22,771 | 19,534 | 21,295 | 24,716 | 22,982 | 26,914 | 20,725 | 16,515 | 31,067 | 273,549 |
| | 発送 | 計 | 161,885 | 121,656 | 138,332 | 158,999 | 151,677 | 246,981 | 249,097 | 225,630 | 209,996 | 153,895 | 118,822 | 194,667 | 2,131,637 |
| | 到着(本州➡道内) | | 191,650 | 154,469 | 176,100 | 181,779 | 148,648 | 176,799 | 185,097 | 182,047 | 186,774 | 132,830 | 111,199 | 181,912 | 2,009,304 |
| 2020年度 | 発送 | 本州 | 148,564 | 95,534 | 110,116 | 136,881 | 158,091 | 232,853 | 253,481 | 209,333 | 182,595 | 118,929 | 149,017 | 178,602 | 1,973,996 |
| | 発送 | 道内 | 22,232 | 20,155 | 23,473 | 22,280 | 19,666 | 19,263 | 23,719 | 24,470 | 27,140 | 21,859 | 24,064 | 28,646 | 276,967 |
| | 発送 | 計 | 170,796 | 115,689 | 133,589 | 159,161 | 177,757 | 252,116 | 277,200 | 233,803 | 209,735 | 140,788 | 173,081 | 207,248 | 2,250,963 |
| | 到着(本州➡道内) | | 185,853 | 150,483 | 176,806 | 185,560 | 156,068 | 186,045 | 198,680 | 180,317 | 185,780 | 120,043 | 147,711 | 196,652 | 2,069,998 |
| 2019年度 | 発送 | 本州 | 143,766 | 106,272 | 115,192 | 145,001 | 163,193 | 238,416 | 173,002 | 229,201 | 191,460 | 166,993 | 171,173 | 180,262 | 2,023,931 |
| | 発送 | 道内 | 24,405 | 21,695 | 21,715 | 22,065 | 19,029 | 21,950 | 22,568 | 25,333 | 28,868 | 26,014 | 25,736 | 26,780 | 286,158 |
| | 発送 | 計 | 168,171 | 127,967 | 136,907 | 167,066 | 182,222 | 260,366 | 195,570 | 254,534 | 220,328 | 193,007 | 196,909 | 207,042 | 2,310,089 |
| | 到着(本州➡道内) | | 198,423 | 172,683 | 181,552 | 196,529 | 172,074 | 196,852 | 151,867 | 194,182 | 184,543 | 155,168 | 167,016 | 193,837 | 2,164,726 |

[たみらいタマネギ集出荷施設]
たみらいの集出荷施設でコンテナに積み込
20キロ箱のタマネギ。厳冬期には内部に
ートを張るなど細かな気配りをしている

## 道産タマネギ列島縦断 2,700キロ

カメラルポ

　北見産のタマネギは日本列島を縦断し、遠く九州まで運ばれる。その中心地、福岡までの距離はざっと2,700キロ。ならば経路をたどり、福岡の消費者が北見産タマネギを手にする瞬間をカメラに収めたい。そのために2019年11月12日、まずは北見市のJAきたみらいのタマネギ集出荷施設を訪れた。

　びっしり並んだタマネギは茶色の皮がつやで光り、まさに食べごろを迎えていた。多い日には5トンコンテナで約300個分を送り出す発送基地。「北海道　オホーツク」のロゴ入りコンテナもあり、それらがトレーラーに積み込まれて行く。

　北見駅発のタマネギ列車は1日1本で、コンテナを55個しか積めない。このため、他のタマネギを車で北旭川駅まで運ぶ「列車代行」方式が取られている。冬間近の国道を走り抜けたトレーラーが北旭川駅に着くと、コンテナはフォークリフトでコキ形貨車に積み替えられる。20両編成の貨物列車に組み込まれたタマネギは、照明が輝く駅構内を翌日未明に出発。貨車に揺られながらの長い旅が始まった。

[北旭川駅]　北旭川駅は貨物専用駅で、道北・道東の農産品などをコンテナで関東や関西へ届けるJR貨物最北の物流拠点だ

正午前、青函トンネルで北海道新幹線「はやぶさ」とすれ違う。
「はやぶさ」と貨物列車の共存は、新幹線高速化のネックになるとして
「貨物全面撤退」案が表面化したこともあるが、農業団体や流通業者が
説得にあたり、物流ルートとしての重要性が改めて認識された経緯もある。

［青函トンネル］
53.9キロの青函トンネルの中での運転は格別の緊張を強いられる。
運転士は前方と計器を確認し、速度を一定に保ちながら走行する
＝2019.10.9（カメラルポとは別途撮影）

本州に入ると日本海側、太平洋側のルートがあり、今回は太平洋側を進んだ。
東北、関東を走り抜け、3日目の14日朝、西浜松駅に着いた。
コンテナはいったん下ろされ、約23時間後に出発する
福岡貨物ターミナル駅行きの列車を待った。

輸送情報

| 駅名称 | 発着区分 | 年月日 | 時刻 | 列車番号 |
|---|---|---|---|---|
| 北見 | 発 | 2019/10/12 | 01:40 | 28便 |
| 北旭川 | 着 | 2019/10/12 | 19:05 | 28便 |
| 北旭川 | 発 | 2019/10/13 | 00:30 | 82レ |
| 苫小牧貨物 | 着 | 2019/10/13 | 03:11 | 82レ |
| 苫小牧貨物 | 発 | 2019/10/13 | 04:53 | 3080レ |
| 西浜松 | 着 | 2019/10/14 | 09:01 | 3071レ |
| 西浜松 | 発 | 2019/10/15 | 08:05 | 5071レ |
| 福岡（タ） | 着 | 2019/10/16 | 00:59 | 5071レ |

［名古屋駅］旅客列車の間を縫い、東海地方の中心地、名古屋駅を通過。「北海道　オホーツク」の
ロゴ入りタマネギコンテナはホームの客の目にも留まるだろう

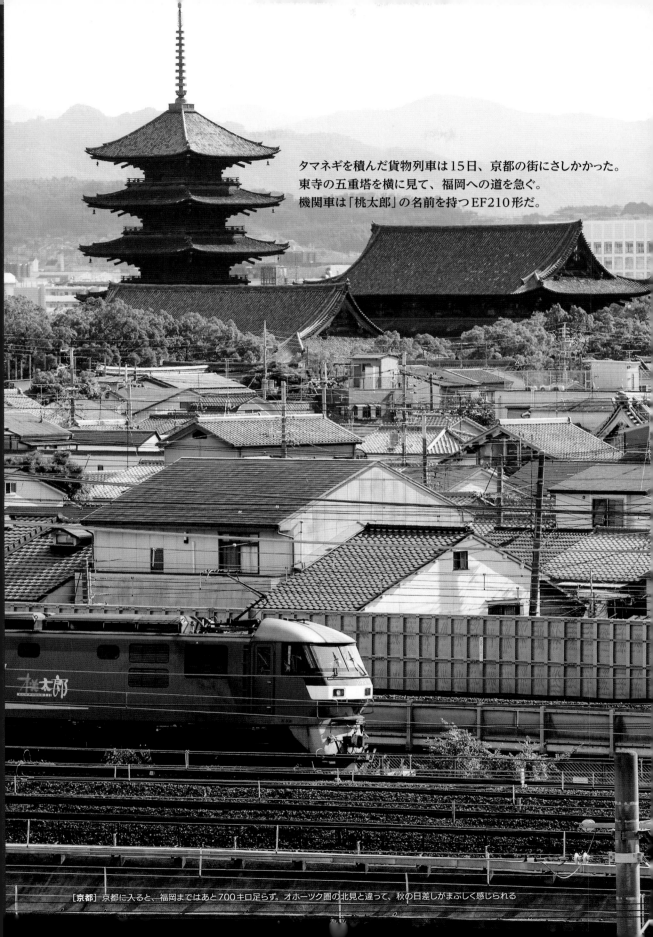

タマネギを積んだ貨物列車は15日、京都の街にさしかかった。
東寺の五重塔を横に見て、福岡への道を急ぐ。
機関車は「桃太郎」の名前を持つEF210形だ。

［京都］京都に入ると、福岡まではあと700キロ足らず。オホーツク圏の北見と違って、秋の日差しがまぶしく感じられる

[JR貨物福岡貨物ターミナル駅]
福岡に到着しフォークリフトで降ろされるコンテナ

[福岡市中央卸売市場]
競りが行われる場内

終点福岡に到着した時、日付は16日に変わって
いた。早朝の福岡市中央卸売市場。オホーツクや
上川、十勝など道内産タマネギが入った段ボール
箱がずらりと並ぶ。福岡市中央卸売市場は福岡貨
物ターミナル駅からトラックで15分ほど。競りを仕
切った卸売業者は「この時期に扱うタマネギは北海
道産が9割。品質はもちろん、安定供給が高い産
地評価につながっています」と話す。生産者と物流
のタッグが、北海道ブランドを支えている。

[福岡市内スーパー]
スーパーに北見産タマネギが並ぶ。
タマネギを手に取った主婦の顔が
ほころんだ。今夜はカレーライス?
それともシチューかな?

第2章 ———————————

# 貨物駅
# 深夜も休まず

鉄道の花形と言えば、新幹線や特急列車が代表だろう。しかし、深夜になると、コンテナを連ねた貨物列車が大手を振って走り出す。そのため、大規模貨物駅は夜も忙しい。24時間休みなく働く貨物ターミナル・貨物駅の現場を見た。

不夜城のような北旭川駅。1960年代から活躍したDD51
（写真左）が休みなく働いていた＝2010.4

# 北海道の貨物駅　その素顔を見る

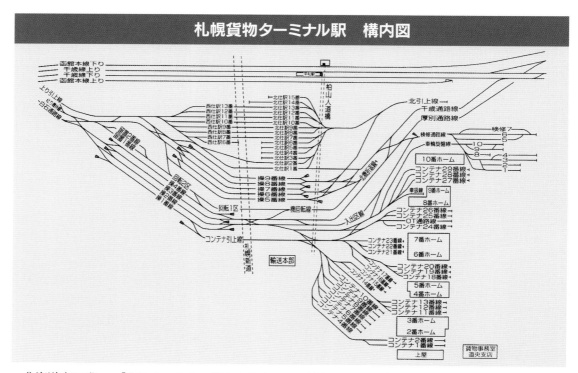

札幌貨物ターミナル駅　構内図

北海道内で唯一、「貨物ターミナル駅」と称されるのは、人口197万人の政令指定都市である札幌市の東部、白石区平和通にある札幌貨物ターミナル駅だ。JR千歳線平和駅から間近に見ることができる。ヤードの最大長は3.1キロ、最大幅は320メートルの大規模施設。ただ、札幌駅や小樽駅方面への貨物列車の定期運転はない。同駅は昼間、貨車やコンテナ、トラックが休みなく行き交っているが、駅員は「仕事のピークは夜。もっと忙しい」と気を引き締める。

## コンテナ取扱量全国2位

貨物のうち、同駅で取り扱うコンテナの発着合計量は、2021年度で見ると、236万トンとなっている。これは、東京貨物ターミナル駅に次ぐ第2位のランキングだ。発着で分けると、発送貨物が75万トン。内訳は返回送コンテナ、引越荷物、鉱産品、畜産品、水産品など、区分けしにくい品目をまとめた「その他（混載）」が1位で21万トン（28パーセント）、2位が農産品・青果物18万トン（24パーセント）、3位が食料工業品13万トン（17パーセント）となっている。それ以下は工業品、宅配便等、エコ関連物資などだ。農産品には札幌や岩見沢方面のタマネギなど多種の品種が含まれている。

一方、到着貨物は161万トンあり、発送の2倍

札幌貨物ターミナル駅には早朝、続々と本州からの列車が到着する。DF200−61が引く百済貨物ターミナル駅発83レ＝2022.6.10

以上に達する。内訳は食料工業品が40万トン（25パーセント）、2位は宅配便等が38万トン（24パーセント）、「その他」が27万トン（17パーセント）。以下、紙・パルプ、化学工業品、他工業品、化学薬品、農産品・青果物などが10パーセント未満で並んでいる。このうち、新型コロナウイルスの影響で増えたとされる宅配便の発着を見ると、発送が7万トンにとどまっているのに対し、到着が38万トンと5倍以上に上っている。札幌は出荷するより受け取る方が断然多い、という偏った実態が浮き彫りにされている。

ただ、同駅は北旭川駅など札幌以遠の駅との中継基地で、札幌以外から発送され、同駅を経由する貨物が90万トンある。それらも発送に加えると、札幌貨物ターミナル駅の発送貨物と到着貨物は、ほぼ同じ量になるという。

## 青函トンネルで時間調整

貨物時刻表によると、2022年3月現在、同駅発着の貨物列車は千歳線と函館線合わせて63本（臨時列車も含む）に上っている。うち本州を往来するのは51本で、同駅発上り列車の行き先は八戸、仙台、新潟、宇都宮、東京、隅田川、越谷、相模、西浜松、大阪、吹田、百済、名古屋、福岡の各ターミナル駅及び貨物駅となっている。

夜間の列車が到着すると、フォークリフトによるコンテナを下す作業が始まる。トラックも列を作って順を待つ

そうした本州連絡列車に関し、札幌貨物ターミナル駅の発着時刻を見ると、際立った特徴がある。上り列車の発車は17時35分の3064レ以降、20時28分発の6092レまで2時間53分間は1本も発車せず、空白時間帯となる。ところが、6092レ以降は翌日0時43分まで4時間15分の間に、臨時を含めて9本が相次いで発車する。"ラッシュアワー"とは言わないまでも、1日で一番混み合う時間帯だ。だから夜が忙しくなる。一方、下りの到着は5時台と6時台に6本が集中して到着するが、6時52分着の8077レ以降、9時57分着の3057レまで1本も入って来ず、3時間5分間の空白が生じている。

これは北海道新幹線と貨物列車の共用区間となっている青函トンネルが要因だ。同トンネルは毎日、北海道新幹線が通過しない未明の1時から

### ■札幌貨物ターミナル駅を発着するコンテナ輸送品目内訳

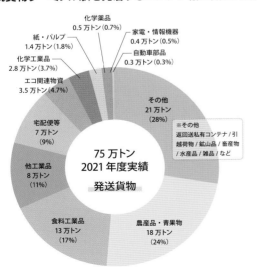

化学薬品
0.5万トン（0.7%）
家電・情報機器
0.4万トン（0.5%）
紙・パルプ
1.4万トン（1.8%）
自動車部品
0.3万トン（0.3%）
化学工業品
2.8万トン（3.7%）
エコ関連物資
3.5万トン（4.7%）
その他
21万トン（28%）
宅配便等
7万トン（9%）
※その他
返回送私有コンテナ／引越荷物／鉱山品／畜産物／水産品／雑品／など
他工業品
8万トン（11%）
75万トン
2021年度実績
発送貨物
食料工業品
13万トン（17%）
農産品・青果物
18万トン（24%）

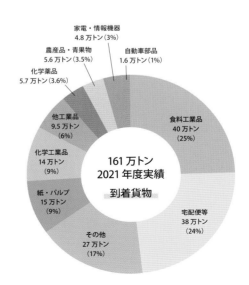

家電・情報機器
4.8万トン（3%）
自動車部品
1.6万トン（1%）
農産品・青果物
5.6万トン（3.5%）
化学薬品
5.7万トン（3.6%）
他工業品
9.5万トン（6%）
食料工業品
40万トン（25%）
化学工業品
14万トン（9%）
161万トン
2021年度実績
到着貨物
紙・パルプ
15万トン（9%）
宅配便等
38万トン（24%）
その他
27万トン（17%）

※札幌夕は札幌貨物ターミナル駅
※青森信は青森信号場

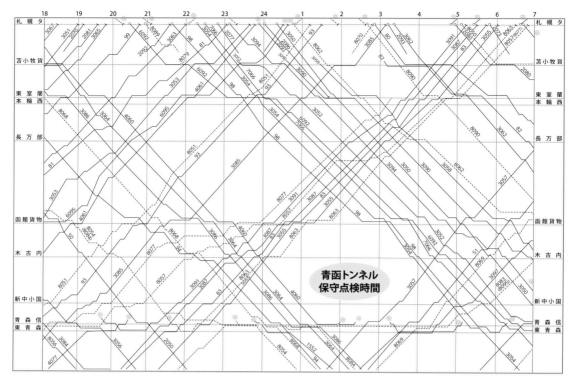

3時30分までの間に線路の保守点検作業が行われる。このため、この時間帯は貨物列車も走ることが出来ず、その結果、札幌貨物ターミナル駅の発着時間を調整する必要が求められる。

　例えば札幌貨物ターミナル駅発の場合、空白時間帯が始まる17時35分発の3064レが青函トンネルを通過するのは日付が変わる0時ごろ。ただ、途中苫小牧駅で先行の4060レを追い越すので、

青函トンネルを通過するのは4060レが区切りとなり、0時30分ごろとなる。これ以降、4時20分ごろまで上りは途切れる。一方、下りは23時30分ごろ、3055レが通過後、次の列車は4時ごろの3057レと、4時間半ほどの空白ができる。こうして、ダイヤのやり繰りをしながら、青函トンネルの保守作業の時間帯を確保しているわけだ。

全国的な寒波が過ぎ去り、平常通りの時間に発車する隅田川駅行き
3056レ＝2023.1.28

札幌貨物ターミナル駅は冬になると線路が埋もれる。発着や入換が止まらないよう、除雪機が懸命に走り回る＝2023.1.17

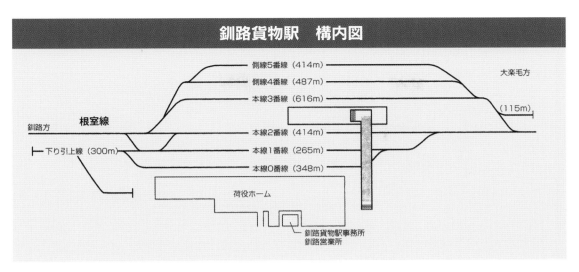

## 釧路貨物駅　構内図

側線5番線 (414m)
側線4番線 (487m)
本線3番線 (616m)
(115m)
大楽毛方
根室線
釧路方
本線2番線 (414m)
下り引上線 (300m)
本線1番線 (265m)
本線0番線 (348m)
荷役ホーム
釧路貨物駅事務所
釧路営業所

　釧路貨物駅はJR釧路駅の帯広寄りにあり、国鉄からJR貨物に引き継がれた以降、新富士駅として貨物を取り扱ってきた。しかし、2011年3月、釧路貨物駅に名称変更。JR釧網線の中斜里ORS（オフレールステーション）とはトラックで代行輸送している。貨物駅としては日本最東端だ。同駅発着の貨物列車は札幌貨物ターミナル駅発の下りが2091レと2093レの2本、同ターミナル駅行きの上りは2092レの1本。このほか上りでは、帯広貨物駅行きの2094レがあり、これは同駅で札幌貨物ターミナル駅行きの列車に引き継ぐ。2020年度、コンテナの取扱量は1日平均、発送が71個、到着は43個だった。

釧路貨物駅発札幌貨物ターミナル駅行き2092レの先頭に立ち、発車を待つDF200－10＝釧路貨物駅、2021.2.19

## 乳製品と砂糖で半分占める

　2021年度の発送品目を見ると、総計13万3千トンのうち、広大な酪農地帯を背景に乳製品が1位で24パーセント。次が砂糖で23パーセント。この2つでほぼ半分を占めている。3位は海産物

のコンブで5パーセント、生乳が3パーセントと続いている。取扱量は2015年度、16万5千トンあったが、その後、製紙工場の撤退による産業不振や新型コロナウイルスの感染拡大の影響もあり、ほぼ12〜13万トン台に低迷している。ちなみに大手製紙工場が稼働していた2010年度は紙製品だけで3,140トンを数えていたが、工場閉鎖となった後の2021年度はわずか5トンに激減し、痛手となった。

### ■釧路貨物駅 主要品目別コンテナ発送実績

単位：トン

| 品目/年度 | 2010 | 2011 | 2012 | 2013 | 2014 | 2015 | 2016 | 2017 | 2018 | 2019 | 2020 | 2021 |
|---|---|---|---|---|---|---|---|---|---|---|---|---|
| 砂糖 | 9,190 | 5,720 | 12,150 | 8,590 | 13,145 | 33,385 | 31,125 | 31,165 | 31,850 | 35,190 | 31,545 | 30,415 |
| 乳製品 | 35,865 | 35,870 | 37,595 | 33,110 | 31,427 | 28,200 | 26,695 | 28,870 | 28,165 | 29,400 | 30,155 | 31,880 |
| 生乳 | 6,900 | 6,850 | 5,520 | 9,600 | 7,968 | 8,945 | 4,670 | 7,015 | 7,490 | 7,005 | 6,430 | 3,920 |
| 引越荷物 | 5,315 | 5,070 | 4,120 | 4,755 | 4,785 | 4,240 | 3,585 | 4,105 | 3,830 | 3,390 | 2,960 | 3,705 |
| コンブ | 8,060 | 8,910 | 8,005 | 6,745 | 7,450 | 8,095 | 7,275 | 7,230 | 7,335 | 6,935 | 6,920 | 6,815 |
| 紙製品 | 3,140 | 1,490 | 185 | 475 | 235 | 335 | 400 | 550 | 350 | 30 | 10 | 5 |
| その他 | 45,303 | 41,159 | 42,918 | 52,155 | 38,262 | 82,089 | 62,667 | 73,043 | 49,785 | 59,631 | 49,435 | 56,159 |
| 合計 | 113,773 | 105,069 | 110,493 | 115,430 | 103,272 | 165,289 | 136,417 | 151,978 | 128,805 | 141,581 | 127,455 | 132,899 |

（図：帯広貨物駅構内図）

JR根室線帯広駅の西方、西帯広駅と柏林台駅の間にある帯広貨物駅は、ジャガイモの全国一の発送地として知られている。毎年秋には埼玉県の熊谷貨物ターミナル駅に向かってジャガイモ専用臨時列車が運行されるほどだ。

## 農業王国の実力誇示

この「ジャガイモ看板」が貢献し、2021年度の貨物駅別の年間発送量を見ると、札幌貨物ターミナル駅の75万トンに続いて33万トンで2位になった。その内訳は1位が砂糖で7万4千トン（22.3パーセント）、2位がジャガイモで6万7千

ジャガイモの出発基地帯広貨物駅で待機する2両のDF200＝2022.9.12

トン（20.3パーセント）、生野菜が4万6千トン（13.8パーセント）、豆類が4万トン（12.2パーセント）で、「農業王国」の実力を誇示している。最近はブロッコリーが人気で、輸送量も増大しつつある。

帯広市西部にあり、国道38号に面した帯広貨物駅構内は仕訳線が13本あり、コンテナホームは4面6線。そのうち、最も北側のホーム貨物5番線には雨や雪を防ぐ上屋が付けられている。荷役可能は7両で、ジャガイモの積み込みはこのホームで行われる。帯広貨物駅発の貨物列車（臨時を含む）は5本で、本州及び苫小牧貨物駅への列車はすべて追分から室蘭線に入る。また到着も5本となっている。これに秋にはジャガイモ専用列車が加わる。

## 「きたひめ」が人気ナンバーワン

士幌町農協のジャガイモを運ぶ「ジャガイモ専用臨時列車」（第1章参照）は、2022年には9月12日から10月2日まで20日間（途中1日は台風で休止）運転された。1本でコンテナ車20両、12フィートコンテナ100個（合計500トン）を熊谷貨物ターミナル駅に輸送。総量は計画の1万トン

には届かなかったが、合計8,700トンを輸送した。

品種は一番人気が「きたひめ」（6千トン、69パーセント）で、次いで「トヨシロ」（2千トン、23パーセント）、残りは「スノーデン」の3種類だ。きたひめは低温貯蔵後にチップにすると色上りが優れ、トヨシロはサイズ大きめ、扁円形で加工しやすいという。収穫時期が早い「トヨシロ」が先陣を切り、次いで"女王"「きたひめ」の出番となる。これらは同農協のグループ企業の工場でポテトチップスに加工される。

## 難所にはクマも出没

帯広貨物駅を出て札幌貨物ターミナル駅方面に向かう貨物列車はすべて新得駅で根室線と分離し、山間での勾配やカーブが連続する石勝線を通過する。室蘭線と合流する追分駅まで154.5キロ。信号場での待合交換や特急による追い抜きはあるが、貨物駅はない。石勝線の添乗は機会がなかったので、沿線を簡単に紹介しよう。

新得駅を出た列車は、トンネル内の上落合信号場で根室線との共用区間を終え、トマム駅に向かう。高原を走る同線は景色はよいが、日高山脈から吹きつける風が強く、長大トンネルも多くある

ほか、秋は落ち葉による空転が発生する。また、クマやシカが出没することもあり、運転士にとってはひときわ悩ましい区間だ。

コンテナに積み込まれるジャガイモ「トヨシロ」。収穫期が早く、本州に一番乗りだ＝2021.9.12

コンテナをコキ形貨車に固定した後、安全を点検する担当者＝2022.9.12

■帯広貨物駅品目別輸送実績

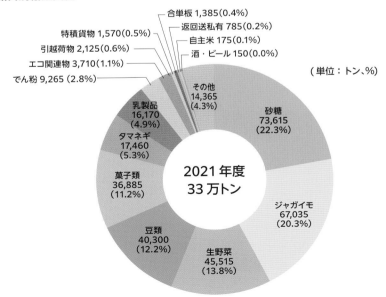

合単板 1,385（0.4％）
返回送私有 785（0.2％）
特積貨物 1,570（0.5％）
自主米 175（0.1％）
引越荷物 2,125（0.6％）
酒・ビール 150（0.0％）
エコ関連物 3,710（1.1％）
でん粉 9,265（2.8％）

（単位：トン、％）

その他 14,365（4.3％）
砂糖 73,615（22.3％）
乳製品 16,170（4.9％）
タマネギ 17,460（5.3％）
菓子類 36,885（11.2％）

2021年度 33万トン

ジャガイモ 67,035（20.3％）
豆類 40,300（12.2％）
生野菜 45,515（13.8％）

# 北見駅　構内図

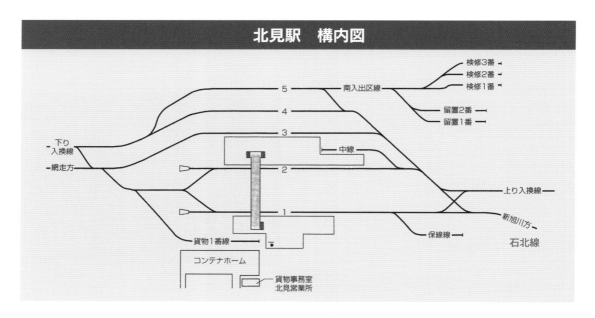

貨物の北見駅はJR北見駅の構内にある。荷役ホームの貨物1番線は駅舎正面を見て左側に隣接。コンテナがたくさん置かれ、荷役作業が行われている。タマネギ専用列車が走る時期は、産地からタマネギを満載したトラックが続々到着し、活況を呈することになる。

## タマネギ、3分の2占める

北見駅の2021年度の輸送品目実績と内訳を見ると、発送は稼ぎ頭のタマネギが17万1千トン（67パーセント）で断然トップ。次いでジャガイモが2万6千トン（10パーセント）、砂糖1万6千トン（6パーセント）、さらに野菜類、でん粉、紙類などが続いている。ただ、同年度は高温多湿の影響でタマネギは前年比3割減の不作に。この

タマネギ満載のコンテナの先頭に立つDF200−113。間もなく貨物4番線に転線する＝2022.11.2

■北見駅輸送品目実績（上）及び前年実績比較（下）

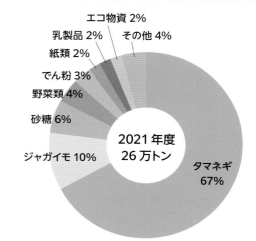

2021年度
26万トン

エコ物資 2%
その他 4%
乳製品 2%
紙類 2%
でん粉 3%
野菜類 4%
砂糖 6%
ジャガイモ 10%
タマネギ 67%

### 品目別実績（前年比較）

単位：トン、%

| | 2021年度 | 2020年度 | 対前年 |
|---|---|---|---|
| タマネギ | 171,200 | 217,565 | 78.7% |
| ジャガイモ | 25,985 | 30,995 | 83.8% |
| 砂糖 | 15,720 | 20,440 | 76.9% |
| 野菜類 | 10,010 | 9,780 | 102.4% |
| でん粉 | 7,290 | 8,560 | 85.2% |
| 紙類 | 5,080 | 6,345 | 80.1% |
| 乳製品 | 5,715 | 6,000 | 95.3% |
| エコ物資 | 4,255 | 3,985 | 106.8% |
| 引越 | 1,290 | 1,570 | 82.2% |
| 豆類 | 1,620 | 2,170 | 74.7% |
| 民間米 | 905 | 1,585 | 57.1% |
| 合単板 | 610 | 710 | 85.9% |
| その他 | 7,072 | 6,843 | 103.3% |
| 計 | 256,752 | 316,548 | 81.1% |

●発送貨物はタマネギとジャガイモで8割を占め、次いで砂糖・野菜類・澱粉と農産品が大部分を占める
●到着貨物はエコ関連物資（廃乾電池・蛍光灯等）や紙類（段ボール等）、引越荷物などが多い

ため、貨物輸送量も合計で2割減の残念な結果に終わった。

一方、到着を見ると、イトムカ鉱業の廃乾電池処理（第3章参照）などに関するエコ物資が多く、次に段ボールなどの紙類、引越荷物などが続いている。旭川と北見を結ぶJR石北線は赤字が増大し、JR北海道により「自社単独で維持することが困難」とされている。しかし、

旭川とオホーツク地方を結ぶ幹線であり、万が一、貨物列車の廃止や、路線そのものの廃線の措置が取られれば、タマネギをはじめ、多くの貨物輸送が打撃を受けるのは必至だ。

DD51が現役のころの北見駅。
右側1番ホームは網走行き特急
〈オホーツク3号〉＝2011.10.19

# 一寸停車　■■■ 列車番号の付け方 ■■■

列車には必ず列車番号が付けられている。一般に東京から地方に向かう下りは奇数、逆の上りは偶数だが、貨物の場合、2桁から4桁まであり、その中に最高速度や臨時などを示す数字が込められている。同じ列車なのに途中で番号が変わることもある。これを読み取るのはなかなか面倒だが、原則を紹介しよう。

## 高速貨物列車

高速貨物列車とはJR貨物が運行する貨物列車のうち、最高運転速度が時速85キロ以上の列車種別を差す。

**■列車種別の分類（10位、100位、及び1000位の使い方）**

| 列車種別 | 項目 | 列車番号使用方 | | | | | |
|---|---|---|---|---|---|---|---|
| | | 1000位 | 100位 | 10位 | 内容 | 季節 | 臨時 |
| 高速貨物列車 | A | 0〜5000 | 0 | 50〜69 | コンテナ等 | 6000 7000 | |
| | B | 0〜5000 | 0 | 70〜99 | コンテナ等 | 6000 7000 | 8000 |
| | C | 1000 | 100〜900 | 50〜59 | コンテナ等 | 6000 7000 | 9000 |
| 専用貨物列車 | A | 1000 | 100〜900 | 60〜89 | 一般 | 6000 | |
| | B | 3000〜5000 | | 90〜99 | | 7000 | |

※貨物時刻表2022年3月参照

**●列車番号の具体例**
札幌貨物ターミナル駅発の列車を見てみると、例えば越谷貨物ターミナル駅3063レは最高速度100キロの高速貨物A、東京貨物ターミナル駅行き6095レは特定の季節に走る最高速度95キロの高速Bとなる。道内の運行列車は高速B以上となっている。

列車の最高速度によって次のようにA・B・Cの3種に分類されている。

高速貨物列車A＝最高速度110キロまたは100キロで運転できる高速仕様貨車のみで組成される。コキ100系やコキ200形などが使われる。列車ダイヤ設定上の優先度は、旅客列車の特急に相当する扱いとなる。

高速貨物列車B＝最高速度95キロで運転できる貨車で組成される。高速貨物列車Aと同様の貨車が使われる。

高速貨物列車C＝最高速度85キロで運転できる貨車で組成される。上記の高速貨物列車で運用される貨車が使われることが多い。

## 専用貨物列車

専用貨物列車とはJR貨物が運行する貨物列車のうち、最高運転速度が時速75キロ以下の列車種別を差す。通常、コンテナ車及びタンク車の一部（タキ1000形）を除く有蓋車・無蓋車・タンク車などで組成される。最高速度によってA・Bの2種に分類されている。

**専用貨物列車A**
最高速度75キロで運転できる貨車で組成される。

**専用貨物列車B**
最高速度65キロで運転できる貨車で組成される。

# 北旭川駅　構内図

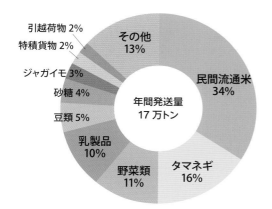

北海道北部の拠点操車場として1968年10月、白紙ダイヤ改正に合わせて貨物駅として誕生した。石北線で北見駅と結ばれている（新旭川駅—北旭川駅は貨物専用線使用）ほか、宗谷線の名寄オフレールステーション（ORS）の間はトラックを使って輸送している。

## コメ産地の特色くっきり

北旭川駅と札幌貨物ターミナル駅の間の貨物列車は、秋の繁忙期には到着が1日6本、発車は同4本が設定され、最大1日1,400トン（標準的なコンテナで280個分）の貨物を発送する。本州方面には直通の上り列車が2本あり、行き先は東京・隅田川駅と大阪・百済貨物ターミナル駅。どちらも所要時間短縮のため、札幌貨物ターミナル駅には立ち寄らず、岩見沢駅から室蘭線に入って本州に直行する。

年間の発送量は17万トン、到着量は6万トン。発送品目をみると、日本最北のコメどころらしく、1位が民間流通米で34パーセント、次いでタマネギ16パーセント、野菜類が11パーセントと、この農産物3品目で6割を占めている。

### ■北旭川駅の主要発送品目と全体に占める比率

引越荷物 2%
特積貨物 2%
ジャガイモ 3%
砂糖 4%
豆類 5%
乳製品 10%
野菜類 11%
タマネギ 16%
民間流通米 34%
その他 13%

年間発送量 17万トン

広大な北旭川駅構内。かつてはLNG輸送も行われていた＝2011.8.11

道北地方の貨物拠点北旭川駅（中央）。手前はJR北海道旭川運転所 = 2013.3.4

## 富良野駅　構内図

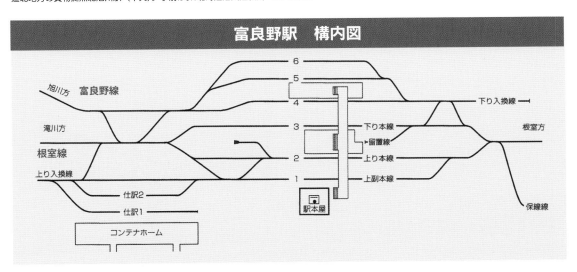

滝川駅から根室線で54.6キロ東方の富良野駅は札幌貨物ターミナル駅の管轄で、同駅5時26分発8091レと、富良野駅17時21分発の8092レが往復する。常駐社員はいないので、滝川駅の社員が機関車に添乗して富良野を往復し、入換等を受け持つことになっている。年間発着量は発送が農産物を中心に8万トン、到着は2千トンとなっている。

厳冬期の富良野駅。8時過ぎ、DF200－101の今日の仕事が始まろうとしている = 2014.1.29

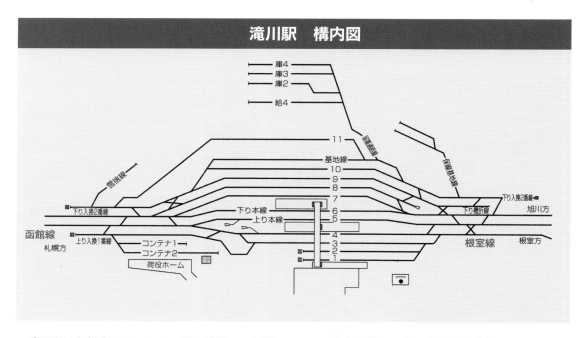

## 滝川駅　構内図

滝川駅は札幌貨物ターミナル駅の管轄で、函館線と根室線の分岐点、JR滝川駅の札幌側にコンテナホーム2本を持つ。担当社員は2人。貨物列車は通常通過するが、札幌貨物ターミナル駅4時50分発北旭川駅行き1081レの後部に滝川行きのコンテナを連結し、滝川駅で解放する。札幌方面へは北旭川駅18時27分発札幌貨物ターミナル駅行き1082レが滝川駅に停車し、荷役が終わったコンテナを連結して発車する。滝川駅での荷役はこの上下2本の列車だけだ。年間発着輸送量は発送が3万トン、到着は2万トンある。

豪雪地の滝川駅ホームは屋根にも雪が厚く積もっている。DF200－110牽引の札幌貨物ターミナル駅発北旭川駅行き8073レが高速で通過する＝2014.1.29

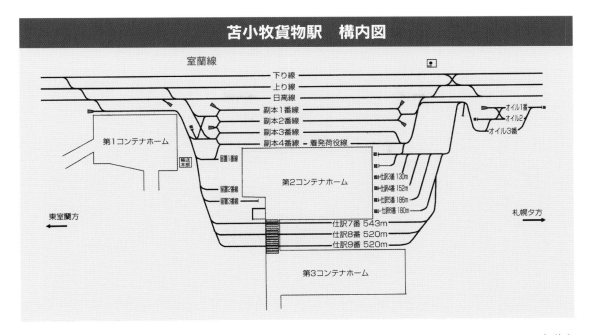

新千歳空港や特定重要港湾・苫小牧港に近い苫小牧貨物駅は道内屈指の物流拠点。そのため、札幌貨物ターミナル駅の「サブ基地」として存在感を示している。

## 工業地区の特色にじむ

　苫小牧貨物駅の特色の一つは1999年、道内で初めて着発荷役方式（E&S方式）を採用したことだ。荷役作業がある列車が到着すると、フォークリフトが近づき、すぐ作業に入ることで、効率的な荷役ができる。荷役が終わった列車はそのまま出発。入換の作業をしないで済むことから、停車時間の短縮を実現した。

　2021年度の発送は14万トンで、1位は砂糖を筆頭とした食料工業品3万トン（22パーセント）、2位は農産品・青果物2万7千トン（19パーセント）、3位は液化天然ガス（LNG）など化学薬品1万7千トン（12パーセント）、4位は産業廃棄物等のエコ関連物資1万7千トン（12パーセント）、5位に自動車部品1万5千トン（10パーセント）となっている。

　この中で、LNGは近くの勇払ガス田から産出されるもので、近年、釧路貨物駅に運ばれていたが、2023年3月をもって終了した。また、自動車部品は各種部品、ホイール、タイヤなどで、自動車産業が根付いている苫小牧の強みだ。到着品目の中にも年間6千トンほどの部品、タイヤなどが含まれている。

函館方面に向かう列車は室蘭線上り線から左の日高線にいったん入り、さらに左側の苫小牧貨物駅に進入する（機関車前面から撮影）＝2022.9.29

隅田川駅発3059レが苫小牧貨物駅を通過。一気に札幌貨物ターミナル駅を目指す＝2022.9.29

## 東室蘭駅（東室蘭操車場駅）　構内図

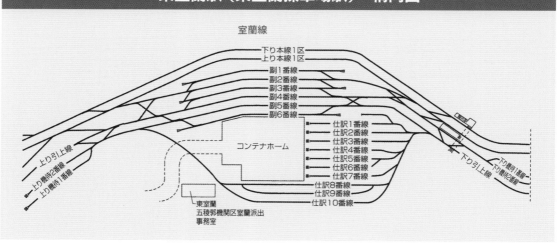

室蘭線
下り本線1区
上り本線1区
副1番線
副2番線
副3番線
副4番線
副5番線
副6番線
仕訳1番線
仕訳2番線
仕訳3番線
仕訳4番線
仕訳5番線
仕訳6番線
仕訳7番線
仕訳8番線
仕訳9番線
仕訳10番線
コンテナホーム
上り引上線
上り機待2番線
上り機待1番線
下り引上線
下り機待1番線
下り機待2番線
東室蘭
五稜郭機関区室蘭派出
事務室

荷役ホームに隅田川駅行き3056レが停車中。その手前をコンテナを引き継いだトレーラーが出ていく＝2022.8.18

鉄鋼の街、室蘭市の玄関口となる東室蘭駅。同駅は東室蘭操車場とも称される。JR東室蘭駅から札幌寄りに1キロ離れたところ位置している。東室蘭操車場は太平洋戦争中の1942年に開業。隣接する鷲別機関区と連係し、函館方面と札幌方面の貨車の大規模中継地だった。JR貨物になってからも、引き続き鷲別機関区が置かれ、2014年までDD51形やDF200形などの基地だった。

### 鉄や紙、水も本州へ

東室蘭駅の発送貨物量は2021年度、4万トンで、野菜類は羊蹄山ろくの畑で収穫されるダイコン、ニンジン、ブロッコリーのほか、黒松内町のペットボトル入り銘水などが首都圏に向かう。また、室蘭市内の製鉄工場からは鉄製品、伊達市の製糖工場からは砂糖、白老町の製紙工場からは平版紙（印刷用紙）などが本州方面に搬出される。

一方、到着貨物は7万トン。室蘭市内には日本でも有数の製鋼所である日本製鋼所M&E室蘭製作所があるため、溶接炉で使われるレンガなどの特殊な資材が含まれている。また、第3章で記述するが、北海道PCB処理事業所には、有害廃棄物であるPCBが東日本各地から到着する。いずれも慎重な取り扱いが求められる貨物だ。

### 運転士の交代駅

国鉄時代に比べて規模は縮小されたが、同駅内の列車発着線は6線、仕訳線は10線、荷役ホームは2線あり、苫小牧貨物駅同様、E&S方式の発着線もある。また、函館貨物駅と同じく、脱線防

鉄鋼の街・室蘭市には重量級の鉄製品と部品も発着する。フォークリフトが頼もしく映る＝2022.8.18

止のための輪重測定装置が備えられている。運転部門では駅事務所内の信号室にはモニターが3台置かれ、担当者が駅構内の状況を把握し、輸送指令と打ち合わせながら、安全な発着を指示。また、

函館方面を受け持つ五稜郭機関区東室蘭派出（運転士25人）があり、乗務に向かう運転士は画面を使ったリモート方式で同機関区の助役と対面し、徐行区間など運転の注意事項を確認する。

東室蘭駅構内に設置されている輪重測定装置のセンサー。偏積による事故防止が目的だ＝2022.8.18

東室蘭駅は運転士の交代駅。札幌貨物ターミナル駅からの運転士（中央）が函館貨物駅までの運転士（右）に引き継いで機関車を離れる＝2022.8.18

## 一寸停車　■■■ 貨物駅の主役「フォークリフト」■■■

貨物駅に到着したコンテナはトラックに積み替えられて目的地に運ばれる。また、トラックで搬入されたコンテナは列車に積み込まなければならない。その出し入れの主役は荷役機械と呼ばれるフォークリフトだ。重い荷物を持ち上げるため、車両の後方を重くする必要があり、車両重量は15トン以上になる。サイズは12トン車（12フィートコンテナ向け）、20トン車（20フィートコンテナ向け）、トップリフター（20・30・40フィートコンテナ向け）の3種がある。

標準型の12トン車と20トン車はコンテナ下部にあるポケットに2本のフォークを差し入れて持ち上げる。大型のトップリフターは幅が伸縮可能な大きなアタッチメント（スプレッダ）のピンをコンテナ上面の穴に差し込み、上からコンテナを吊り上げる。北海道は寒冷地型を採用し、キャビンの屋根に積雪防止の勾配を付けるなどして、安全性を高めている。

また各リフトには、コンテナの位置情報を知らせる「IT－FRENS&TRACE」の車載システムが備え付けられており、作業の効率化が図られている。業務はグループ会社の（株）ジェイアール貨物が受け持っている。2022年4月現在、12トン車426台（うち防音型159台）、20トン車85台（同25台）、トップリフター107台（同28台）の計618台（同212台）が稼働しており、今後は排出ガス規制対応車の導入を推進することにしている。

## 函館貨物駅　構内図

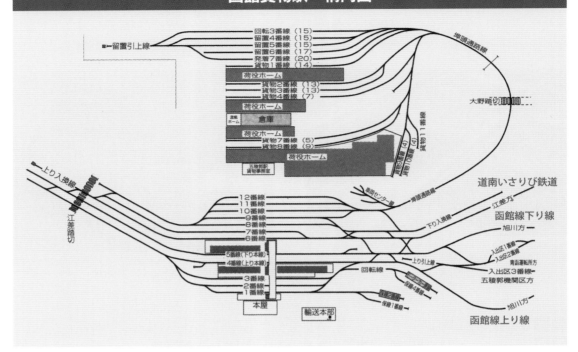

　貨物駅としては、北海道の最南端駅となっている函館貨物駅。同駅の施設は2カ所に分かれて機能している。一つはJR北海道の五稜郭駅に併設されている輸送本部。ここでは発着する貨物列車の機関車付け替えや、貨車の連結・解放などを行う。もう一つはそこから2キロ離れた有川地区にあるコンテナ荷役ホームだ。函館貨物駅に到着した列車から函館圏に配達される貨物を切り離し、機関車が運び込む。それが終わると、今度は同駅発の貨物を積んだコンテナを引いて、本線の列車に連結するため帰って行く。

## 電機とディーゼル機の交代地

　函館貨物駅輸送本部そばの線路をまたぐこ線橋に立つと、北海道と本州を往来する列車のスイッチバック方式による機関車交替を目前で見ることができる。本州からの下り貨物列車の到着時間が近づくと、五稜郭機関区から札幌まで牽引するDF200形が構内に入り待機する。そこにEH800形が引く列車が到着する。先頭についている函館貨物駅止まりのコンテナ車を引き出し、留置線に

押し込んで一休み。同時に逆方向にDF200が連結され、函館線を札幌に向かって行く。役目を終

函館貨物駅で発車を待つ左から3067レのDF200－110、3065レのDF200－8と、3065レを引き継ぎ、五稜郭機関区に戻るEH800－2＝2022.11.30

北海道新幹線開業前、函館貨物駅で見られた仙台総合鉄道部のEH500形（写真は41）。奥はDF200－119＝2015.6.30

北海道新幹線開業前、函館－青森の主役機関車を務めたED79形。重連使用が原則だった。この日は補機51（右）、本務機59（左）の組み合わせで、函館山を背に力強く発車した＝2014.8.10

えたEH800は単機で機関区に帰り、次の出番を待つ。列車がたて込むときは、貨物駅構内に機関車3～4両が顔を並べることもある。

## 葉もの野菜を先行出荷

次いで有川の荷役ホームに向かった。この地区は、太平洋戦争末期の1943年から1984年まで、青函連絡船の貨物船用岸壁だった。当時は、有川から五稜郭操車場と五稜郭駅まで専用線が1本ず

つ敷かれており、機関車が北海道と本州を往来する貨物を運んでいた。五稜郭操車場との専用線は廃止されたが、残った五稜郭駅との線路を「埠頭通路線」として活用し、現在は函館貨物駅と荷役ホームを連絡させている。

函館貨物駅の2021年度の輸送量は13万6,200トン。分類しきれない雑多な品目と空の回送コンテナを除けば、ジャガイモ、野菜類、乳製品、紙類、合単板、地元名産の珍味を中心とした食品、菓子類、民間流通米などが目立つ。野菜に関して

函館貨物駅で解放されたコンテナを引き、有川荷役ホームに到着したDF200－6。津軽海峡の寒風が吹きつける中、入換が行われる＝2022.11.30

有川荷役ホームでの入換作業。背景は夜景で有名な函館山＝2022.11.30

有川から函館貨物駅に到着し、貨物列車に連結される貨車編成。手前のUM12A形はジェイアール貨物・北海道物流所有の無蓋車＝2022.11.30

は、北海道内では温暖な地域なので、6月にはホウレンソウ、ダイコン、キャベツ、ハクサイなど葉物野菜の収穫期を迎え、出荷量がぐんと増える。収穫が8月になる道東・道北地域に比べて、一足早く市場に届けられるメリットがある。

## 安全守る関所の役割も

　同荷役ホームには道内ではここだけで使用されている安全装置がある。これは入換を行う際、操車係がポイントの切り替えと専用信号機の操作をリモートで行う装置（FRC＝フレート・リモート・コントロール）だ。これによって少人数で効率的な入換作業が実現した。

　また、2021年4月に導入された「トラックスケール」という計器器も、道内唯一の装置だ。これは荷役ホームへの入口道路の一角に固定され、荷物を積んだトラックが乗ることで重量だけでなく、コンテナ内の荷物の偏り具合を測定する。荷の偏積による脱線事故を防ぐため、本州との玄関口にあたる同駅に設置された。全トラックを検査する時間はないが、随時検査することで、脱線事故を防ぐ「関所」の役割を果たしている。

　合わせて貨物4番線には「輪重測定装置」が取り付けられている。車輪がレールを通過する際、左右の歪み量を電気的に測定。その輪重比が大きい場合、急カーブがある道南いさりび鉄道の走行に問題が生じると判断し、当該車両を切り離す指示を出す。本州向けの列車がすべて通る東室蘭駅にも設置されており、この2カ所で万全の構えを取る。逆に北海道向けの列車のためには、盛岡貨物ターミナル駅と秋田貨物駅に設置され、道内に入線する前に安全の徹底を図っている。これらは2012年4月、JR江差線（現・道南いさりび鉄道）で発生した貨物列車脱線事故で、積み荷の偏積が原因と指摘されたことから順次、取り付けられた。

コンテナの偏った積載を探知するトラックスケール。この上にコンテナを積んだトラックが乗って検査する＝2022.11.30

## 小樽築港・名寄・中斜里オフレールステーション

　「オフレールステーション（ORS）」は、直接貨物列車は行かないが、最寄りの貨物駅とトラックで結ぶ拠点をいう。北海道内は札幌近郊の小樽築港、道北の名寄、オホーツク地方の中斜里の3カ所がある。ここで集約された貨物はトラックなどでそれぞれ札幌貨物ターミナル駅、北旭川駅、釧路貨物駅に運ばれ、そこから貨物列車に載せられる。年間発着量は小樽築港は発送1万トン・到着2万トン、名寄は発送3万トン・到着0.7トン、中斜里は発送4万トン・到着0.5トンとなっている。

## 物流の大動脈
## 札幌貨物ターミナル駅

カメラルポ

JR貨物の「札幌貨物ターミナル駅」（札幌市白石区）は、
東京、名古屋など全国各地から到着する貨物列車を迎え送り出す。
1968年に国鉄（現JR）の貨物駅「新札幌駅」として開業。1973年に現駅名となった。
全国から次々と道民向けの宅配便や郵便物、生活雑貨などが集まる巨大な物流基地として、
道民の生活を支える。（撮影日の記載がない写真は2018年7月撮影）

まばゆい照明に浮かび上がるホームに本州発の貨物列車が次々と到着する。
フォークリフトが慌ただしく動き回り、荷物満載のコンテナをトレーラーの荷台に積み替えていく。

空から見た札幌貨物ターミナル駅。広大な敷地に隣接して倉庫が立ち並び、効率的な荷役を行っている。右側の線路は函館線と千歳線＝2020.10.21

函館貨物駅に並ぶDF200（左）とEH800（右）。どちらも北海道の貨物列車の主力機だ＝2023.2.17

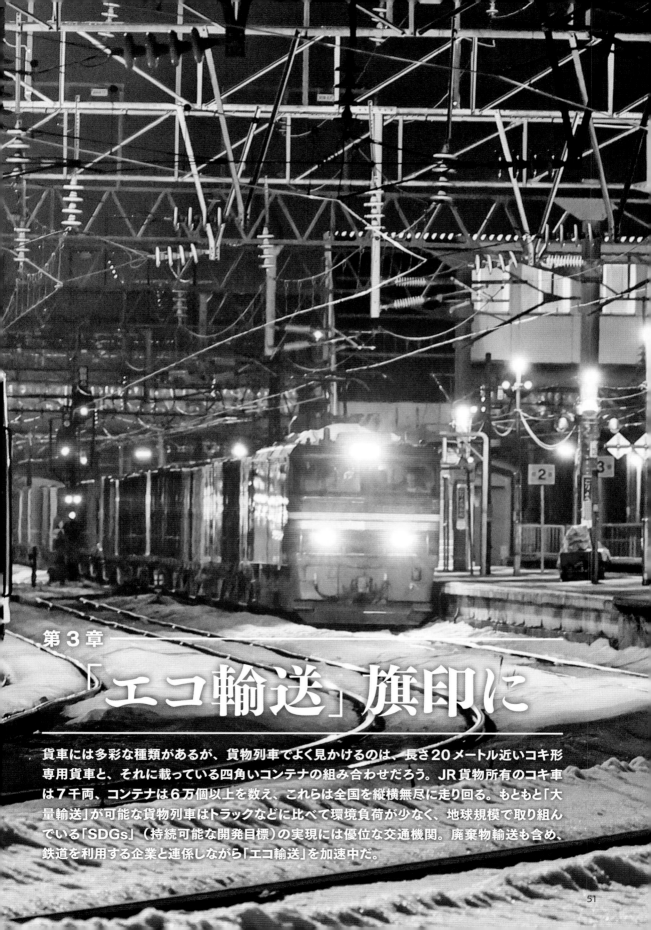

# 第3章
# 「エコ輸送」旗印に

貨車には多彩な種類があるが、貨物列車でよく見かけるのは、長さ20メートル近いコキ形専用貨車と、それに載っている四角いコンテナの組み合わせだろう。JR貨物所有のコキ車は7千両、コンテナは6万個以上を数え、これらは全国を縦横無尽に走り回る。もともと「大量輸送」が可能な貨物列車はトラックなどに比べて環境負荷が少なく、地球規模で取り組んでいる「SDGs」（持続可能な開発目標）の実現には優位な交通機関。廃棄物輸送も含め、鉄道を利用する企業と連係しながら「エコ輸送」を加速中だ。

# 貨物の主役「コキ100系」

コキ形貨車の「コ」はコンテナ専用の頭文字、「キ」は25トン以上の荷重を積載できることを示している。紹介する以下の全形式とも機関車が引く最高速度である時速110キロでの走行が可能だ。

2022年3月31日現在、JR貨物はコキを合計7,108両保有している。形式の内訳は、コキ100系と呼ばれるコキ100形～コキ107形のグループが6,961両。これには、12フィート級コンテナを5個積むことができる。コキの自重は18.5～18.9トン。全長は19～20メートルとなっている。なお1フィートは約0.3メートルで計算している。

## ブレーキにも工夫

細かく見ると、コキ100系は100形～105形のグループと、106形、107形に分けられる。コキ100形は国鉄が民営化された1987年に登場し、速度100キロ以下だった旧型コキに代わって主役となった。荷重（積載できる荷物の重さ）は40.5～40.7トンで、1989年まで132両製造され、コンテナ全盛時代の先駆けとなった。1988～1989年に同じ132両製造されたコキ101形は、100形に手すりとデッキを付けた改良型で、その分、車体長が若干伸びた。コキ102形は1989～1990年、180両が作られた。100形に比べて手ブレーキハンドルの位置がやや異なるだけで、外観や性能はほとんど差がない。31フィートコンテナを積載できるように改良した500代も50両製造された。

コキ103形はコキ101形に比べて手ブレーキハンドルの位置が異なるほかは同一で、1989～1990年に230両作られた。また、コキ104形は途中駅で編成に組み込んだり、あるいは解放する際の作業をしやすくするための工夫がなされ、ブレーキ装置も改善された。1989～1996年の長期にわたり、5000代、10000代も含めて2,948両が製造された。コキ100系の中では一番仲間が多い形式だ。

コキ105形は車体構造等はコキ103形と同一だが、2両ユニットで運用される。1990～1991年に40ユニット・80両が製造された。両数が少ないせいか、あまり見かけることはないようだ。コキ106形は海上コンテナにも容易に対応できるよう台枠強度などが改良され、大型の20フィートコンテナを1個積載できるようにした。1997～2007年の間に1,162両が製造された。

コキ100系の完成形となるコキ107形は、コキ106形をベースに車体の軽量化を図るなど、次世代標準貨車を目指して開発された。2008～2017年に2,162両が量産され、これによって国鉄時代から活躍していたコキ50000形の置き換えが完了した。

また、2000～2005年にはコキ200形も154両作られた。荷重は100系より重い48.0トン、自重は16.9トン。全長はコキ100系より短い15メートルだ。これは船舶輸送に使う20フィート級大型コンテナ（長さ約6メートル、最大13.5トン積載）を2個載せることができる。

## 呼ばれたらどこへでも

貨物列車の機関車には必ず自分の所属地がある。道内でいえば、五稜郭機関区や苗穂車両所だ。ここがDF200やHD300の"自宅"になる。一仕事終えたら必ず帰ってきて休憩し、次の準備をする。

**貨物列車編成例**

2022年4月9日
札幌貨物ターミナル駅発北旭川駅行き
1085列車　貨車・コンテナ編成表

| 20D－5432 | 19D－43320 | 19G－15960 | 20G－3295 | W19ト2268 |
| --- | --- | --- | --- | --- |
| 1両目 コキ 107－60 | | | | |

北旭川 ←

コキ104形

コキ106形

コキ107形＝写真はいずれも函館線厚別駅−森林公園駅、2022.4.9

また、貨車であってもタンク車やホッパ車など特殊な構造のものは、「常備駅」が定められている。

ところが、全国共通運用のコンテナ貨車には、その"家"と呼べるものがない。例えば、今日は北見、明日は札幌、次は東京——などと全国を走り回る。それは運転区間が明確な特急列車などとは異なり、何の脈略もないように思われる。しかし、行き当たりばったりではない。それらの貨車は高速貨物列車が発着する駅ごとに作られる「コンテナ車運用計画」にしたがって動いている。

例えば、高速貨物列車が停車するある駅を仮にA駅としよう。ここで編成に加わったコキは、B駅、C駅などで別な貨物列車に組み込まれたとしても、一定期間の後、かならずA駅に帰って来るようにする。貨車の検査には90日ごとの交番検査（指定取替）、60カ月ごとの全般検査などがあり、この期限が近づけば編成から外し、最寄りの機関区や車両所に送り込まなければならない。「コンテナ車運用計画」はこの期限も考慮して作成される。

2015年にはCCOMAS（貨車運用管理システム）が導入され、コンピューター上で貨車の運行状況、検査施設の作業状況を把握できるようになった。JR貨物は全国114カ所のコンテナ取扱駅のうち、札幌貨物ターミナル駅など36駅を検査指定駅とし、検査期限が近づいた貨車を運用から除外し、最寄りの検査施設に送り込む。これにより、貨車をより効率よく運行することが可能になった。

| | | | | | | | | | | | | | | |
|---|---|---|---|---|---|---|---|---|---|---|---|---|---|---|
| 0G-594 | 20G-3112 | 19G-18157 | 19D-30718 | 19D-52142 | | 20G-3158 | 20D-4108 | V19C-7590 | UR19A-1118 | V19C-2416 | | 19D-44430 | 20D-192 | 20G-3144 | 19D-52382 | 20G-561 |
| 2両目 コキ104-556 | | | | | | 3両目 コキ107-785 | | | | | | 4両目 コキ104-158 | | | | |

# 多彩なコンテナ族

JR貨物の中で、最も目につくのは広く一般の貨物を積み、コキ形貨車とペアで動く「コンテナ」だろう。JR貨物は2022年3月31日現在、各種コンテナを合わせると6万2千個を保有。これに私有も含めると、鉄道コンテナは8万3千個とされる。コンテナの外観は一見似ているが、実は用途や細部が異なっている。それぞれの個性を見てみよう。

## 冷凍設備や船便用も

一つ目はJR貨物が所有する「JRコンテナ」で、危険物を除く一般的な荷物のほか、野菜や果物も運ぶ通風式コンテナなどもある。標準的なサイズは前述の12フィート級で、長さ3.6メートル前後、容積は最大19立方メートル、自重は1.6トン、荷物の最大積載量は約5トンとなる。サイズはこのほか、20フィート、30フィート級など、大きさによって分けられる。

扉の開き方も形式によって異なっている。例えば、19D形や20D形は両側面が開く。ところが、19G形や20E形は両側面の他に側妻（横の面）も開くので、荷物の出し入れがしやすくなっている。大型の30D形に至っては、4面全部の扉が開く。様々な荷物を運び込む荷主の希望に配慮した作りだ。

二つ目は荷主が所有する「私有コンテナ」。例えば、冷凍食品メーカーは冷凍設備がある貨車が必要だ。粒状のものや、工業薬品を運ぶ「タンク

### ■V19B形式（側妻二方開き通風）

### ■19D形式（両側開き）

### ■20G形式（側妻二方開き）

| 19G−20098 | 19G−21037 | 20G−2578 | 20G−2045 | 19D−44078 | | 19D−32913 | V19C−5226 | 20G−1022 | V19−7811 | 19D−42863 | | V19B−6419 | V19C−5756 | V19C−2329 | V19C−2324 | V1〔715〕 |
|---|---|---|---|---|---|---|---|---|---|---|---|---|---|---|---|---|
| | | 5両目 コキ106−328 | | | | | | 6両目 コキ107−210 | | | | | | 7両目 コキ107−483 | | |

コンテナ」という特殊なコンテナもある。これらは用途が決まっているので、荷物を降ろした後は空車で所属駅に返却される。

三つ目は主に国際海上輸送用にISO規格で作られた「ISO規格コンテナ」だ。同コンテナは船会社やコンテナリース会社が所有し、国際標準の規格に沿っている。40フィートや20フィートなど、12フィート級コンテナに比べればはるかに大きなサイズになる。このため、輸送区間が制限される場合もあるという。

## 符号の謎解き

コンテナの側面を見ると、アルファベットの大文字と数字が、必ず組み合わされて表記されている。これが形式、内容積（立方メートル）、仕様タイプ、製造番号を表している。このうち仕様タイプは、開閉扉の位置や開き方など、構造を示すアルファベットだ。Aから順につけられている。

最初に数字が来るものは、特殊設備がない一般用コンテナで、身近な引越荷物や木製品、日用品、紙類など、多種多様な物を運ぶ。

しかし、特殊な設備を持ったコンテナは、最初にアルファベットが付けられる。主に使われる形式を見てみると、通風コンテナはV（VENTILA-TED）、冷蔵コンテナはR（REIZOUまたはREFRIGERATED）、タンクコンテナはT（TANK）、無蓋コンテナはM（MUGAISHA）、ホッパコンテナはH（HOPPER）、冷凍コンテナはF（FREEZING）、廃棄物コンテナはW（WASTE）など、英語や日本語の頭文字を使って付けられている。また、最初にUが付くものがあって、これはJR貨物保有ではなく、企業などの私有貨車を意味している。USERに由来する。

では、これらの読み取り方の例を一部紹介しよう。19D－43374とあれば、危険品を除く一般荷物を運ぶコンテナで、容積19立方メートル、仕様はDタイプで製造番号は43374番。また、V19C－159とあれば、生鮮野菜などに使う通風式で、容積19立方メートル、仕様はCタイプの159番。UR19A－15852なら、私有の冷蔵車で容積19立方メートル、Aタイプの15852番で、鮮魚や肉を運ぶのに使われる。冷蔵車と聞くと、電気を使う冷蔵庫を想像するが、コンテナの場合は断熱材やステンレス鋼材を使い、ドライアイスなどで冷気を保つ構造となっている。UF24A－1とあるなら私有の冷凍コンテナで、容積24立方メートル、仕様はAタイプ、番号は1番となる。

JR貨物以外の鉄道会社では特殊な専用コンテナも使われているが、北海道ではあまり目にすることはないので省略する。

## 午前0時、全国状況をキャッチ

では、貨車に積まれるコンテナの一つひとつは、どうやって動いているのだろう。輸送量は駅によって違い、目的地も1個ごとに違う。また、季節によっても変動する。例えば、夏から秋にかけて、ジャガイモを大量に発出する帯広貨物駅などは、その時期に多数の通風コンテナを必要とする。普通のコンテナでは品質が落ちる恐れがあるからだ。

これらを円滑かつ効率よく運用するため、毎日午前0時現在、すべての高速貨物停車駅に空のコンテナが何個あるのか、オンライン上で把握できる仕組みになっている。これを各支社の「貨物指令」がチェック。その結果、仮にA駅が通風コンテナを欲しいが予定個数に達せず、一方、B駅ではそのコンテナが余分になっているとすれば、B駅からA駅に必要数の回送を行う。外から見ると、荷物を積んでいるのか、空なのか分からないが、実際はこうした回送コンテナも多く含まれている。そうしたやり繰りによって、注文通り貨物が運ばれることになる。

| 9D－0965 | V19B－5796 | V19B－5954 | V19B－6426 | V19C－9101 | | 19D－50056 | 19D－35925 | 20D－4288 | 19D－44747 | 19D－24787 | | 20D－3560 | 20D－9377 | 19D－45661 | V19B－3317 | 19D－35265 |

8両目 コキ107－210 — 9両目 コキ104－1284 — 10両目 コキ104－2382

# 「エコレールマーク」普及進む

国土交通省は2005年、鉄道貨物輸送を一定以上利用している商品・企業に対して、「エコレールマーク」を付与する新たな制度を創設した。一定の基準を満たし、国から認定されると、その企業のCSR（企業の社会的責任）報告書やホームページに同マークを表示することが可能になり、環境への意識が高い企業と評価される。これには、二酸化炭素（$CO_2$）排出量がトラックに比べて約10分の1という「エコ輸送」が出来る鉄道輸送に、可能な限り物流をシフトさせたい国の狙いが込められていた。

## 北斗市の会社が名乗り

エコレールマークを付けて走行するコンテナ（19A－1118）＝函館線厚別駅－森林公園駅、2022.4.9

同マークがスタートして1年後の2006年、函館市に隣接する北斗市追分の北海道パーケット工業株式会社が、鉄道貨物の利用割合が高いことから条件を満たし、事業者としていち早く認定の運びとなった。社名のパーケットは各種模様を幾何学的に組み合わせた寄木張り（よせぎ）を意味する英語。きっかけは「限りある資源の有効活用と魅力ある製品づくりに徹し、社会に貢献する」との企業理念だった。

同社は1932年創業で、戦後は優れたアイデアが生かされた天然木床材などを生産し、全国的に販売を展開。木製品は転倒防止や集中力促進に効果があるとされ、北海道大学や東京大学をはじめ全国の大学・学校が採用しているほか、衝撃吸収

エコレールマーク

地球環境保護を訴えるエコレールマーク（鉄道貨物協会提供）

力が優れていることからスポーツ施設、フィットネスクラブでも広がっている。また、北海道内の鉄道関係では函館駅や岩見沢駅の駅舎にも組み込まれた。

同マーク取得1年後の2007年10月には、資源再利用の理念を具現化した同社北斗工場が操業を開始した。同工場は「エコ生産」を掲げ、原材料の端材や木くずを効果的に電気や熱に変換。工場エネルギーの約20パーセントを廃材から得るように作られた。こうしたエコへの取り組みが認められ、2014年には「天然木床材」が商品としてのエコレールマークを取得した。

## 商材75％を貨物輸送

同社は原材料となる木材を世界各国から輸入するほか、函館市、木古内町、長万部町の社有林を使い、木質商材の年間生産量は50万立方メートルに達する。商材は函館貨物駅の有川荷役ホームに運ばれ、コンテナに積まれて全国に運ばれる。同社は「鉄道輸送は積み替えによる製品の傷みを回避できる」点に着目し、現在は製品の75パーセント以上を貨物で運ぶほどの高度利用企業だ。

エコレールマークを取得したことについて同社は「企業文化が向上した。社員は商材の環境貢献性を認識し、働く幸せをいっそう強く持つようになった」とメリットを強調。さらに「（鉄道輸送への）モーダルシフトは物流面のみならず、炭素固定量を数値化することで内外共に理解が深ま

| 19D－50119 | 19D－45464 | V19C－9491 | 19D－30443 | 20D－5661 | | U46A－30081 | | 20D－2468 | V19C－6094 | | V19C－8533 | 19D－21979 | 19D－43813 | 19D－47193 | V1 52 |
|---|---|---|---|---|---|---|---|---|---|---|---|---|---|---|---|
| 11 両目 コキ 107－1589 | | | | | | 12 両目 コキ 104－2868 | | | | | 13 両目 コキ 107－604 | | | | |

る」と期待している。

マークの認定基準はより参加しやすいように2008年に緩和され、エコレールマークの認定企業は2022年11月現在、全国で約100企業・団体に上っている。うち道内に本社や工場があるなど北海道関連企業は、先の北海道パーケット工業のほか、サッポロビール、雪印メグミルク、ホクレン農業協同組合連合会、日本製紙、日本甜菜、トヨタ自動車などの各社・団体が名前を連ねている。排出ガス規制に対する社会的関心が強まることはJR貨物にとっては追い風となっており、「最も環境に優しい輸送機関」をアピール。今後も「エコレールマークの輪」を一段と広げていく考えだ。

## 室蘭ではPCBを処理

"鉄の街"、室蘭に広がる工場群の一角に、中間貯蔵・環境安全事業株式会社（JESCO）の北海道PCB廃棄物処理事業所がある。最寄りの東室蘭駅には道内だけでなく、貨物列車で首都圏1都3県のほか、東日本15県（北陸の富山、石川、福井、長野各県も含む）からPCB（ポリ塩化ビフェニル）を含んだ機器類が毎日のように到着。他にトラックや船舶で輸送される機器もあるが、4割近くは本州からの貨物列車で運ばれてくる。

PCBは工業的に作られた化合物で①熱で分解されにくい②電気絶縁性が高い③燃えにくい――などの特性から応用分野が広く、変圧器やコンデンサーなど日常生活を下支えする機器に多く使われてきた。日本では1954年から生産が始まり、1972年までに約5万4千トンが生産された。しかし1968年、西日本一帯で食用油にPCBが混入し、胎児に障害が起きる「カネミ油症事件」が発生して社会問題化。これを契機にPCBの危険性がクローズアップされ、1974年、製造・使用が禁止されるに至った。これを受けて国は、PCB使用の全国の事業所等の実態把握を進めるとともに、厳密な処理を施すため、東京都江東区のほか豊田、大阪、北九州の3市にPCB廃棄物処理施設を建設。続いて室蘭市に北海道事業所が作られ、2008年度から操業が始まった。

室蘭市の処理事業所への輸送には有害物質を積載する専用コンテナが必要で、W18F（Wは廃棄物専用の記号）という形式が使われる。両側扉二方開きで、内容積18.1立方メートル。外観の塗色は通常コンテナの赤紫色ではなく、白で統一するなど明確に区別されている。全国でわずか10個しか製造されていない希少コンテナだ。ナンバーの上に黄色地に黒字で環境保護を意味する『環』と書かれたステッカーが貼られているほか、「エコレールマーク」を付け、「環境にやさしい鉄道コンテナ」との標語も記されている。

東室蘭駅からトラックで搬入されるPCB用コンテナ（JESCO提供）

コンテナの扉を開け、フォークリフトで下ろされるPCB廃棄物（同）

| 19B- 490 | V19C- 7367 | V19B- 2724 | V19C- 8905 | V19C- 4176 | | V19C- 2465 | V19C- 2096 | V19B- 6642 | V19C- 1492 | V19B- 1923 | | 19D- 44348 | 19D- 40975 | V19B- 380 | 19D- 41543 | 20D- 3633 |
|---|---|---|---|---|---|---|---|---|---|---|---|---|---|---|---|---|
| 14両目 コキ104-1594 | | | | | | 15両目 コキ104-2407 | | | | | | 16両目 コキ104-2107 | | | | |

⟶ 札幌

北海道処理事業所では2008年度の操業開始から2022年12月までの間、変圧器類は4,117台、コンデンサー類は68,132台、PCB油類はドラム缶本数で1,233本、安定器及び汚染物等は約9,355トンを処理。PCBはすでに使用禁止になっていることから、現在作られている製品には使われておらず、処理対象の変圧器・コンデンサーの処分委託は2022年3月に終了、安定器及び汚染物等も2023年3月に完了した。事業終了の最終目標は2026年3月とされており、処理すべき廃棄物に漏れがないよう、保管事業者などに声かけを継続するが、"PCB・ゼロ宣言"の日まで、鉄道貨物との連係プレーが続くことになる。

処理施設では安全確保が最優先。防護服姿の数人が作業に当たっている＝2022.6.17

## 廃電池処理は北見で

一方、廃棄された乾電池などを処理する全国で唯一の事業所が、北見市留辺蘂町のイトムカ鉱業所にある。野村興産（本社・東京）の所有で、使用済み乾電池や蛍光灯などに含まれる水銀を安全に処理する施設だ。最寄りのコンテナ取扱駅は北見駅。鉄道以外も含め、ここには年間約3万トンの廃乾電池や廃蛍光灯などが全国各地から到着す

る。コンテナごとトラックに積み替えられ、1時間でイトムカ鉱業所へ。世界でも最新鋭級の設備を有するリサイクル施設だ。

廃棄された乾電池の処理は1970年代に社会問題化した。このため、国の支援を受けて1988年から広域回収がスタート。イトムカ地区（旧留辺蘂町）には戦前から戦後にかけて、「東洋一」と呼ばれたイトムカ鉱山があり、良質な水銀の生産地として知られていた。そのノウハウを生かし、全国の廃乾電池などを一手に引き受けることになった。

鉱業所に搬入された乾電池は手作業で選別された後、ロータリーキルンと呼ばれる巨大な「回転式窯」で600～800度に熱せられ、複雑な工程を経てリサイクルされる。イトムカ鉱業所は、鉱山時代の「水銀生産」から、今は「水銀再生」に目的を変え、循環型社会の実現に貢献。野村興産は「大量の廃乾電池などを全国から集約するうえで、安定的に輸送できる貨物列車は他の輸送手段より優位性がある。温室効果ガス削減が待ったなしの課題になる中、貨物輸送の価値はますます上がるのではないか」と期待する。「国民皆スマホ時代」の中、今後はスマートフォンなどに使われているリチウム電池などのほか、大型蓄電池設備や、電気自動車バッテリーなどの処理が増えるとみている。

## 焼却灰も "お客さま"

また、ダムや道路、ビル、住宅基礎などに欠かせないセメントの材料も貨物列車が運んでいる。セメントはもともと石灰石や鉄原料を調合、粉砕するが、ロータリーキルンで焼成する工程で、焼却灰や下水汚泥などを加える。セメントに必要な二酸化ケイ素や酸化カルシウム、酸化アルミニウムなどを含んでいるからだ。

北海道の最南端に位置する函館貨物駅にはほぼ毎日、全道各地の火力発電所の石炭灰や都市ごみ焼却炉の灰などが専用貨車で運ばれてくる。これらはトラックに積み替えられ、函館湾に面した太平洋セメント上磯工場（北斗市）に運ばれる。発

セメントの原料となる焼却灰を運ぶ専用のタンク車UT18A－5046。函館貨物駅で灰を下ろし、空車で帰るところだ＝2022.11.30

送地は近隣の道南地域はもちろん、札幌、旭川、道東地域、さらに道外も含まれる。貨物だけでなく船、トラックでの輸送もあるので、それらを合わせると、同工場への搬入量は2021年度1年間で120万トンを数えた。

## アップサイクルに貢献

　全国を見ると、貨物は多様な処理施設と結びついている。本格的な"静脈輸送"の始まりは1995年登場した神奈川県川崎市の「クリーンかわさき号」だった。当時、川崎市は急激な人口増により、ごみ対策に苦慮していた。トラックで処理場に運ぼうとしても道路の渋滞でトラックが進めず、処理が追いつかない。そこで「ごみ非常事態宣言」を発令し、鉄道の専用コンテナで運ぶことにした。鉄道貨物の長所は長距離を一気に走行できることだが、同市北部から処理施設まではわずか27キロしかない。これだけ見ると採算面では合わない。しかし、これを乗り越えることで、同市はごみ問題解決と同時に年間300トンの二酸化炭素排出量の削減に成功した。「クリーンかわさき号」は電

気機関車が牽引し、日曜日を除いて1日1往復している。コンテナはUM8A形（プラスチック・紙用）などで、川崎市の頭文字「K」が描かれている。車体は白く、長く連なった同列車は「環境先進都市」のシンボル的存在にもなっている。

　レジ袋の廃止など、持続可能な社会を作るうえで対策が急がれる廃プラスチック。捨てられた後、プラのまま別な製品に作り替えたり、油に戻すなど様々な方法があるほか、カロリーが高いことからセメント工場で代替燃料として使われる。また、製鉄所や電気炉で発生した煤や粉じんを含むダストは集塵機で回収され、特殊な袋に入れられてコンテナで亜鉛精錬所に送られる。一方、近年の新型コロナウイルス感染拡大で予防接種が盛んになり、医療施設から使用済み注射器や点滴器具などの処理も増えた。これらは専用のドラム缶に密閉され、専用コンテナで電気炉メーカーに運ばれ、安全に処理される。こうしたごみや汚泥はSDGsの推進には欠かせない「アップサイクル」（元の製品よりも次元・価値の高い製品を生産する手法）の原料ともなっており、身近な廃棄物を工場に運ぶ貨物列車の役割も大きくなりそうだ。

# ■■■ これも貨物「甲種回送」■■■

車両製造会社で製作された車両を鉄道会社の車両所等に配置したい。あるいは廃車となった車両を解体場所に運びたい。そのような時、多くの車両製造会社、鉄道会社はJR貨物に回送を依頼する。機関車が当該車両を運ぶことを「甲種鉄道車両輸送」、車両を貨車に積んで運ぶことを「乙種鉄道車両輸送」と言う。国鉄時代から引き継がれている方式だが、現在「乙種」はなく、「甲種」のみとなっている。

「甲種鉄道車両輸送」は短縮して「甲種回送」で通用している。北海道では2021年ごろから、JR北海道が発注した特急用気動車261系と普通列車用ハイブリッド気動車H100形の甲種回送が頻繁に行われた。261系は特急〈おおぞら〉や同〈北斗〉を全面更新するため、H100はキハ40形などの置き換えが目的だった。261系は先頭車の汚れを防ぐため、先頭車を編成中間に連結する変則的な形で釧路運輸車両所などに回送された。また、H100形は苗穂・旭川・苫小牧各車両所と釧路運転所に配置されたが、旭川と釧路配置の一部車両は観光用に塗色されるため、無色のまま回送

された。

また、2016年7月3日には特急〈北斗星〉などを牽引し、北海道新幹線開業のため廃車となったブルートレイン塗色のDD51形8両が函館運輸所から室蘭線陣屋町駅（貨物駅）まで運ばれ、話題となった。

DF200－102に引かれ、旭川に向かう甲種回送のH100形気動車8両。前4両は観光用のため、通常の塗装をする前の姿だった＝江別駅－豊幌駅、2022.7.6

特急〈北斗星〉など牽引の役目を終え、陣屋町駅に向かうDD51の「8重連回送」列車。機関車はDF200－63＝黄金駅－崎守駅、2016.7.3

# 第 4 章

# 「出発進行」
# —運転の誇り胸に

1編成1,000トン近い貨物列車を引く機関車の最前部では昼夜を問わず、制服に身を包み、「ドゴール帽」と呼ばれる帽子をかぶった運転士が前方を凝視している。発車時の「出発進行」や、信号機前で繰り返される「第1閉塞進行」などの喚呼応答。何よりも「安全確保」と「定時運転」が最大の使命だ。とりわけ北海道の運転士は、ヒグマやシカなど野生動物の出没に神経を研ぎ澄まし、豪雪障害時には復旧まで長時間待たされる事態にも対応しなければならない。2022年夏から秋にかけ、札幌貨物ターミナル駅から青函トンネルを含む本州に向かう3本の列車と、北見駅発のタマネギ専用列車1本の機関車に添乗する機会を得て、安全徹底の運転現場を体験した。

> ※ドゴール帽
> 　JR貨物は2019年4月、社員の服務意識向上のため、制服、制帽のリニューアルを行い、運転士の帽子は従来のキャップ型から、円筒形の胴に小型のひさしが付いたドゴール型に変わった。フランスのド・ゴール元大統領が愛用したことから名が付いた。

本州との大動脈、青函トンネルを走る貨物列車。
運転席から撮影＝2019.10.9

## ■ 雨中の力走

　夏の雨が降りしきる東室蘭駅。これから添乗する3056レは札幌貨物ターミナル駅8時59分発で、終着の東京・隅田川駅には明朝5時53分に到着する。所要時間は20時間54分。隅田川駅は東京都荒川区にある「貨物の北の玄関口」と言われる大規模コンテナ基地で、1897年（明治30年）の開設以来、東北・北海道との結びつきが強い。現在も札幌貨物ターミナルとの間に上下合わせて16本が設定されている。

## 200キロ、一気に

　2022年8月18日、東室蘭駅から函館貨物駅まで乗務する運転士（47）は五稜郭機関区室蘭派出の所属。同派出の運転士は25人おり、主に札幌方面と函館方面を受け持つ。運転士は列車が到着する前、駅事務室の中で出発前の点呼を受けた。といっても、派出なので助役等はおらず、モニター画面の前に立って、同機関区の助役と徐行区間などその日の注意事項を相互に確認する「リモート点呼」だ。

　DF200－10が引く3056レは定刻11時30分、6番線に到着した。ここで35分停車し、12時5分に発車する。強い雨の中、カメラを担ぎ、小さな

雨の東室蘭駅で発車を待つ50レ。牽引機はDF200－10。前面下部の排障器は赤いスカートを付けているように見えるため、「赤スカ」と呼ばれる

垂直のステップを上って運転台に入る。運転士はすでに左側運転席に着き、各駅15秒刻みの運転ダイヤを右側にセット。運転席の回りには機器が並び、とても狭く感じる。時計が12時を回ると、運転台は張り詰めた空気に包まれた。

　次の交代地となる函館貨物駅は212.7キロ先（砂原線経由）。所要時間は3時間41分の長丁場である。出発信号機が青に変わる。すると、女性の声で「間もなく発車時刻です。ATS電源を確認してください」との自動音声が流れた。12時5分、運転士が「発車」、「定時」の喚呼応答。右手でマスターコントローラー（マスコン、主制御器）を手前に引くと、列車は衝撃もなく、ゆっくりと動き出した。早速「この先、徐行があります」の自動音声。さらに「徐行区間に接近しました」との注意喚起が何度も繰り返される。

　徐行区間が終わると、エンジンのうなり音が強くなる。速度が上がり始めた。特急が停車するJR東室蘭駅を通過。右手に新型気動車H100形が停車している。右カーブして室蘭行きの枝線と別れた。左手に工場の煙突がいくつも見える。踏切が近づくと「ピー」の気笛。速度が上がり、DFは雨をついて速度を60キロほどに上げていく。陣屋町駅を12時14分30秒、定時通過した。

　小さなトンネルをくぐり抜ける。機関車がレールの継ぎ目を規則正しく踏んでいく。運転台は常に「ウー、ウー」というエンジン音に包まれている。運転席のワイパーが忙しく往復するが、それでも窓に水滴が張り付き、視界は良くない。崎守駅通過。速度が一段と上がってくる。黄金駅通過。左手に雨にかすむ太平洋が見えてきた。晴れていれば、右に遠く羊蹄山を望む撮影名所だが、羊蹄山どころか、あたりの風景も雨にかすんでいる。

　速度は80キロに上がった。前方に有珠山と昭和新山が見えてきた。2000年3月31日に有珠山が噴火した際は、多大な被害を受け、迂回運転を余儀なくされた区間だ。稀府駅通過。ここから単

線区間になる。甲高い気笛がひとつ鳴った。速度は80キロを超えている。噴火湾に接し、貨物列車用の長い待避線を持つ北舟岡駅を通過。間もなく伊達紋別駅停車のため、次第に速度を落とし始めた。伊達紋別駅では1番線進入。停止位置に止まった。

隅田川駅発3059レと交換したあと12時35分、3分遅れで発車。ここからも単線が続く。しかも制限45キロの運転を強いられる。左手に火力発電所。踏切が「カン、カン」と鳴っている。長和駅の場内信号は黄色。上下線に挟まれた2番線に進入。ここは後ろから来る特急を先に通すため停車する。数分後「発車3分前」の音声。すると、札幌駅発函館駅行きキハ261系の特急〈北斗10号〉が高速で抜き去っていった。見る見るうちに尾灯が遠ざかる。

停車時間内に遅れを取り戻し、12時46分定時発車。DFは重量感たっぷりに動き出す。ここからは北海道新幹線の新函館北斗駅まで145.9キロをノンストップで走ることになる。JR特急も顔負けの"一気走り"だ。

本線に出た。左手は水田で、もうじき実りの秋を迎える。ここから複線となる。向かいから函館駅発札幌駅行きの特急〈北斗9号〉が現れ、あっという間にすれ違った。エントモトンネルに入る。左手に砂浜が弧を描く太平洋。野菜農家のビニールハウスが点在する。上り勾配のため、エンジン音が強くなる。左にカーブ。さらに右カーブで国道をくぐる。有珠駅が視界に入ってきた。通過。ここから再び単線になる。右に曲がると、上り勾配が始まった。「ピッ」と鋭い気笛。線路の両側は伸びた草で覆われている。北入江信号場を12時54分45秒、定時通過した。

## トンネル連続、秘境駅を通過

温泉で有名な洞爺湖町の街並が見えてきた。洞爺駅に入ると「出発中継進行」。続いて「出発進

秘境駅ファンの聖地と言われる小幌駅を通過する。トンネルの間にはさまれた小駅のホームは雨に濡れていた

行」と喚呼応答する。ホームには女性客が1人だけ手持ち無沙汰に立っていた。左手に優美な海岸線を見ながらトンネルに入る。新クリヤトンネルをはじめ、トンネルが連続する。豊浦駅通過。ここから複線になる。雨はますますひどくなってきた。速度は80キロ。線路を見回る保線担当者数人が右手を水平に挙げ、退避中との合図を送っている。地味だが、安全には欠かせない動作だ。運転士が気笛を鳴らして応えた。左側に再び海が見えてきた。

長万部駅まで29キロ地点を通過。連続するトンネルが一区切りとなった。大岸駅通過。13時9分。速度制限と雨のせいか、1分30秒の遅れを取った。続いて礼文駅を通過。大きく右にカーブして、いよいよ室蘭線最大の難所、10パーミル（パーミルは1000分の1）の上り勾配の礼文華峠に近づいて行く。礼文駅から静狩駅まで約13キロのルート。SL時代は重い貨物列車は機関車2両で引っ張ったものだ。

「この先、徐行があります」の自動音声。続いて「徐行区間に接近しました」に変わる。時速45キロを順守する。徐行区間が終了すると、運転士は速度を上げると同時に窓を開け、顔を濡らしながら後方を確認した。こうした基本動作が安全を守っている。むろん、コンテナ車はしっかりと付いてきている。エンジン音が一層重みを増してきた。

大きな高い土手。左下に雨に煙る小さな漁村。ほぼ90度の左カーブを曲がると、長いトンネルが断続的に待ち構えている区間に入った。ゴーッという轟音とともにトンネルに突進する。暗闇が

続く中、景色と言えば、トンネルとトンネルの間から一瞬、左下に荒波の太平洋が見えるだけだ。

トンネルの先方に小さな駅ホームが見えた。秘境駅として知られる小幌駅だ。この雨ではさすがに人影はない。ホーム通過の2、3秒、雨が窓ガラスを激しくたたいた。上り勾配はこのあたりで終了。今度は一気に静狩駅に向かって下っていく。エンジン音は軽くなり、後ろのコンテナに押されるように速度が上がる。最後のトンネルを抜けると、左下の太平洋に突っ込むように坂を下った。

静狩駅通過は13時25分。徐行区間が多いため、遅れは3分に広がった。少しでも取り戻すため、DFは息を切らせるようにして直線路を快走する。しかし、それを阻むかのように雨脚が一段と強くなってきた。太平洋の波は依然として荒々しく、真昼なのに暗さを増してきている。

## 波荒れる太平洋

小樽方面との分岐点、長万部駅が近づくと、またも「この先、徐行があります」の音声。ここで室蘭線と別れて函館線に入る。特急も停車する長万部駅の1番線を通過。函館線山線（長万部駅－小樽駅）の主役となったH100形気動車（通称デクモ）が止まっているのが見えた。構内を出たところで徐行区間終了。運転士はマスコンを手前一杯に引き込み、一気に速度を上げる。中ノ沢駅通過。旧車掌貨車を改造した小さな駅だ。4分遅れ。直線区間で速度は100キロ近くに上がった。DFは持てる力を存分に発揮して、雨と風を切り裂きながら疾走する。国縫駅手前で札幌行き特急〈北

トンネルとトンネルの合間、運転席に一瞬光が差す

国縫駅手前で〈北斗11号〉とすれ違った。雨で光るレールが先に続いている

石倉付近は太平洋海岸に沿ってカーブが続く。DF200－8が引く3067レとすれ違った。雨粒が前面ガラスに張りついている

斗11号〉と瞬時にすれ違った。鉄橋を渡る時、「ゴー」という音があたりにこだまする。小気味よいエンジン音を響かせながら黒岩駅、次いで山崎駅を通過。運転士は右側に置いてある2枚つづりの運転ダイヤを、ここから後半の2枚目に変えた。

鷲ノ巣信号場を通過。2016年まで駅だったが、今は信号場として機能している。このあたりの中心地、八雲駅を13時57分、5分遅れで通過。運転士は次第に速度を上げて行く。懸命に走るものの、いったん遅れた時間を取り戻すのは容易ではない。左カーブで国道12号の陸橋をくぐった。噴火湾が左から近づいてきた。海はどす黒く濁っている。山越駅通過。次いで「野田生、場内進行」、「野田生、通過」の喚呼応答が続いた。

またも徐行区間の標識が現れた。音声もしきりに徐行区間に近づいたことを注意喚起する。緩い右カーブのトンネルに入り、左カーブの落部駅に近づいた。キハ40形の函館駅発長万部駅行き823Dが待っていた。落部駅通過後も40キロの徐行が続く。トンネル手前でやっと制限が解除された。運転士が解き放たれたように、力いっぱいマスコンを引く。エンジン音が高まった。速度がぐんぐん上がる。湾曲した噴火湾が前方に広がった。晴れていれば、ここから眺める駒ケ岳は美しいはずだ。

左に曲がって石倉駅が近づいてきた。雨は一層激しさを増したように見える。ワイパーでぬぐってもぬぐっても、大きな雨粒はなくならない。石倉駅通過、14時13分。遅れは6分に広がった。3056レは左、右にカーブを切り、小さなトンネルを抜けながら森駅に近づいて行く。第4石倉トンネル、第3石倉トンネルを連続して通過。ここで宇都宮貨物ターミナル駅発3067レとすれ違った。牽引機はDF200－8。石谷駅進入、通過。速度はこの列車の上限の100キロ近くに上がった。沿線の住宅が飛ぶように後方に流れていく。気笛とともに石谷トンネルに突入した。間もなく森駅構内通過に備えて、速度を落とし始めた。

## 徐行区間、シカ飛び出す

またも「この先徐行があります」の音声。駅構内はポイントがあるため、やむを得ないものの、運転士泣かせのルートだと実感する。運転士は速度を一定に保ちながら14時25分、森駅4番線を通過。札幌行き特急〈北斗13号〉が待っていた。

徐行が続く砂原線。至る所に「徐行」の標識が立っている

左側から線路上に現れたシカの親子。機関車の前を走り、やっと右側に逃げた

3056レは駒ケ岳駅経由と別れて左に進路を取り、砂原線に入った。

　森駅−大沼駅は元々、駒ケ岳駅経由の"一本道"だった。しかし、勾配がきついため、砂原方面と森駅を結んでいた私鉄を買収して、大沼まで延伸させた経緯がある。そのために駒ケ岳経由より、12.8キロ長くなっている。太平洋戦争末期の軍事輸送に対応するためだった。

　「この先徐行」の標識とともに、注意を促す音声が流れ出した。運転士はマスコンを細かく動かしながら左手でブレーキを操っている。6パーミルの上り勾配で、一定速度を保つのは経験と技量が必要だという。エンジンが低音でうなり声をあげている。尾白内駅通過。続いて掛間駅に入る。8分遅れ。走っても走っても徐行区間が終わらない。徐行は安全対策とはいえ、運転士にとってはつらい。渡島砂原駅通過。昭和の風情を残す、赤い屋根の大きな駅舎だ。しかし、日中のローカル列車は往復数本しかなく、雨の中、寂しい佇まいを見せる。駒ケ岳のすそ野に来ても、雨に煙って何も見えない。

　依然として徐行が続く。旧貨車を利用した駅舎の渡島沼尻駅通過。小さな鉄橋を渡る。その瞬間、走行音が甲高い響きに変わった。踏切で警報機が「カン、カン」と鳴りながら、赤いランプを点滅させている。

　その時だ。突然、左側に動物の姿が飛び込んできた。「シカだ」。親子連れなのか、2頭いる。運転台に緊張が走った。ブレーキを掛けた瞬間、シカたちは逃げるどころか線路に入ってきた。まるで競争を楽しむように機関車の前方を走り始める。「危ない」と心臓がざわついた時、2頭は線路から右側に飛び出した。徐行中が幸いした。高速だったら跳ね飛ばしただろう。シカはきょとんとした顔でこちらを見上げている。10秒ほどの出来事とはいえ、まさに冷や汗ものだった。

　その先、14時59分、別の親子連れのシカ3、4頭が右に佇んでいるのを目撃。馬の背トンネルを通過。今度は左側に大きなシカが1頭、倒れていた。はねられたのだろうか。この辺りの行政区域は鹿部町だが、名前の通り、シカが多い町だと実感する。すると、今度は大きな鳥が運転席のやや上で羽を広げ、悠々と機関車の前を飛び始めた。まるで道案内をするかのようだ。

## 「停車」と「通過」を変更

　銚子口駅手前で、輸送指令から無線が入った。ダイヤでは大沼駅は通過だが、「停車せよ」との連絡だ。運転士が無線を握り、「了解」と伝える。その間にも銚子口、池田園両駅を通過。15時13分、少し速度が上がった。周辺には住宅が多くなった。左カーブして駒ケ岳方面からの函館線と合流して大沼駅構内に入った。ここで砂原線は終わる。ATSが「キンコン、キンコン」と停止を知らせる警報を忙しく響かせる。同17分、停車。ホームには砂原線経由森駅行きの2841D、キハ40 1811が止まっていた。

　再び輸送指令から無線。「2022年8月18日。指令第6号。3056列車は新函館北斗駅停車のところ、15時30分30秒、3番通過に変更します」との指示があった。これを受け、運転士が所属と名前を言って内容を復唱し、相互に確認する。ダイヤ上は大沼駅を通過し、2つ先の新函館北斗駅で止まることになっているが、ダイヤの乱れを最小限に抑えるため、大沼駅で上り特急に先を譲り、新函館北斗駅を通過することに変更された。

　大沼を発車し、トンネルを抜けてスイッチバックの面影を残す仁山駅を通過。雨粒が光る窓の外に函館の街がかすかに見えてきた。20パーミルの勾配を下り、ほぼ90度の左カーブを曲がると新幹線では日本最北の駅、新函館北斗駅だ。右側の土手では札幌延伸のためトンネル掘削工事が盛ん

に行われている。

　新函館北斗駅をゆっくり通過。右にカーブを切り、藤城線のコンクリート橋の下をくぐって七飯駅に進入する。雨の中、踏切付近でこちらに手を振る子供たちが見えた。10分遅れ。しかし、ここからの複線の直線区間でDFは最後の踏ん張りを見せる。速度が80～90キロに上がった。

　こじんまりした駅の大中山駅を通過。この辺は函館のベッドタウンだ。桔梗駅付近で「はこだてライナー」とすれ違う。そろそろ本州との玄関口、函館貨物駅が近づいてきた。速度を40キロに落とす。右側の五稜郭機関区をかすめるように通過。青函トンネル用の交流電気機関車EH800形の巨体がいくつも見えた。手前にはDF200形4両が出番を待っている。JR五稜郭駅構内にある函館貨物駅が視界に入ると、上り本線からいくつものポイントを渡って7番線に進入。停車位置にぴたりと止める。15時57分50秒だった。徐行の連続で約11分の遅れとなった。

　ここで3056レはスイッチバックし、本州に向かうことになる。16時、全身を水滴で覆われたDF200－10は、ここで解放する貨車4両を連結したまま、列車から離れた。今までの最後部がここからは最前部になり、そこにEH800－10が貨車4両を押しながら連結された。番号は偶然、ここまでのDF200と同じ10号。今日は"10号コンビ"で札幌貨物ターミナル駅から青森信号場まで向かうことになる。

　3056レは到着からわずか約5分後の16時3分、向きを変えて定時に発車した。本来は17分間停車するのだが、短縮して遅れを回復。悠々と青函トンネルを目指して走り出した。無事引き継ぎを終えたDF200－10は、本拠地である五稜郭機関区に単機で戻る。東室蘭駅を12時5分に発車してから雨に打たれ、徐行区間が連続する中、神経を集中した運転士もようやく緊張から解放された。

大沼駅に臨時停車。新函館北斗駅通過の指示を受け、メモに書きつける運転士

## 青函の回廊

東室蘭駅から函館貨物駅（JR五稜郭駅）まで機関車添乗した翌8月19日は引き続き、函館貨物駅から青函トンネルを抜けて青森信号場まで添乗した。列車番号は80レ。札幌貨物ターミナル駅2時50分発の西浜松駅行きで、函館貨物駅には10時20分に到着する。その列車を引き継いで10時35分に発車。本州にわたって東青森駅に13時31分に到着して機関車と運転士が交代。80レは3080レに番号を変え、第三セクター鉄道の青い森鉄道や東北線を走り、郡山を過ぎると日付を変えて首都圏の山手貨物線へ。新鶴見信号場で今度は下りの3071レと列車番号を変える。そして東海道線を西に向かい、終着の西浜松駅には8時24分に到着する。札幌から29時間34分を走り抜く長距離ランナーだ。

### 新幹線規格のマンモス機

昨日、東室蘭駅からの運転に悩まされた雨はすっかり上がり、8月19日は夏の日差しが戻ってきた。函館山もくっきり見える。函館貨物駅から任務に就くのは五稜郭機関区所属の運転士（59）。国鉄時代の採用で、青函トンネルの運転は熟知しているベテランだ。息子も同区の運転士という「2世代貨物運転士」でもある。出区前にそのこ

五稜郭機関区に並ぶ"青函の主役"EH800形。右から12、901、7号

とを聞くと、「運転中に息子が乗務している列車とすれ違うこともありますよ。オッ、来たか、という感じですね」と笑顔を見せる。

函館貨物駅から東青森駅まで牽引するのは交流電気機関車EH800形。2016年3月の北海道新幹線の開業を前に、複電圧式交流用電気機関車が計画された。在来線の電圧2万ボルトと新幹線の2万5千ボルトを瞬時に切り替える装置が取り付けられ、自動列車制御装置も新幹線規格のDS－ATCとなっている。車体は2車体永久連結で、1車体に動輪4軸、合計8軸となり、先輩格の交直両用EH500形と同等の性能とした。

この日の牽引機はEH800－7。運転台は前日のDF200形に比べて広く、右には固定椅子もある。ディーゼル機関車のエンジン音に比べると、モーター音は静かだ。函館貨物駅に向けて9時39分、出区する。函館線の下り本線と第三セクター道南いさりび鉄道線を横切って9番線で待機。ここで、本州に向かうコンテナ貨車1両を後部に連結した。

横を見ると、10時2分、隅田川駅発札幌貨物ターミナル駅行き3059レが発車していく。牽引機は昨日、添乗させてもらったDF200－10だった。その後を追うように、10時10分、札幌行き特急〈北斗7号〉が五稜郭駅ホームで待っていた乗客を乗せて出発していった。入れ替わりに、これから牽引する80レが、DF200－7に引かれて7番線に入ってきた。10時20分、定時到着。ここから向きを変えるため、DFは外れ、青森側ではEHが貨車1両を付けたまま連結作業に入る。連結業務にあたる操車係が外から無線で運転士に「あと10メーター」「あと3メーター」などと合図。最徐行する中、今度は「止まれ」の指示が出て静かに連結。運転席に「発車3分前」の自動音声が入ると、運転士が「発車3分前」と応答する。80レの発車準備はすべて整った。

定刻10時35分、「ピッ」という短い気笛とと

札幌貨物ターミナル駅発の80レが函館貨物駅に進入する。DF200－7が暑い夏を走ってきた

もに機関車が動き出した。青函トンネルへの第一歩である。函館線と別れて左カーブ。第三セクター道南いさりび鉄道路線に入った。同鉄道の経営は貨物会社からの線路使用料が経営の柱となっている。しばらくは住宅に挟まれながら細いルートを進んでいく。踏切も多い。

函館市のベッドタウン、北斗市内に入った。頻繁に踏切を渡る。この辺りは旧上磯町で、これから通過する七重浜駅は1954年9月26日の台風による青函連絡船洞爺丸の沈没現場（死者・行方不明者1,430人）に近い駅。さらに旧町名を残す上磯駅で単機のEH800－2と交換した。線路は高さを増し、矢不来峠にさしかかる。モーター音が勢い

「出発進行」。ベテラン運転士の喚呼応答で巨体が静かに動き出す

を増してきた。半世紀前の1970年前後は蒸気機関車C58形が貨物を引いて奮闘した難所だ。矢不来トンネルに近づくと「この先、徐行があります」の自動音声。速度がスーッと落ちて行く。左手に夏の陽光に輝く函館湾と函館山が見え始めた。

80レは木古内を過ぎて北海道新幹線（右上）に近づいて行く。この10パーミルの勾配を上り切ると共用区間に入る

ここからしばらくこの絶景が続くが、むろん運転士にそんな景色を楽しむ余裕はない。

## 函館湾をくねりながら

　行き合い交換のため、貨物列車用の長いトンネル待避線を持つ矢不来信号場を通過。続いて徐行解除となり、速度が60キロに上がり始めた。運転士が見通しの良い左カーブで窓を開け、身を乗り出して後方を確認した。20両のコンテナ車が

カーブを切りながら、しがみつくように付いてくる。右へ、左へのカーブが連続する。当別トンネル内で渡島当別駅構内への複線になり、運転士は出口の信号を指差しながら、「第1中継進行」、次いで「出発進行」と確認。右手の高台に建つ「灯台の聖母トラピスト修道院」（1896年開院の男子修道院）への入口となる渡島当別駅を通過した。8.8パーミルの上り勾配が、20パーミルの下り勾配に変わった。釜谷駅、続く泉沢駅も長い待避線を持つ交換駅。ダイヤによっては長大な貨物同士

上磯を過ぎると左手に函館湾が見えてくる。左カーブで運転士は窓を開け、後部の安全を確認した

北海道新幹線との共用区間に入る。ポイントの先は3線軌条だ

による交換も見られる。

徐行区間を過ぎると、再び速度が上がり、右手に北海道新幹線の高架が見えてきた。「制限45（キロ）」と運転士が発声。新幹線が停車する木古内駅が近づき、定刻11時15分、3番線に到着した。駅手前で電圧2万ボルトから2万5千ボルトに自動的に切り替えられ、ここから新幹線仕様で走ることになる。2分停車していよいよ新幹線との共用区間へ。出発前、運転士が「共用区間に入るには、10パーミルの勾配を上らなければなりません。特に冬は空転の恐れがあるので神経を使います」と話してくれた。発車後、速度を上げながらその勾配を上り始める。モーターがうなる。直線のアプローチを終え、11時22分、新幹線軌道に合流した。ここから約82キロが共用区間となる。線路が3本敷かれ（三線軌条）、左と右外側のレールの幅は新幹線の1,435ミリ、左と右内側のレールの幅が在来線の1,067ミリで、その差が368ミリある。

共用区間は、スラブ軌条というコンクリート製の板を置き、その上にレールを敷く構造。したがって、軌道狂いが抑制され、しかも強固なので、まったくと言ってよいほど揺れがない。踏切もないし、日本で最も安全かつ乗り心地が良い貨物列車だろう。さて運転席の速度計は80～85キロを示している。山間に作られ、幾何学的な美しさを持つ「湯の里知内信号場」の上り1番線に停車した。左上には共用区間を見下ろす展望台があり、観光客数人が機関車を物珍しそうに眺めていた。

## 海底下、一瞬の交換

少し進むと青函トンネルの序章となる連続トンネル区間に入る。11時34分、対面から宇都宮貨物ターミナル駅発札幌貨物ターミナル駅行きの3067レがぐんぐん迫ってきた。番号を見ると、牽引機はEH800－1で、互いに定時運転。延長約400メートルの列車同士が交換するシーンは迫力満点だ。

11時35分、いよいよ青函トンネルに入った。外気の爽やかな風を切る音が、トンネル壁との間

青函トンネルで3065レとすれ違った。夏らしく、冷蔵コンテナが目立った

青函トンネル内で〈はやぶさ13号〉とすれ違う。緑と白の先端部が勢いよく近づいてきた

でおこる「ゴーッ」という摩擦音に変わった。一気に海面下140メートルに下っていく。同42分、暗闇の前方から相模貨物駅発札幌貨物ターミナル駅行き3065レの前照灯が見えてきた。互いにすれ違いざま「ピーッ」と気笛を鳴らす。安全を誓い合うエールの交換なのだろう。ほんの30秒程度だが、3065レに連結された茶色や白い冷蔵コンテナなどを見ると、毎日多彩な貨物が日本列島を行き交っているのを実感する。11時50分、旧吉岡海底駅を通過した。長いホームが両側にあり、保安用のライトが付いている。速度は85キロ。運転士は前方と速度計に目配りしながらマスコンとブレーキを操作し、速度を維持している。

すると、前方からまた小さな前照灯が視界に入ってきた。東京駅発9時36分、新函館北斗駅着13時33分の北海道新幹線〈はやぶさ13号〉だ。この列車はJR北海道のH5系ではなく、JR東日本のE5系で運用されている。貨物とのすれ違いのため、トンネル内の最高速度は160キロに抑えられているが、さすが新幹線だけあって貨物

海底下を走る80レ。右手はマスターコントローラーを、左手はブレーキに添えられている

同士の交換とはスピード感が段違いだ。カメラを構えて連続シャッターを切る。高速交換、しかも暗い中での撮影は難しいが、なんとか捉えることができた。上下線の間に連続して置かれている、やぐらのような形の物体は、脱線事故や落下物などを光ケーブルで自動検知する「限界支障報知装置」だ。ここにも安全対策が徹底されている。

　トンネル海底部を通過し、80レは青森に向けて勾配を上り始めた。線路がやや右カーブする。速度は90キロに上がった。上り勾配をものともしない力強さだ。12時5分、旧竜飛海底駅を通過。そして青函トンネルに入ってから約40分後の12時14分、ついに53.9キロの青函トンネルを抜けて青森側陸上部に出た。青森も函館同様、抜ける

ような青空が広がっている。長い海底トンネルを抜けただけに、ひときわ眩しく感じる。大川平トンネル入り口で隅田川駅発札幌貨物ターミナル駅行き3051レとすれ違い。新幹線との共用区間に入ってから貨物同士の交換は3回目となる。

## 津軽線から青森へ

　本州にありながら、JR北海道管轄の駅である奥津軽いまべつ駅が見えてきた。ダイヤでは上り2番線を通過するはずなのに、この日は1番線に入って停止するよう信号で指示が出た。運転士がそれに従って停車。これは1番線のレール上のさび取りが目的だった。レールは放っておくとさびが浮く。このため、1日1本は列車を走らせ、車輪を回すことでさびを除去するという。たまたまこの列車が使われることになったらしい。このため、列車は12時22分、3分遅れの発車を強いられた。

　同32分、共用区間から左に分かれ、80レは在来線に戻った。ここからはJR東日本の津軽線と

青函トンネルを抜け、共用区間を分離する。このポイントを左に曲がると、在来線に戻る

80レは青森信号場に停車後、東青森駅に向かう。盛岡まで2つの第三セクター鉄道線を通過する

なる。青森駅と三厩駅とを結ぶローカル線で、三厩駅から間近の竜飛岬には「青函トンネル記念館」があり、同トンネル工事の苦闘の歴史を伝えている。電圧が在来線の2万ボルトに切り替えられた。次の新中小国信号場に遅れて着いたものの、8分停車なので余裕があり、12時38分、定時発車に戻った。

次いで津軽線の主要駅、蟹田駅に12時48分定時着。ホームには新型電気気動車GV－E400－19が休憩していた。蟹田駅を出ると、後は陸奥湾に沿って青森信号場まで約30キロをノンストップで走る。新幹線軌道を走った後で、揺れが大きい在来線に戻ると、その格差を実感してしまう。もっとも、北海道新幹線開業まで、寝台特急〈北斗星〉〈カシオペア〉〈トワイライト〉はじめ特急〈白鳥〉など名列車が旅の楽しさを競い合った路線だ。

13時を過ぎると、青森市の街並みに入り、大きく左カーブして青森信号場で止まった。私の添乗はここまで。80レは6分30秒停車した後、そのまま東青森に向かった。東青森では機関車は交直両用のEH500形に、運転士は他区の運転士にバトンを渡す。運転士はこの後休憩し、青森信号場22時39分の3055レ（隅田川駅発札幌貨物ターミナル駅行き）に乗り込み、函館貨物駅には翌日0時53分に帰着する。私事だが、1971年夏に青函トンネル初期の掘削現場で、3週間ほど地質調査に携わったことがある。それだけに青函トンネルを通る時は、いくばくかの感慨を覚えざるを得ない。幾多の犠牲を払って完成した「20世紀の奇跡の回廊」を通じて、北海道と本州の物流を担う貨物列車は、多くの役割と期待を背負っていることを改めて感じ入った。

## 一寸停車　■■■■「長さ」と「重さ」の"符号"■■■

　1本の貨物列車には、それぞれの長さと重さがある。編成の実際の両数は「現車」というが、これは誰でも数えればわかる。しかし、その他に「延長」「換算」という用語があり、発車前に必ず「列車編成通知書」として運転士に渡される。これらは何を意味しているのだろうか。

　「延長」とは、国鉄時代の一般貨車である旧ワム形貨車（15トン積み、2軸有蓋車）1両の長さ8メートルを1両とみなして計算する。ただし、計算がピッタリ合うわけではなく、コキ1両を2.6とし、10両で25.5、さらに20両で51.0と決められている。単純に「メートル」で言ってもよさそうなものだが、現場では「延長」を使うことで共通理解がしやすい。

　また、「換算」とは、編成の重量の目安を示すもので、運転士はこの数字を見て、列車が重いのか、軽いのか、などと一定の判断をする。計算方法は、まず空車のコキ1両を1.8両と規定する。また、荷物を積んだコンテナ1個（5トン積み）を0.54両とみなす。コキ1両にはコンテナを5個積めるので、5個の合計は2.7両。これにコキ1両分の1.8を加えると、計4.5両となる。これが、コンテナ5個を積んだコキ1両の換算となる。したがって、コンテナ満載のコキ20両編成では4.5×20両で換算90となる。

貨物列車は長さが違う上、空車が目立つこともある。こうした情報は「列車編成通知書」によって共有される＝札幌貨物ターミナル駅、2022.6.14

## カメラルポ 北海道と本州を結ぶ青函ルート

　JR貨物は農産品、紙製品など年間185万トンを道外に輸送し、
これを上回る年間200万トンの加工食品、書籍などを道内に運び入れている。
　なかでも、北海道と本州を結ぶ鉄路「青函ルート」は
「全国的にも重要な物流網」（国交省鉄道局）であり、青函トンネルによって結ばれている。
青函トンネルでは、1日最大40本の貨物列車が青函トンネルを行き来している。

青森信号場➡函館貨物駅

札幌貨物ターミナル駅　DF200が3両揃い踏み。左が添乗する50レの機関車DF200－55

## ■ 秋天の疾風

　JR札幌駅から約10キロ東にある札幌貨物ターミナル駅。臨時も含めると、1日60本以上が発着するマンモスターミナルだ。秋空が広がった2022年9月29日。この日、12時31分発の仙台貨物ターミナル駅行き50レを引くディーゼル機関車はDF200－55。その運転席には研修中の29歳の運転士が座った。27歳で中途入社し、車両整備を経験して運転士への試験に合格。現在、教導運転士に付きっきりの教育を受けながら、運転士養成の技能講習に当たっている。

## 「後部よし」、千歳線へ

　左側に並んで待機していたDF200－102牽引の帯広貨物駅行き2075レが12時19分、定時発車した。50レも出発時間が刻々と近づいてくる。DF200－55のエンジンは「トン、トン、トン、トン」という軽いリズムを刻んでいる。いつでも

札幌貨物ターミナル駅を発車する。運転士は「出発進行」と指さし確認。緊張のシーンだ。ドゴール帽がよく似合う

発車できる状態だ。

　運転台中央部に置かれた懐中時計に目を凝らす運転士が「発車まであと3分」と発声すると、同じく「発車3分前です」との自動音声が流れた。時計の秒針がさらに時を進めてゆく。「発車まであと2分」と運転士。前方の出発信号が青に変わった。ピ、ピ、ピ、ピ、という注意音。素早く「緑色灯点灯、防護無線よし、乗務員無線よし」などと指差し確認を進める。

運転士は「発車まであと1分。車警（ATS）よし」と確認すると、自動音声が「間もなく発車時刻です。時刻表、信号現示、ATS電源を確認してください」とかぶさってくる。運転士は続けて「札タ1番、千歳線1番、第1出発進行」「進路左よし」と出発態勢に入った。すでに右手はマスターコントローラーを握りしめている。時計が出発時刻の12時31分30秒を差すと、すかさず気合を込めて「発車」と声を出した。次いで「力行（りっこう）、よしっ」「定時」「1番出発進行」。機関車用の単独ブレーキ（単弁）を解放し、マスコンを引いてノッチ1に入れると、機関車はゆっくり動き始めた。貨車の重みを感じながら、ノッチを3に上げる。窓を開けて上半身を乗り出して後方に目をやり、「後部、よし」と発声。コンテナをほぼ満載した貨車18両が、車体をくねらせながらしっかりと付いてくる。「第2出発進行」。それまで鳴りを潜めていた出力1,800キロワットの強力エンジンが目を覚まし、一気に力強いうなり声を出し始めた。

JR平和駅を左に見て、柏山跨線人道橋の下をくぐる。長さ300メートルほどあり、札幌貨物ターミナル駅構内全体をまたぐ屋根付き長大橋だ。ポイントを渡る音がガタン、ガタンと伝わってくる。ここで「（千歳線）第1場内進行」。高架の千歳線下り線に入るポイントが近づいてきた。10パーミルの上り勾配だ。

JR新札幌駅が視界に入ってきた。そこに「ATS－DS機能開始」の自動音声。千歳線の下り線に入ると、JR新札幌駅に停車している電車の前面が真っ正面に見えた。さらに進行し、ポイン

札幌貨物ターミナル駅から千歳線下り線に入る

千歳線下り線のポイントは上り線に向けて開いている。ここを渡ると本来の走行線になる

トを渡って同線上り線に入った。これが本来の走行線だ。「新札幌1番通過」「新札幌第2場内進行」「新札幌通過」「制限45（キロ）」。新札幌駅のホームに差し掛かった。ノッチは6に上がった。運転士は右手人差し指を前方にピーンと伸ばして「1番出発進行」と喚呼応答する。「ピーッ」という気笛。ホームから鉄道ファン数人がカメラを向けていた。

## 信号確認、切れ目なく

速度は60キロに上がる。「第2閉塞第1中継進行」「第2中継進行」「第3中継進行」。前方の信号が目に入るや、よどみなく指さし確認し、声を発していく。函館発の特急〈北斗5号〉が前方から接近し、すれ違った。「第2閉塞進行」「第1閉塞中継進行」「第1閉塞進行」。見通しが悪いカーブでは中継信号機が多く、息継ぐ間もない確認が求められる。速度はさらに上がり、70キロを超えた。

次は上野幌駅だ。「上野幌1番」「1番場内進行」「上野幌通過」。気笛を鳴らす。左カーブの上野幌駅ホームに入ると、「1番出発中継進行」「1番出発進行」。時計に目を落とし、「上野幌30秒遅（えん）」と確認した。ホームを出ると「第3閉塞進行」。速度は80キロに上がる。高台に出て、右手に視界が広がった。近くの農家が畑に通う小さな踏切をいくつか過ぎる。

「第3閉塞進行」「第2閉塞進行」「第1閉塞第1中継進行」「第2中継進行」「第1閉塞進行」。西

**■2022年9月29日　札幌貨物ターミナル駅発仙台貨物ターミナル駅行き　50列車　積載通報**

| 5 | 4 | 3 | 2 | 1 |
|---|---|---|---|---|
| 19D－34993 北見➡東福島ORS タマネギ | UR19A－10818 札幌(タ)➡大阪(タ) ブロッコリー | UR19A－1307 札幌(タ)➡仙台(タ) 白菜 | 19D－41057 富良野➡隅田川 タマネギ | 19D－44467 北見➡東福島ORS タマネギ |
| **1両目　コキ107－1798** | | | | |
| | U13A－331 札幌(タ)➡大館 シュレッダーダスト | 19G－18667 札幌(タ)➡仙台(タ) カップラーメン | 19G－20500 札幌(タ)➡仙台(タ) タマネギ | 19G－20903 北見➡仙台(タ) タマネギ |
| **2両目　コキ104－613** | | | | |
| V19C－6029 札幌(タ)➡大阪(タ) ジャガイモ | 19G－10631 札幌(タ)➡仙台(タ) 靴・衣類 | 20G－3342 札幌(タ)➡仙台(タ) 引越荷物 | 19G－16420 札幌(タ)➡大阪(タ) ごはん | 19G－16791 札幌(タ)➡仙台(タ) 引越荷物 |
| **3両目　コキ106－877** | | | | |
| コンテナなし | コンテナなし | U31A－753 札幌(タ)➡仙台(タ) 返送 | U31A－794 札幌(タ)➡仙台(タ) 返送 | U31A－928 札幌(タ)➡仙台(タ) 返送 |
| **4両目　コキ104－2722** | | | | |
| コンテナなし | コンテナなし | コンテナなし | コンテナなし | コンテナなし |
| **5両目　コキ104－1267** | | | | |
| UR19A－11616 札幌(タ)➡仙台(タ) 荷重・清涼飲料水 | 20G－1674 札幌(タ)➡仙台(タ) 引越荷物 | コンテナなし | 19G－17230 札幌(タ)➡仙台(タ) タマネギ | V19B－7184 札幌(タ)➡仙台(タ) タマネギ・カボチャ |
| **6両目　コキ104－2873** | | | | |
| 19D－47680 北見➡仙台(タ) タマネギ | 19D－30010 北見➡仙台(タ) タマネギ | UR19A－1170 札幌(タ)➡仙台(タ) 白菜 | V19C－1772 札幌(タ)➡山形ORS AP08MC | 19G－21578 札幌(タ)➡山形ORS 砂糖 |
| **7両目　コキ107－1357** | | | | |
| UR19A－10078 中斜里ORS➡仙台(タ) ニンジン | 19D－34072 北見➡仙台(タ) タマネギ | 19D－42168 北見➡山形ORS 空ドラム | 19D－34139 北見➡仙台(タ) タマネギ | 20E－39 北見➡仙台(タ) タマネギ |
| **8両目　コキ106－296** | | | | |
| 19D－40524 帯広貨物➡仙台(タ) オリゴ糖 | 19D－42984 帯広貨物➡仙台(タ) 砂糖 | V19C－7162 北見➡福島ORS タマネギ・カボチャ | V19C－1147 帯広貨物➡仙台 カボチャ | V19C－2313 北見➡仙台 ジャガイモ |
| **9両目　コキ107－657** | | | | |
| 19G－10273 名寄ORS➡古川ORS 砂糖 | V19C－4784 帯広貨物➡有田ORS タマネギ | 20D－7354 帯広貨物➡仙台(タ) タマネギ | 20D－8680 帯広貨物➡仙台(タ) タマネギ | 19D－43848 北見➡山形ORS タマネギ |
| **10両目　コキ104－2280** | | | | |
| 19G－17887 北見➡仙台(タ) タマネギ | 19G－20872 富良野➡石巻港 タマネギ | 20D－9393 富良野➡石巻港 タマネギ | V19B－2227 滝川➡仙台(タ) カボチャ | 19D－36050 北見➡仙台(タ) タマネギ |
| **11両目　コキ104－1091** | | | | |
| V19C－3149 京葉久保田➡東室蘭 耐火物 | V19C－80022 京葉久保田➡東室蘭 耐火物 | 19D－32049 京葉久保田➡東室蘭 耐火物 | V19C－9000 秋田貨物➡東室蘭 返回送パレット | 19D－48218 富士➡東室蘭 化粧品原料 |
| **12両目　コキ104－642** | | | | |
| 19BG－15093 帯広貨物➡仙台(タ) てんさい糖 | V19B－6191 北見➡仙台(タ) ジャガイモ | コンテナなし | V19C－7539 北見➡和歌山 タマネギ | 20E－146 北見➡仙台(タ) タマネギ |
| **13両目　コキ104－642** | | | | |

| 20G−241<br>帯広貨物➡山形ORS<br>砂糖 | 20D−5987<br>帯広貨物➡仙台(タ)<br>オリゴ糖 | V19B−5804<br>帯広貨物➡古川ORS<br>飼料 | UR19A−13595<br>帯広貨物➡仙台(タ)<br>ブロッコリー | 20G−1899<br>小樽築港ORS➡隅田川<br>酒類 |
|---|---|---|---|---|
| ● ● | | 14両目 コキ106−579 | | ● ● |

+

| UM9A−851<br>札幌(タ)➡仙台(タ)<br>新2トン実+空 | コンテナなし | UV54A−30006<br>札幌(タ)➡仙台(タ)<br>返送私有コンテナ | コンテナなし | V19C−3761<br>帯広貨物<br>タマネギ |
|---|---|---|---|---|
| ● ● | | 15両目 コキ104−1577 | | ● ● |

+

| UV52A−38035<br>札幌(タ)➡仙台(タ)<br>返送私有コンテナ | コンテナなし | コンテナなし | コンテナなし | U51A−30391<br>札幌(タ)➡仙台(タ)<br>返送私有コンテナ |
|---|---|---|---|---|
| ● ● | | | | ● ● |

+

| 19D−22591<br>札幌(タ)➡郡山(タ)<br>貨物積付用品 | 20G−3371<br>札幌(タ)➡百済(タ)<br>家具 | 19G−16646<br>札幌(タ)➡仙台(タ)<br>片栗粉 | UR19A−10084<br>札幌(タ)➡仙台西港<br>果汁・清涼飲料水 | UR19A−10726<br>札幌(タ)➡仙台西港<br>果汁・清涼飲料水 |
|---|---|---|---|---|
| ● ● | | 17両目 コキ104−1808 | | ● ● |

+

| 20G−912<br>札幌(タ)➡南長岡<br>かつおつゆ | 19G−17227<br>札幌(タ)➡仙台(タ)<br>引越荷物 | 19G−20090<br>札幌(タ)➡仙台(タ)<br>引越荷物 | V19B−5886<br>中斜里ORS➡仙台港<br>でん粉 | 20D−1934<br>帯広貨物➡郡山(タ)<br>砂糖 |
|---|---|---|---|---|
| ● ● | | 18両目 コキ104−1941 | | ● ● |

の里信号場が近づいてきた。「西の里2番場内中継進行」「2番場内進行」「西の里通過」「2番出発進行」「西の里定時」。運転士は再度窓から身を乗り出し、「後部よし」と確認。さらに「試しブレーキ」と声を出し、マスコンを切って速度を落とし、ブレーキをかけた。「試しブレーキよし」と確認する。千歳方面への貨物列車はここで速度を落とし、ブレーキの利きを試すのが決まりとなっている。再び速度が上がる。いよいよ千歳線での高速走行だ。引き続き「第2閉塞進行」「第1閉塞中継進行」「第1閉塞進行」と信号確認を繰り返していく。

北広島駅手前右側に、プロ野球北海道日本ハムファイターズの本拠地となる「北海道ボールパークFビレッジ・エスコン・フィールド」の建設現場が見えてきた。2023年シーズンのオープンに向けて急ピッチで工事が進められている。乗降客が急に増えることから「北海道では最もホットな駅」と言われる北広島駅に差し掛かると、「北広島通過」「1番出発進行」「北広島15秒遅」「第5閉塞中継進行」「第5閉塞進行」「第4閉塞中継進行」「第4閉塞進行」。確認、確認また確認だ。踏切の「カン、カン」という音が耳をかすめて過ぎ去って行く。「第3閉塞進行」。JR北海道のドル箱路線とあって、すれ違いが多い。快速〈エアポー

ト〉、ローカル電車のほか、ディーゼル特急も次から次へと向かってくる。

「第2閉塞進行」「第1閉塞進行」「力行よし」。島松駅手前から10パーミルの上り勾配に入る。ノッチ4。「島松1番場内進行」。ノッチ6。エンジン音が強くなってきた。「1番出発中継進行」「1番出発進行、30秒遅」「第4閉塞進行」「第3閉塞進行」。721系ローカル電車とすれ違う。「恵み野通過」。速度は60キロ。「力行よし」。ノッチ3。「第1閉塞第1中継進行」「第2中継進行」「第1閉塞進行」。左にカーブして、上下線が若干離れた。

恵庭駅が近づいてきた。「場内中継進行」「1番場内進行」「恵庭通過」。8.3パーミルの下り勾配に移る。「1番出発進行」「恵庭通過」「第1閉塞進行」。多数の列車が前後を走るため、信号を注視しながら速度を出し過ぎず、かつ遅くならない

サッポロビール庭園駅で新潟から来た3097レと交換する

よう、ギリギリで走っている。「攻めて走り過ぎると、前が詰まって黄色の注意信号が付いてしまう。そのタイミングに慣れなければ」と教導運転士。「2番場内進行」「ビール園（サッポロビール庭園）定時」。「第4閉塞進行」。サッポロビール庭園駅で新潟貨物ターミナル駅発の3097レとすれ違った。その瞬間、窓ガラスがドシンと揺れる。

## 高速運転、本領発揮

DFはさらに突進する。「第3閉塞進行」「第2閉塞進行」。いったん緩い下り勾配、次いで力行に移る。13時3分、快速〈エアポート129号〉とすれ違う。千歳駅への高架アプローチが始まった。「第2閉塞進行」。エンジン音が高くなる。「1番場内進行」「1番出発中継進行」。ホームに入るところで「ピーッ」と気笛。「1番出発進行」「千歳通過、30秒遅」「第2中継進行」。高架から地上に降りていく。「南千歳1番」「1番場内進行」。右に「空の玄関口」新千歳空港が見えてきた。「千歳線1番出発進行」と喚呼応答する。

次いで「南千歳45秒遅」「第2閉塞進行」「第1閉塞進行」。特急が停車する長いホームを一気に通過するのは貨物ならではの醍醐味だ。ここで、地下に入る新千歳空港駅方面と、追分駅に向かう石勝線と別れる。石勝線の上をまたいで、千歳線の上下線が再び一緒になる。ここから列車本数はぐんと減り、信号機の数も少なくなった。美々信号場が近づいてくる。「美々1番」「1番場内進行」「美々通過」。「1番出発進行」。美々は今は信号場だが、かつては旅客駅で、旧駅舎がその姿をとどめている。この付近はロングレールが敷かれており、乗り心地がよい。「45秒遅」。下り勾配にかかる。「第6閉塞進行」「力行よし」。ノッチ6。速度は90キロに上がった。

「第5閉塞進行」「第4閉塞進行」「後部よし」。左側に、なだらかな美しい草原が広がる。しかし、運転士は景色に目をやっている暇はない。「第3閉塞進行」「植苗通過」「植苗1分遅」。特急〈北斗7号〉とすれ違った。ここから下り線が右に離れていく。13時17分、複線の室蘭線をまたいだ。

地下で新千歳空港に向かう千歳線枝線（右）と分かれる

速度は90キロを維持している。右にカーブしながら日高線、室蘭線にアプローチして行く。

「沼ノ端1番場内中継進行」「1番場内進行」「1番出発進行」「沼ノ端通過」。最高速度ギリギリの95キロで通過。千歳線と別れ、室蘭線に入った。ここから白老駅付近まで28.7キロの日本一長い直線区間になる。苫小牧貨物駅が近づいてきたため、ブレーキを次第に強めていく。左手から日高線が近づくころ、速度はみるみる落ちてきた。

速度35キロの徐行運転に入り、注意を促す黄信号の線に渡る。左手にコンテナがたくさん見えてきた。ポイントを渡る「ゴトン、ゴトン」という音が響く。苫小牧貨物駅の着発荷役線4番線に進入。甲高いATSの音が鳴り響く。「停車」。時計は13時27分15秒を差している。2分30秒遅れとなった。運転は止めるときが難しいというが、札幌貨物ターミナル駅から休みなしの53分間。研修中の運転士はやっと一息ついたようだ。

近年、付近沿線には頻繁にシカが出没し、運転を妨害する。停車中、そのことを聞くと、「シカに当たったことがあります」との答えが返ってきた。すると、教導運転士が「それぐらいならまだいい方だ。今のうちにいろいろ経験したほうがいいぞ」と、現場研修の大切さを説いた。今日は特に徐行区間はなかったが、若干の遅れが発生したことに、「まだ（速度を十分）出せるところを出していない」との助言もあった。

荷役が終わったらしい。無線が入った。「50列車の運転士さん。ここから換算79.5になります。宜しくお願いします」。苫小牧貨物駅までの換算は76.4両だったが、コンテナが数個積み込まれ

たのだろう。その分、列車が重くなる。

※換算は「一寸停車」参照（73P）

## サラブレッド横目に

13時46分、出発信号が青になり、苫小牧貨物駅定時発車。「制限35」。特急が止まる苫小牧駅を通過して行く。「力行よし」。制限速度が解かれ、次第に速度を上げる。ローカルのキハ40形、H100形などが停車しているのが見えた。「第4閉塞進行」「青葉通過」「第3閉塞進行」「第2閉塞進行」「第1閉塞進行」と喚呼応答。直線が続くので見通しが良い。「糸井通過、定時」。踏切前で気笛を鳴らす。速度は90キロに上がった。が、間もなく次の錦岡駅に停車する準備に入った。「第2閉塞進行」。ブレーキをかけ、速度を落としていく。研修中の運転士は、今回初めて同駅に停車するという。教導運転士が注意深く見守っている。ホームがある1番線と3番線に挟まれた2番線に入った。

ATSが鳴り始める。運転士は慎重にブレーキを操作する。14時1分到着のところ、45秒遅。停車はわずか2分だ。息つく間もなく「発車まであと1分」「2番出発進行」と信号確認。「発車」「力行」「定時」「2番出発進行」。再びエンジンが「ウーッ」と低くうなり始める。速度がぐんぐん上がり、70キロに達する。頂上が独特のドームに

なっている樽前山が右手に見える。線路は相変わらず直線だ。本数も少なく、見通しもよいので、中継信号機はあまり見当たらない。

「社台1番場内進行」「社台通過」。前方に豆粒のような普通列車が見えてきた。眼前に迫ったかと思うと、窓にガツンという衝撃を与えてすれ違った。この辺りは競走馬のふるさとでもある。サラブレッドがゆっくりと草を食んでいる姿があった。「白老1番場内進行」「白老通過」「1番出発中継進行」「1番出発進行」「15秒遅」。ガタン、ガタンと線路の継ぎ目を踏みつける間隔が短くなる。速度が100キロ近くまで上がった。どこまでも高い秋空の下を、DF200は500トンほどの貨物を積んで、疾風を巻き起こしながら西へ向かう。

「第1閉塞進行」「萩野1番」「1番場内進行」「萩野通過」「萩野出発進行」「第2閉塞進行」「北吉原通過」。さらに「竹浦1番場内進行」「竹浦通過」「1番出発進行」「竹浦15秒遅」。ここで気笛吹鳴。95キロで通過。「第3閉塞進行」。窓際では風がビュンビュンうなっている。「虎杖浜通過」「第2閉塞進行」「虎杖浜定時」。直線から曲線になり、トンネルに突っ込んだ。「第1閉塞中継進行」。間髪を入れず、「第1閉塞進行」。長い気笛を吹鳴してまたもトンネルに入る。特急が止まる温泉の街、登別駅を通過する。特急到着まで時間があるのか、ホームに人影は少ない。太陽の輝き

苫小牧貨物駅を目指して快走する50レ。草木や枕木が流れてゆく　（右）右手はマスコン、左手はブレーキに置いて走行する。教導運転士は懐中時計を見ながら指導している

真正面からの日差しが運転士の右腕を光らせる。速度計は時速90キロを超えている

は依然強く、運転士は眩しそうに額に手を当て、体を前傾して前方を注視する。次いで富浦通過。左手に漁港が見えた。線路そばでは保線区員が作業の手を休め、右手を水平にして、退避完了合図を送っている。運転席を見上げる眼差しに安全への誓いが宿っている。

「第2閉塞進行」「幌別1番」「1番場内進行」「幌別通過」「1番出発第1中継進行」「第2中継進行」「1番出発進行」「幌別通過、定時」。DF200は90キロを維持している。次いで「第4閉塞進行」。ここで東室蘭駅が近づいてきたため、次第に速度を落とし始めた。「第3閉塞進行」「第2閉塞進行」「第1閉塞中継進行」「第1閉塞進行」「鷲別通過」「6番中継進行」「6番進行」。構内への進入にはひときわ注意力が必要だ。

運転士はブレーキをかけたり外したり、正確に止まるため、微妙な操作を繰り返した。「制限35（キロ）」。「鷲別1分（遅）」。東室蘭駅は目前だ。ポイントを渡るゴト、ゴトという音が大きくなる。前方を凝視しながらブレーキを利かせる。14時39分、目標位置で停止。運転士はここで交替し、函館貨物駅までの運転士に引き継ぐ。垂直のステップを降りる姿に安堵感が込められていた。札幌貨物ターミナル駅から119.4キロ。運転時間は2時間8分だった。50レは約25分間停車したのち、仙台貨物ターミナル駅を目指して出発。津軽海峡をくぐって本州の風に当たり、同駅に到着するのは翌日未明の2時2分だ。後日談だが、研修中だった若い運転士は厳しい訓練を乗り越え、動力車操縦者養成所の試験官立ち合いによる技能試験に合格。2023年2月に免許交付され、運転士として独り立ちしたと聞いた。いつか彼が運転する列車の写真を撮ってみたい。

## 一寸停車　■■■ 事故ストッパー「ATS」■■■

運転士が赤信号を見落としたり、あるいは意識を失った場合、列車の安全をどうやって守るか。鉄道開業以来、関係者を悩ませてきた課題だ。それに応えたのがATS（自動列車停止装置）で、非常事態が発生しても2段構えで安全を守る。

ATSは信号機近くの軌条の中に置かれた「地上子」と呼ばれる2組の装置が重要な役割を果たす。走行中の列車の前方に列車がいる場合、その信号機は赤を現示。列車が接近すると、その信号機から一定距離手前にある「ロング地上子」が危険を知らせる電波信号を送り始める。運転室内の「車上子」がその信号を受け取ると、「キンコン、キンコン」と警報が鳴り始める。運転士が5秒以内に確認ボタンを押すと、警報は止まる。もし、何らかの理由で5秒以内に確認ボタンを押さなかったら、非常ブレーキが作動する。

地上子にはもう1個、「直下地上子」と呼ばれる装置もある。これは信号機の直前に置かれている。警報が鳴り、運転士が確認ボタンを押して徐行運転し、「直下地上子」を通過する際、信号が赤のままだったら、即座に非常ブレーキが掛かる仕組み。これによって運転士の確認ミスなどを防ぎ、それ以上の進行を止める。過去の大型事故からの教訓を生かした欠かせない装置だ。

安全運転の砦といえる信号機。列車は青信号の1番線に進入する＝新千歳空港駅、2022.9.29

## ■ 星夜の峠路

　2022年の北見駅発のタマネギ輸送は8月16日から始まった。以後毎日、タマネギ専用の8074レが全国各地に向けて出発する。途中、常紋・北見の2つの峠を越えるため、機関車2両が必要の上、途中駅ホームも短いので編成は通常の半分ほどの11両、載せるコンテナも55個（満載の重量は275トン）に制限される。

北見駅4番線で発車を待つ8074レ。左は網走駅から到着したキハ40の4672D

## ベテラン、夜のタッグマッチ

　添乗する2022年11月2日、この日も8074レにはタマネギを満載したコンテナが、上限の55個積み込まれた。コメ、ジャガイモ、カボチャ、砂糖、それに乳製品などもリストにあるが、実質的には看板通りの「タマネギ列車」だ。

　晩秋のこの日、北見地方は日中、「オホーツクブルー」が広がる晴天だった。しかし、早々と太陽が沈むと、黒ずんだ夜空が頭上を覆い、迫りくる冬を予感させる。わずかに彩りを添えるのは、遠慮がちに顔を出している半月と星々だけだ。18時40分、4番線に入って待機。本務機DF200－

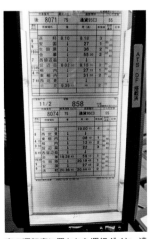

夜の運転席に置かれた運行ダイヤ。遠軽駅と北見駅との間の往復時刻が上下に分かれて記載されている

113と、後部に着いた補機DF200－55に運転士がそれぞれ乗り込んでいる。66歳と69歳。国鉄時代からキャリアを積んだベテランだ。北見駅－北旭川駅の区間専属の運転士で、JR貨物退職後に再雇用された。難所である常紋峠はじめ、どこをどう走るか知り尽くしている。私は本務機に乗せてもらった。

　自動音声が入る。「間もなく発車時刻です」。すると本務機の運転士が無線機を握り、「対向列車が見えてきたからそろそろ発車します」と連絡する。「はい。よろしくお願いします」と補機の運転士が了解した。2人は離れてはいるが、こうして呼吸を合わせるのだろう。

　北見駅着4671Dは30秒遅れで到着した。間もなく出発信号機が赤から青に変わった。その瞬間、「発車」の喚呼応答。マスコンを手前に引くと、機関車は独特のエンジン音を発してゆっくりと動き出した。左に運転試験中の特急用気動車283系3両が停車している。183系の特急に代わって間もなく石北線でデビューするはずだ。制限35キロ。ポイントを右に渡って単線の本線に出る。

　すぐ、北見市街の下を抜ける地下トンネルに入った。速度が次第に上がっていく。エンジン音がトンネル壁に「ガン、ガン」と反響する。19時4分、トンネルを抜けた。灯がともる住宅街の中をテンポよく走って行く。制限速度は60キロ。西北見駅通過。「今日は（コンテナが）満タンだね。重い」と運転士。手ごたえで分かるのだろう。しかし、DF200にとっては何ら問題ない。巨体を揺らしながら走る。「東相内駅通過、定時」。次いで相内駅を悠々と通過。19時12分30秒。「相内、定時」。住宅が途切れてきた。踏切を前に気笛を鳴らす。峠はまだ先なので、後方の補機は

ノッチを5に入れたままだという。運転士は「本務機が運転全般を受け持っているので、補機はノッチをいじらない方がいいのです」と説明してくれた。

　静まり返った郊外に、DF200のエンジン音だけが響いている。線路の継ぎ目を渡る音が「ガタン」「ガタン」と規則正しく刻まれていく。カーブを曲がって留辺蘂駅のホームの明りが目に入ってきた。改札口と反対側のホームには木造の待合室がある。この辺りは木材業が盛んなところだ。19時20分、3番線を定時通過。次いで簡易な駅の西留辺蘂駅通過。土手に出て右に大きなカーブを切りながら、少しずつ線路の高度を上げていく。速度を落とし、かつては駅だった金華信号場に停車した。「ここから見る星はきれいだよ」という運転士の声に誘われて窓を開け、夜空を見上げると、まさしく満天の星が広がっていた。運転士にとって心が和む瞬間だという。

　ここで31分間、停車する。本来なら旭川駅発網走駅行き6073D特急〈大雪3号〉と、後続の遠軽駅発北見駅行き4677Dの2本と交換しなければならない。しかし、この日は〈大雪3号〉は運休日。この時期、石北線の長距離客が少ないためだ。新型コロナの影響もある。停車中に運転士が近年人里に出てくることが多くなった野生動物への警戒心を話してくれた。「今日は出ていない

けれど、今年はクマが多い」「以前、中越信号場の手前ぐらいに出てきた。線路そばにも寄ってくる。貨物列車がクマ1頭をやっつけてしまったこともある」「なるべくならお会いしたくないね」「この辺でクマが出るのは瀬戸瀬駅のカーブの所。よく出てくる。住宅もあるのに」「シカも出る。出没地帯は決まっているけれど、予測できないね」。そんな口ぶりに、野生動物への悩ましさが込められている。

## 闇に沈む常紋峠

　話が途切れたところで、「交換の相手列車が遅れなければいいですね」と水を向けると、「いいや、少しの遅れなら（常紋）峠で取り返すから大丈夫だよ」と笑い飛ばす。すると「発車3分前です」の自動音声。交換まであと1分を切ったころ、前方から前照灯が見えてきた。4677Dだ。「おっ、来たぞ」と出発準備の態勢を取る。キハ40形1両が近づき、右側をすれ違って行った。またも自動音声。「間もなく発車です。ATS電源を確認してください」。少し遅れて発車すると、かすかに後ろから軽い衝撃があった。運転士が「後ろから押されたのわかった？」と聞いてくる。「遅れたときはね、両方フルノッチでスタートしなければならない」と定時運転するための極意を説明して

常紋峠を越える本務機運転士。後部補機の力を借りて勾配を上り切る

暗闇が続く常紋峠。前照灯に浮かび上がるのは草と標識だけだ

常紋峠を越えると生田原駅を通過する。深夜の普通列車のため駅には照明がともっている

くれた。

　補機も本領を発揮する中、いよいよ常紋峠に差し掛かり、エンジン音が一段と力強くなってくる。右カーブ、次いで左カーブ。線路は切れ目なく曲がりながら高さを増していく。前照灯の光は急カーブで線路から外れ、その先は一片の灯さえもない。運転士はマスコンを手前一杯に引き、最大の8ノッチで力行する。ここは補機も8ノッチに上げて力を合わせるという。速度は40キロに落ちた。それでも着実に勾配を上り詰めていく。金華信号場発車から5分、10分と過ぎても、まだ峠の途上にある。昼間、この光景を特急列車の先頭座席から見たことがあるが、途切れなく急曲線が続く、古い言葉で言えば、まさに「羊腸の小径」である。

　すると、前照灯の先に微かに常紋トンネルの入り口が見えてきた。手前が峠の頂上、かつての常紋信号場だ。左手にはスイッチバックの加速線があり、昔は旅客列車での乗降も可能だった。同トンネルは延長507メートル。1912年の着工に合わせて多くのタコ部屋が作られ、労働者が命と引き

換えに完成させたトンネルだ。トンネルに入るとエンジン音がいくぶん軽くなった。峠を越えたのだ。20時5分過ぎ、運転士が無線機を取り、補機の運転士に「どうもありがとう」と礼を言った。「はい。あとはよろしく」の声が返ってくる。親しい僚友とはいえ、峠を無事越えてのねぎらいを欠かすことはない。

　相変わらず線路は曲がりくねっているが、エンジン音が鎮まる中、「カタン、カタン、カタン、カタン」と継ぎ目を刻む音がリズミカルに聞こえてくる。まるで、昔の夜行列車に乗っている気分だ。左カーブを下って行くと、生田原駅の灯が見えてきた。終列車が来るまで、灯しておくのだろう。この駅は図書館と併設になっていて、列車を待つ間、快適な読書時間を提供してくれる。20時18分45秒、定時通過。次いで20時27分45秒、安国駅を定時通過。線路の両側には茶色い雑草が、枯れたままの姿で続いている。「枯草はシカの色と同じだから、シカが中に潜んでいると見つけるのが難しいんだ。少し刈ってくれれば（安心して）走りやすいんだけどね」と運転士が言う。

「安国駅を出るときにはコツがある。60キロで駅構内を出ると、そのまま定時に遠軽駅に着くんだ。50キロだと遅れてしまう。うまい具合に列車ダイヤを作っているもんだ」とベテランならではのひと言も。速度が落ちてきた。そろそろブレーキを操作する。遠軽の街並みが見えてきた。北見を出て以来の明るさだ。パチンコ店、薬局の大きな看板が目に飛び込んでくる。歩道橋を過ぎると、左から旭川方面の石北線の列車が近づいてきて、遠軽駅構内手前で並んだ。速度は落ちほとんど徐行になる。ポイントを渡ってホームがない2番線に到着。ブレーキを巧みに操りながら停止位置にすっと止める。20時36分をちょっと過ぎた時間だった。

ここで8分停車するが、遠軽駅は進行方向が逆になるスイッチバックの駅。このため、このDF200－113は補機になり、補機だったDF200－55が本務機に。2両が役割を変えて北旭川駅への分岐点である新旭川駅に向かうことになる。運転士はそれぞれ内部の通路を通って反対側の運転席に移

動した。途中、上越信号場までの北見峠が難所となる。

## 逆進で再び峠へ

添乗の私は後部運転席に残った。しかし、運転状況は機器を見ることで確認できる。遠軽を20時44分45秒、定時発車。間もなく制限45キロの徐行区間に入り、速度を落とすが、そこを過ぎると、ノッチはいきなり8に上がった。徐行の分を取り返そうと、速度がぐんぐん上がる。次の瀬戸瀬駅で停車して網走駅行きの特急〈オホーツク3号〉と交換するので、絶対遅れるわけには行かない。

瀬戸瀬駅が近づくと速度は落ち始め、20時58分15秒定時到着。薄暗いホームが見える。21時ちょうど、キハ183系4両編成の〈オホーツク3号〉が前照灯を見せたかと思うと、一瞬の間に通過した。札幌駅からオホーツク海に面した網走駅まで、5時間半かけて走り抜く長距離特急だ。旅

遠軽の次は瀬戸瀬に止まる。ここで〈オホーツク3号〉と交換した。後尾灯が闇に消えて行く

人を包み込む客席の灯が、糸を引くように消え去った。交換する列車はもう1本ある。白滝駅発4627Dで、遠軽駅行きの終列車だ。待つ間、峠を見上げると、無数の星が高い空に輝いていた。

自動音声が「発車3分前」「間もなく発車です」と注意を促してくる。すると、4627Dが入ってきた。この日は双方の列車が遅れることなく、ダイヤ通りスムーズに交換できた。20時11分30秒。再び2両のDF200はうなりを上げて勢いよく発車する。時折、踏切の赤いランプが「カン、カン、カーン」と甲高い音とともに耳元を流れて行った。

丸瀬布駅を過ぎ、下白滝信号場、次いで21時44分15秒、白滝駅を通過。住宅は見えるものの、道路に人影はなく、すでに街は眠っている。カーブがきついのか、車輪がしきりに「キー、キー」と悲鳴を上げる。すると、21時48分、急にエンジンの音が強さを増した。北見峠の入口に差しかかったのだろう。

同56分30秒、奥白滝信号場を過ぎると2両の機関車はいよいよエンジンをフル回転させてきた。運転台を「ウー、ウー」というエンジン音が支配する。そこに外からレールの継ぎ目を渡る「ガタン」という音や、車輪がレールとききしみ合う金属音がやみくもに入り混じり、峠に挑む緊迫感が伝わってくる。時速50キロ、ノッチは6に引き上げられた。

大きく右にカーブを切った。間もなく延長4,365メートルの石北トンネルに入るはずだ。突然、「ゴーッ」と風の音が頭上で鳴り、トンネルに突入した。壁に規則正しく並んだ照明灯が、後方に流れて行く。すると、頂上を越えたのだろう。エンジンが静かになってきた。峠を結ぶ石北トンネルを約4分で通過。トンネルには灯があったが、出たら再びあたりは真っ暗に落ちた。進行方向左手に上越信号場の木造の建物が微かに視野に入ってきた。昼間なら旧駅舎に立つ「標高634メートル」の標識がはっきり見えるのだが、今は影すらもない。それは同信号場が北海道の鉄道では最高の位置にあることを知らせている。期せずして東京都墨田区の東京スカイツリーと同じ高さだ。

## 北緯43度の駅結ぶ

22時9分、8074レは冬間近の北見峠を順調に上り終えた。積んでいるタマネギのふるさと北見が、峠を越えて遠ざかり、全国の目的地に近づいて行く。坂を下り始めると速度が上がり、60キロとなった。先ほどまでの上り勾配に比べると、ずいぶん速く感じる。大雪山のふもと上川駅を通過。ホームに人影はないものの、最終列車を待つため、照明が残っていた。安足間、愛山の両駅を過ぎて、22時47分45秒、中愛別駅に停車する。わずか2分停車だが、旭川駅発上川駅行きの終列車4535Dと交換する。キハ40形1両の同列車が先に発車した。乗っていたのは数人だろうか。

こちらも定時発車。愛別、伊香牛、当麻、桜岡、東旭川、南永山の各駅を順調に通過して行く。この間、時計は23時を回った。速度が落ちてくると、宗谷本線との分岐点、新旭川駅だ。8074レは23時24分、定時に到着した。ここで再び方向転換し、またもDF200−113が先頭に。いったん石北線に入り、北旭川駅にゆっくり向かう。広い操車場は鉄塔の照明が輝き、24時間体制で貨物の出入りを見守っている。同駅には23時42分、到着した。出発地の北見駅と今到着した北旭川駅の位置はどちらも北緯43度48分の同緯度。この列車は、JR貨物としては日本最北の2つの貨物駅を結んでいることになる。

しかし、これで終わりではない。DF200−113には、もう一つ仕事が残っている。先行してトラックで北見から運ばれてきたタマネギのほか、様々な農産物などを積んだ貨車9両を編成に組み込むことだ。これを連結すると、今までの11両編成が一気に20両編成の長さになった。ここで2人の運転士の仕事は終了。本務機DF200−55の運転席には、札幌貨物ターミナル駅までを受け持つ運転士が座った。

北旭川駅を発車するのは日付が変わった11月3日0時40分。20両の長大編成となった8074レは列車番号を8086レに変え、未明の函館線をひた走り、終着の札幌貨物ターミナル駅には2時38分に到着する。

# 日本一の長距離列車
## ― 誌上追跡ルポ ―

旅客・貨物合わせて日本で最も長い距離を走る列車は、札幌貨物ターミナル駅と
福岡貨物ターミナル駅の間、約2,130キロメートルを40時間前後をかけて走り抜け
る貨物列車だ。海底トンネルも青函、関門の2本を通過する。これを聞くと「乗って
旅してみたい――」。そんな"妄走"に駆られる鉄道ファンは多いのではないか。た
だし、当たり前だがコンテナに人は乗れない。ならば、出発と到着だけは現地取材
し、途中区間は「乗ったつもり」で想像をたくましくしてみようか。2022年3月改正の
貨物時刻表を開き、「日本一の長距離貨物列車」を追跡してみた。

■98 ～ 3098 ～ 2071・2070 ～ 3099 ～ 99列車
　運行ルート（主要駅名のみ記載）

DF200形
札幌貨物ターミナル駅－函館貨物駅

EH800形
函館貨物駅－東青森駅

EF510形
東青森駅－吹田貨物ターミナル駅

EF210形
吹田貨物ターミナル駅－幡生操車場

EH500形
幡生操車場－福岡貨物ターミナル駅

日本最長の定期貨物列車は上りが札幌貨物ターミナル駅発福岡貨物ターミナル駅行き98〜3098〜2071レ、下りはそれと対になる福岡貨物ターミナル駅発札幌貨物ターミナル駅行き2070〜3099〜99レの2本。列車番号は通常、上り、下り1つずつだが、この1往復は上下とも途中2回ずつ列車番号を変える。しかも奇数と偶数が入り混じる複雑な展開だ。その理由は後述する。走行距離は途中の走行路線の違いで若干の差があり、98〜3098〜2071レが2,139.6キロなのに対し、2070〜3099〜99レは2,136.6キロで、3キロ短い。また、走行時間は98レ〜3098〜2071レが37時間6分、2070〜3099〜99レは42時間55分。99レは新潟貨物ターミナル駅に1時間22分停車して荷役することもあって、5時間以上長くなる。

札幌在住の筆者の取材は、2022年5月29日夜から始まった。もうすぐ6月とはいえ札幌の夜は肌寒い。札幌貨物ターミナル駅で編成を組んだ98レはこの日、コンテナ専用貨車コキ104-5を先頭にした20両。ただ、積まれたコンテナは合計14個に過ぎず、大半はコキの空車という寂しい編成だ。21時過ぎ、給油を済ませ、用意を整えた五稜郭機関区のDF200-119が連結された。

札幌貨物ターミナル駅を発車し、最初の通過駅、新札幌駅で加速する98レ。機関車はDF200-119=2022.5.29

## 福岡まで1日半がかり

福岡貨物ターミナル駅までの全区間、運転士は14人が交代で務める。1人平均約150キロの距離。始発である札幌貨物ターミナル駅発の運転士は、陸上競技の「駅伝」に例えると、まるで1区のランナー役だ。JR千歳線に入るための出発信号機が青に変わる。21時41分、運転士が「出発進行」の声を発し、マスコンをぐいと手前に引くと、機関車はエンジン音をうならせて動き出した。2千キロ先の福岡まで日本列島を南下する旅路がいま始まった。高架への勾配を上ると、いったん千歳線の下り線に入り、さらにポイントを渡って本来の上り線に出る。

国道12号をまたぐ鉄橋を渡り終えると、DF200のヘッドライトが新札幌駅1番ホームを照らし始めた。日曜夜のホームは電車を待つ乗客がパラパラと見えるだけ。後をコキが「ガチャン」「ガチャン」と規則正しいリズムを刻みながら速度を上げて行く。

すれ違う電車が少なくなった深夜、98レは一段と速度を上げ、高速運転に移った。右手に新千歳空港を見て石勝線と別れ、さらに沼ノ端から室蘭線に入る。苫小牧貨物駅に停車。すぐ発車して、自動車のライトが行き交う国道36号を左に見ながら23時22分、東室蘭駅に到着した。12分間の停車中に2人目の運転士と交代する。ここまで119.4キロ走った。ここからは噴火湾に沿ってカーブや勾配が多くなる。観光地の洞爺駅を日付が変わる30日午前0時ごろ通過。どこの駅も寝静まっている。礼文駅から静狩駅に至る峠を難なく越え、長万部駅の手前で名古屋貨物ターミナル駅から来た3085レとすれ違った。

0時35分、長万部を発車。左手の噴火湾は闇に沈んでいる。函館線が二手に分かれる森駅を通過し、海側の砂原線に入った。この区間は99レなど下り貨物が通る大沼公園駅経由に比べて12.8キロ長いが、その分、勾配は緩くなっている。

## DFからEHにバトンタッチ

大沼駅で再び函館線になり、北海道新幹線の終着駅である新函館北斗駅を通過して2時39分、

函館貨物駅（JR五稜郭駅）に到着。ここで、夜間走り通したDF200−119の役割は終わり、所属する五稜郭機関区に帰る。列車は進行方向が逆になるため、反対側に同機関区の電気機関車EH800形が連結された。交流2万ボルト・2万5千ボルト両用の新幹線規格の機関車だ。運転士は3人目となる。

3時21分に発車すると左にカーブを切り、函館線と別れて第三セクター鉄道「道南いさりび鉄道線」に入る。98レは全区間中、5つの第三セクター路線を通過するが、まずは北海道で1つ目を走行。昼なら左手に見える函館湾と函館山は、日が昇るまで姿を隠している。木古内駅でいったん停車後、高架へのアクセスを上って北海道新幹線との共用区間に入った。この時間、まだ新幹線の一番列車は走り始めていない。

いくつか小さなトンネルを抜けると延長53.9キロの青函トンネルだ。始めはブレーキを利かせながら海底下100メートルまで下り、ほぼ中央で今度は上り勾配に移る。ここからEH800の本領発揮。10分ほど前を先行する隅田川ターミナル駅行き3054レを追いかけるように、約40分で出口を抜けた。

新中小国信号場手前で北海道新幹線と分離し、左に曲がってJR東日本の津軽線に入った。5時を過ぎ、寒い夜が少しずつ解けてきた。付近の水田は水をたたえ、野菜は葉を大きく広げている。青森県は北海道より一足早く夏に近づいている。

新潟貨物ターミナル駅から札幌貨物ターミナル駅に向かう3097レとすれ違って5時36分、青森信号場に到着。11分停車後、ゆっくりと東青森駅へ進む。この区間は3.9キロに過ぎないが、第三セクター鉄道「青い森鉄道線」だ。ここで富山機関区から来ている交流・直流両用機EF510形にバトンタッチ。むろん運転士も交代する。これで4人目だ。牽引してきたEH800は休憩後、今度は福岡ターミナル駅から北上して来た99レ（東青森駅までは3099レ）の到着を待ち、11時45分出発で函館貨物駅に戻る。98レ〜99レの往復はさしづめ「福岡番」とも言える運用だ。

## 朝の行き合い交換

98レは東青森駅で向きを変え、列車番号も3098レとなり、6時9分に発車して日本海ルートである奥羽線に進み出る。弘前駅、さらに青森県を出て秋田県北部の大館駅に止まったあと、五能線との分岐点である東能代駅に進入。ここでは福岡貨物ターミナル駅からの3099レが停車して交換を待っている。8時20分過ぎ、3098レが接近すると、日本一の長距離を走り抜く同士は互いにねぎらうようにすれ違った。

10時、秋田貨物駅に到着。日本海沿岸の主要地で、貨物の取扱も多い。ここで5人目の運転士が乗り込む。10時5分、内陸部に向かう奥羽線と別れて海沿いの羽越線へ。右手に広々とした海が見えてきた。すでに昼近く。象潟駅、小砂川駅付近、さらに桑川付近は奇岩が連続する「笹川流れ」の名所で、美しい海岸線が連続する。

真島駅と村上駅の間で、電気方式が交流から直流に変わる。電気がいったん切れる「デッド区間」があり、すぐに直流に切り替わった。12時43分、酒田駅に到着するが、わずか2分で発車。運転士は6人目に交代した。余目駅で新庄駅方面に向かう陸羽西線と別れ、なおも羽越線を先に先にと進んでいく。

新発田駅に到着。新潟貨物ターミナル駅には寄らないため、新津駅に直行する。ここで羽越線が終わり、信越線に入る。上越新幹線の駅がある長岡駅を過ぎて16時45分、南長岡貨物駅に到着した。ここでは34分間たっぷり停車する。運転士は7人目となった。

再び日本海沿いのルートになり、柏崎駅を過ぎると「日本海に一番近い駅」と言われる青海川駅を通過。ちょうど海のかなたに日が沈む絶好の時間帯だ。直江津駅には18時17分に到着。発車後、旧北陸線の一部を引き継いだ第三セクター鉄道「えちごトキめき鉄道線」の「日本海ひすいライン」に入る。会社名は地元の旧国名「越後」と佐渡島で人工繁殖されている「トキ」をかけ合わせたもので、独自の観光列車を走らせるなど、地元

## ■98～3098～2071・2070～3099～99列車　概略運行図表　2022年3月ダイヤ改正

注① （夕）は貨物ターミナル駅　② ◀━▶ は同一列車名での運行区間

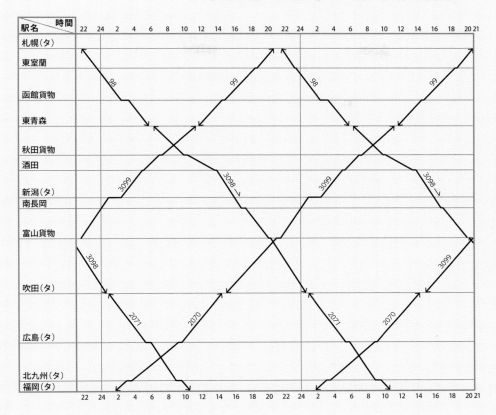

密着の経営で知られている。日は沈み、日本海が黒ずんできた。98レにとっては2度目の夜だ。北陸新幹線の駅でもある糸魚川駅に着き、19時発車。ここで再び電気方式が交流に戻る。

### 日本海経て東海道へ

　その先の市振駅で「日本海ひすいライン」は終わり、引き続き第三セクター鉄道「あいの風とやま鉄道線」へ。ここも旧北陸線の一部で、日本アルプスで知られる風光明媚な路線として知られている。富山駅の手前にある富山貨物駅に20時4分に到着した。能登半島からの夜の風が旅情を慰める。

　富山貨物駅に隣接する富山機関区には、EF510形が38両集中配備されている。高速重量貨物用の同形は2001年から製造開始された交流2万ボ

ルト・直流1,500ボルトの「交直両用機」で、車体の色は0代は赤、500代は鮮やかなブルーが施され、どちらも日本海ルートの花形だ。

　2分停車後の20時6分発車。運転士は8人目が引き継いだ。高岡駅を過ぎた同30分ごろ、札幌ターミナル駅に向かう3099レとすれ違った。東能代駅に続いて、これが2度目の交換だ。倶利伽羅駅からは第三セクター「IRいしかわ鉄道線」に入る。金沢貨物ターミナル駅付近で札幌ターミナル駅発車から丸1日経過した。距離にすると約1,330キロ。やっと関西圏に近づいた。北陸新幹線の終点である金沢駅からJR北陸線に入った。

　小樽市と日本海航路で結ばれている敦賀市の敦賀駅で交流区間が終わり、またも直流区間になる。ここで運転士が交代。9人目となる。近江塩津駅から京都方面へのショートカットとなる湖西線に入った。大阪駅と金沢方面を結ぶ特急〈サンダー

バード〉も頻繁に通る幹線だ。真夜中で見えないが、昼間だと左手に広大な琵琶湖を見ることができる。京都の手前、山科駅で東海道線に合流。ここから東海道・山陽道の日本のメーンルートに入る。札幌を出て3日目となる0時ごろ、古都の玄関口、京都駅を通過。EF510は夜行電車もまばらになった京阪ルートを疾走する。

0時29分、関西最大の流通基地である吹田貨物ターミナル駅に到着した。東青森駅から千キロ余りを18時間以上かけてひた走ってきたEF510は、ここでやっと解放され、直流機関車EF210形にバトンが渡された。同機の運転士は札幌貨物ターミナル駅から数えて10人目。未明とはいえ、広大なターミナル構内ではコンテナの荷役や入れ換えが休みなしだ。ここから列車番号が3098レから2071レに変更される。今までは上り列車だったが、東海道線では東京を出た形になるので、下りを表す奇数番号になるわけだ。先頭に立つEF210形は1996年から製造が始まり、新鶴見、吹田、岡山機関区に配置された。東海道・山陽両線では高速貨物を引く姿が頻繁にみられるエース機関車。車体には「ECO－POWER　桃太郎」と頼もしいロゴが描かれている。

## 初夏の瀬戸内海に沿って

吹田貨物ターミナル駅を3日目の0時49分に出発した2071レは、12分先に出発した広島貨物ターミナル駅行き1095レの後に続き、神戸、姫路を通過する。進むにつれ、上り線を下関駅発東京貨物ターミナル駅行き1068レ、新南陽駅発名古屋ターミナル駅行き1094レなど、満載なら全重量1,200トン級の高速貨物列車が次々と対向してくる。それらと時速約100キロ前後ですれ違うシーンは圧巻だ。

岡山貨物ターミナル駅に3時8分到着。11人目の運転士に交代する。ここは山陰や四国との貨物流通の基地になっている。先行していた1095レが荷役のため43分間停車するのをしり目に、わずか3分止まっただけで先に発車。明けやらぬ山陽路を西へ、西へと進んでいく。旅客列車はまだ

動き出しておらず、上下の貨物列車だけが通過する"ゴールデンタイム"だ。

糸崎駅を過ぎ4時30分ごろ、山陽路最大の難所とされる八本松駅－瀬野駅間のいわゆる「瀬野八越え」に差し掛かった。ただ、下り列車の勾配は緩いため補機はつかず、余裕を持って走って行く。夜が白み始めた5時22分、中国地方の中心地、広島貨物ターミナル駅に到着した。12人目の運転士に交代し、2分停車で発車。岩国駅通過後、7時過ぎには新南陽駅付近で札幌貨物ターミナル駅に向かう2070レとすれ違った。列車番号は変わっても、対の列車同士がすれ違うのは、これが3度目となる。

## 「桃太郎」から「金太郎」へ

本州最西端の貨物基地、幡生操車場に8時26分に到着した。吹田貨物ターミナル駅から564キロを表定速度（停車時間を含む）74.2キロで突っ走ってきたEF210はここで解放。代わって交直両用EH500形が連結された。EH500の愛称は「金太郎」。現代版「桃太郎」から「金太郎」へのリレーが日本的な力強さを感じさせる。むろん運転士も交代。これで13人目となり、いよいよゴールが近づいてきた。

ここのEH500は門司機関区所属だが、同形の一部は仙台総合鉄道部所属で、2016年3月の北海道新幹線開業以前は、仙台貨物ターミナル駅から函館貨物駅まで顔を出していた。列車は幡生操車

青函トンネルに続く2つ目の海底トンネルとなる関門トンネルの九州側。手前には「交流・直流転換」の標識がある。写真は門司駅に接近する東京貨物ターミナル駅発福岡貨物ターミナル駅行き63レ＝2022.5.31

福岡貨物ターミナル駅手前にあり、2071レも通る名島橋。写真は名古屋ターミナル駅発福岡貨物ターミナル駅行き57レ＝2022.5.31

場を8時35分発車。かつては大陸への玄関口だった下関駅を通過して九州への通路、関門トンネルに入る。海底トンネルは青函トンネルに続いて2つ目となる。

　海底トンネルといっても3.6キロと短く、青函トンネルの約15分の1に過ぎない。ほんの数分で通り抜けて門司駅に差し掛かる。その手前に交流・直流のデッド区間があり、ここでまた交流に切り替えられた。北海道、本州を走り抜けた2071レが、九州に足を踏み入れた瞬間だ。

　8時50分、初夏の光がまぶしい北九州貨物ターミナル駅に到着した。ここでは通常、九州東部の大分、宮崎方面に向かうコンテナが積み下ろされる。46分間停車し、9時36分発車した。運転席にはアンカーとなる14人目の運転士が乗り込み、マスコンを握る。

　福岡県の中心地、博多駅の手前にある香椎駅で鹿児島線と別れ、JR貨物が路線を所有する鹿児島線貨物支線に入る。次いで国鉄時代の旧香椎操車場である千早操車場を通過。西鉄貝塚線と並びながら、悠々と流れる多々良川にかかる名島鉄橋を渡ると、ゴール地、福岡貨物ターミナル駅が視界に入ってきた。夏の日差しがさんさんと降り注ぎ、コートが必要だった札幌とは別世界の趣だ。

## 初夏の福岡、定時着

　5月29日夜、98レとして札幌貨物ターミナルを発車した2071レの到着を見届けるため、新千歳空港から福岡空港へ飛行機で先回りして31日午前、福岡貨物ターミナル構内の一角にあるJR貨物福岡総合鉄道部を訪れた。構内は多数に枝分かれした着発線が広がっている。2021年度の年間貨物取扱量は到着が141万2千トン、発送が59万トンを数える北九州一帯を支えるコンテナ基地だ。

　対応してくれた在永昌弘（ありなが）運輸課長の案内で、撮影のため建物屋上に上がらせてもらった。ターミナルを見下ろしながら到着を待つ。まずは10時20分過ぎ、EH500が先頭に立ち、回送のHD300を連結した岡山貨物ターミナル駅行き1074レが出発して行った。それから15分ほどすると、赤い車体のEH500が左手から姿を現した。待っていた2071レだ。ゆっくりとターミナルに進入する。ただ、札幌貨物ターミナル駅で先頭車コキに積まれていたコンテナは見当たらず、前方のコキは空車が続いた。手前の北九州貨物ターミナル駅で下ろされたのかもしれない。この季節は札幌発のコンテナが少ないので、あきらめるしかない。

　10時47分、2071レは定時に到着した。機関車

札幌貨物ターミナル駅を出てから3日目に福岡貨物ターミナル駅に到着する2071レ（奥）。機関車はEH500－67＝2022.5.31

福岡貨物ターミナル駅に到着した2071レは荷役ホームに入り、北海道からの貨物を下ろす作業が始まった＝2022.5.31

が編成を逆向きに推進してコンテナホームに入り、所定の位置に止まる。札幌貨物ターミナル駅から数えて5両目となる機関車の番号を確認すると、EH500−67だった。待ち構えていたフォークリフトが近づき、コンテナを持ち上げ、トラックに積み込んで行く。夏になれば北見産タマネギなどが家庭の食卓に並ぶことだろう。

2071レが98レとして札幌貨物ターミナル駅を出たのは2日前の21時41分。四国を除く日本列島3島をほぼ縦断する2,130キロを37時間6分で走り抜けた。実際に見たのは最初と最後だけで、"中抜き"した上での架空のルポではあるが、遠距離物流の担い手として黙々と走り続ける貨物列車の素顔と役割を改めて実感できた。

（この文は新札幌駅通過及び福岡貨物ターミナル駅でのシーンを除けば、時刻表などをもとに書いています。筆者は5月29日夜、新札幌駅で98レを撮影後、翌30日、飛行機で福岡に移動。31日午前、福岡貨物ターミナルで2071レの到着を取材しました。記事中、途中区間の発着時間はあくまでも時刻表通りの定時を想定しており、当日の実際の時間と違うこともあります）

## 札幌への遠い道

この取材には続きがある。2071レを取材後、福岡貨物ターミナル駅発札幌貨物ターミナル駅行き2070レを追いかけて撮影する計画を立てた。ただし、昼間に数カ所は無理なので、山陽線瀬野駅−八本松駅のいわゆる「セノハチ越え」と、京都駅通過の2カ所に絞らざるを得ない。2070レの福

山陽線の難所、瀬野駅−八本松駅間の急勾配を上る2070レ本務機
EF210−321＝2022.6.1

「セノハチ」で2070レの補機を終え、西条駅から広島貨物ターミナル駅に戻るEF210−313＝八本松駅−瀬野駅、2022.6.1

岡貨物ターミナル駅出発は未明の1時53分である。これを撮るため、5月31日に山陽新幹線で博多駅から広島駅に向かって1泊。翌6月1日、普通列車で八本松駅方面へ先回りし、山陽線をまたぐ国道の陸橋で待つことにした。2070レは10時少し前に通過することになっている。

ここは吹田機関区の直流機関車EF210形300代が本務機を務め、別な同形機関車が広島貨物ターミナル駅から西条駅まで後部補機を務めるプッシュプル方式の運転だ。峠越えの後、後部補機は西条駅で分離し、単独で広島貨物ターミナル駅に戻り、再びプッシュ役につく。陸橋には金網が張られていて1眼レフでは撮りにくいので、スマホのレンズを金網の隙間に当て、撮影することにした。

あたりは瓦屋根の農家が数軒あり、北海道と違って郷愁を誘う風景が広がっている。2070レは定時、右カーブを曲がって近づいてきた。EF210−321が本務機となり、モーター音も大きく通り過ぎる。それに続くコンテナの長い列。その通過中に走って位置を変え、斜め横から補機を狙う。番号は313。愛称「桃太郎」の名を持つ機関車2両が20両の貨車を挟んで峠を上る光景は、DF200形による常紋峠の「タマネギ列車」のプッシュプルに匹敵する迫力だ。いや、白昼で編成が長い分、より見ごたえがある。八本松駅に歩いて戻る途中、務めを終えた313が単機で帰って来るところを撮ることもできた。

## 42時間の旅、定時到着

　いったん広島駅に戻った後、新幹線で京都駅へ先回り。この間、2070レは吹田貨物ターミナル駅で下りの3099レに番号を変え、京都駅貨物1番線を15時25分ごろ通過する。見通しの良い隣の0番線から撮影することにしたが、ちなみにこの0番線は30番線と一つのホームを構成しており、合計558メートルの日本一長いホームとして有名だ。

　待っていると、大阪方向から3099レが姿を現した。機関車は富山機関区のEF510－8で、赤色の車体には「Red Thunder」のロゴが描かれている。いかにも全力疾走すると稲妻を起こしそうな大型機だ。コキ形貨車20両を連結した3099レは間もなく夜を迎える日本海ルートへ。3098レと違って、新潟貨物ターミナル駅で荷役をするので、上りに比べて本州での走行距離は9.8キロ長くなる。

　一夜が明け、翌2日7時には秋田貨物駅に到着する。そこを出ると3098レと交換し、東青森駅でEH800にバトンタッチ。今度は99レとなり、青函トンネルを通って函館貨物駅に入る。ここから再びスイッチバックし、ディーゼル機DF200が札幌貨物ターミナル駅まで引くことになる。

　1日に京都駅での撮影を終えた筆者は2日午後、関西空港から札幌に飛行機で帰り、99レの先回りをして札幌貨物ターミナル駅を見下ろす柏山人道橋の上に立った。橋は屋内型なので、汚れた窓越しにしか撮影できないが、待っていると、千歳線から札幌貨物ターミナル駅構内に入ってくるDF200のヘッドライトが見え始めた。最徐行して構内に入り、私の足元を過ぎて行く。20時48分、定時到着。福岡貨物ターミナル駅からここまで、時間通り走り抜けた99レのこの日のアンカーは、DF200－53だった。早速フォークリフトが動き出し、南国からの荷物が入ったコンテナを次々とトラックに積み込んで行く。農産物などは夜が明けるころ、市場に並ぶのだろう。

## 多彩な産品が往来

　今回取材した5～6月は北海道の野菜等は生育期で、札幌貨物ターミナル駅－福岡貨物ターミナル駅間の貨物は比較的少ない時期だった。もう少し、忙しい時期の貨物の往来を調べたいと思い、JR貨物北海道支社から11月14日発の99レ、同15日発の98レの「積載通報」を提供してもらった。各列車ごとに作成されるコンテナを1個ずつ見ると、道産のタマネギ、ジャガイモなどが九州の隅々まで届けられていることが分かる。また、九州からは空の回送コンテナが目立つものの、積荷にはみかん、コメ、ブロッコリーなど農産品の他、家具や複写用紙などが含まれている。わずか1日だけ抜き書きしても全体傾向をつかむのは難しいが、その一端を知る手掛かりとしていただきたい。

京都駅1番線を通過、北陸方面に向かう3099レ。機関車はEF510－8＝2022.6.1

福岡貨物ターミナル駅から42時間以上の行程を終え、照明がきらめく札幌貨物ターミナル駅に定時到着する99レ＝2022.6.2

■2022年11月15日
札幌貨物ターミナル駅発福岡貨物ターミナル駅行き98 〜 3098 〜 2071列車　積載通報

| 5 | 4 | 3 | 2 | 1 |
|---|---|---|---|---|
| V19B－6787<br>帯広貨物➡熊本<br>ジャガイモ | UR19A－11121<br>帯広貨物➡有田ORS<br>キャベツ | V19C－544<br>帯広貨物➡福岡（タ）<br>ジャガイモ | UR19A－11235<br>帯広貨物➡鍋島<br>ジャガイモ | UR19A－10452<br>帯広貨物➡鍋島<br>ジャガイモ |

**1両目　コキ104－1643**

| 5 | 4 | 3 | 2 | 1 |
|---|---|---|---|---|
| UR19A－13518<br>帯広貨物➡熊本<br>ジャガイモ | UR19A－12947<br>帯広貨物➡鍋島<br>ジャガイモ | V19C－9130<br>帯広貨物➡福岡（タ）<br>ジャガイモ | UR19A－12788<br>帯広貨物➡熊本<br>ジャガイモ | コンテナなし |

**2両目　コキ106－104**

| 5 | 4 | 3 | 2 | 1 |
|---|---|---|---|---|
| UR19A－10279<br>帯広貨物➡福岡（タ）<br>ジャガイモ | UR19A－12402<br>帯広貨物➡福岡（タ）<br>ジャガイモ | UR19A－11129<br>帯広貨物➡福岡（タ）<br>ジャガイモ | 19D－46696<br>帯広貨物➡佐土原ORS<br>ジャガイモ | V19B－5873<br>帯広貨物➡八代<br>ジャガイモ |

**3両目　コキ104－2624**

| 5 | 4 | 3 | 2 | 1 |
|---|---|---|---|---|
| 20D－3092<br>北見➡熊本<br>タマネギ | 19G－21800<br>北見➡鍋島<br>タマネギ | V19C－2329<br>富良野➡福岡（タ）<br>タマネギ | UR19A－16018<br>札幌（タ）➡鹿児島（タ）<br>タマネギ | 19D－32761<br>札幌（タ）➡福岡（タ）<br>みそ |

**4両目　コキ104－2105**

| 5 | 4 | 3 | 2 | 1 |
|---|---|---|---|---|
| 20G－118<br>北見➡鳥栖（タ）<br>タマネギ | 20D－2642<br>北見➡広島（タ）<br>タマネギ | 19D－25239<br>北見➡福岡（タ）<br>タマネギ | 20G－1523<br>北見➡広島（タ）<br>タマネギ | 19D－47583<br>北見➡福岡（タ）<br>タマネギ |

**5両目　コキ106－664**

| 5 | 4 | 3 | 2 | 1 |
|---|---|---|---|---|
| UF16A－738<br>札幌（タ）➡福岡（タ）<br>真ホッケの開き | 19D－36279<br>札幌（タ）➡福岡（タ）<br>たれ・スープ | 19G－18276<br>札幌（タ）➡福岡（タ）<br>ジャガイモ | 20D－1909<br>北見➡福岡（タ）<br>タマネギ | 19G－16470<br>北見➡鳥栖（タ）<br>タマネギ |

**6両目　コキ106—667**

| 5 | 4 | 3 | 2 | 1 |
|---|---|---|---|---|
| 19D－42240<br>札幌（タ）➡福岡（タ）<br>ごはん | 19D－24033<br>札幌（タ）➡鍋島<br>小麦粉 | 20G－1750<br>北見➡鳥栖（タ）<br>タマネギ | V19C－5083<br>北旭川➡西大分<br>カボチャ | V19C－2657<br>北旭川➡福岡（タ）<br>カボチャ |

**7両目　コキ104－1511**

| 5 | 4 | 3 | 2 | 1 |
|---|---|---|---|---|
| 20G－－2911<br>北見➡鳥栖（タ）<br>タマネギ | 19G－21610<br>北見➡鳥栖（タ）<br>タマネギ | UR19A－10706<br>札幌（タ）➡熊本<br>タマネギ | V19B－7062<br>富良野➡長崎ORS<br>種イモ | UR19A－13204<br>札幌（タ）➡熊本<br>タマネギ |

**8両目　コキ104－1824**

| 5 | 4 | 3 | 2 | 1 |
|---|---|---|---|---|
| 20G－1881<br>札幌（タ）➡福岡（タ）<br>砂糖 | V19B－5387<br>札幌（タ）➡鹿児島（タ）<br>ジャガイモ | V19B－3267<br>北見➡鳥栖（タ）<br>タマネギ | 20G－1769<br>札幌（タ）➡福岡（タ）<br>砂糖 | 19G－18112<br>札幌（タ）➡福岡（タ）<br>砂糖 |

**9両目　コキ107—802**

| 5 | 4 | 3 | 2 | 1 |
|---|---|---|---|---|
| 19G－18672<br>北旭川➡福岡（タ）<br>タマネギ | 20G－2546<br>北見➡鳥栖（タ）<br>タマネギ | 20G－1457<br>北見➡鳥栖（タ）<br>タマネギ | V19C－7365<br>北旭川➡佐土原ORS<br>カボチャ | 20D－4934<br>札幌（タ）➡広島（タ）<br>金型 |

**10両目　コキ104—512**

| | | | | |
|---|---|---|---|---|
| UR19A－1740<br>札幌(タ)➡福岡(タ)<br>菓子 | 20G－317<br>北見➡福岡(タ)<br>タマネギ | V19C－4595<br>北見➡熊本<br>ジャガイモ | 20D－8093<br>札幌(タ)➡福岡(タ)<br>コメ | 19G－20432<br>札幌(タ)➡長崎ORS<br>粉製品 |

**11両目　コキ104－1695**

\+

| | | | | |
|---|---|---|---|---|
| V19C－6105<br>名寄ORS➡鹿児島(タ)<br>ジャガイモ | 19D－80274<br>札幌(タ)➡福岡(タ)<br>豆 | 19G－15224<br>北見➡福岡(タ)<br>タマネギ | V19B－3347<br>札幌(タ)➡福岡(タ)<br>タマネギ | UR19A－11907<br>富良野➡川内<br>種イモ |

**12両目　コキ104－851**

\+

| | | | | |
|---|---|---|---|---|
| 19D－33690<br>札幌(タ)➡都城ORS<br>返回送パレット | UR19A－865<br>札幌(タ)➡鳥栖(タ)<br>脱粉 | UR19A－1837<br>札幌(タ)➡鳥栖(タ)<br>脱粉 | UR19A－2051<br>札幌(タ)➡福岡(タ)<br>菓子 | 19G－18505<br>札幌(タ)➡鹿児島(タ)<br>介護用マット |

**13両目　コキ104－642**

\+

| | | | | |
|---|---|---|---|---|
| 19D－49444<br>札幌(タ)➡福岡(タ)<br>片栗粉 | 19G－22727<br>札幌(タ)➡福岡(タ)<br>片栗粉 | V19C－1708<br>札幌(タ)➡福岡(タ)<br>ジャガイモ | UR19A－864<br>札幌(タ)➡鳥栖(タ)<br>脱粉 | UR19A－959<br>札幌(タ)➡鳥栖(タ)<br>脱粉 |

**14両目　コキ104－1049**

\+

| | | | | |
|---|---|---|---|---|
| コンテナなし | コンテナなし | UR19A－10634<br>帯広貨物➡北九州(タ)<br>ジャガイモ | 20G－628<br>苫小牧➡西大分<br>紙製品 | コンテナなし |

**15両目　コキ107－756**

\+

| | | | | |
|---|---|---|---|---|
| コンテナなし | UR19A－10834<br>帯広貨物➡北九州(タ)<br>ジャガイモ | 20D－6225<br>北見➡北九州(タ)<br>タマネギ | 20G－2772<br>北見➡北九州(タ)<br>タマネギ | コンテナなし |

**16両目　コキ107－1412**

\+

| | | | | |
|---|---|---|---|---|
| V19C－3672<br>札幌(タ)➡熊本<br>タマネギ | V19B－749<br>札幌(タ)➡西大分<br>ジャガイモ | 20D－3123<br>名寄ORS➡北九州(タ)<br>原料糖 | 20D－9129<br>名寄ORS➡北九州(タ)<br>原料糖 | 20D－1708<br>帯広貨物➡北九州(タ)<br>砂糖 |

**17両目　コキ104－1728**

\+

| | | | | |
|---|---|---|---|---|
| 20D－6004<br>北見➡北九州(タ)<br>タマネギ | 19D－45654<br>札幌(タ)➡北九州(タ)<br>豆 | 19D－34206<br>札幌(タ)➡北九州(タ)<br>タマネギ | 19D－51512<br>札幌(タ)➡北九州(タ)<br>タマネギ | 19D－80219<br>札幌(タ)➡北九州(タ)<br>豆 |

**18両目　コキ104－1941**

\+

| | | | | |
|---|---|---|---|---|
| V19B－6615<br>函館貨物➡福岡(タ)<br>食品 | UF16A－733<br>函館貨物➡福岡(タ)<br>食品 | コンテナなし | UR19A－11151<br>函館貨物➡鍋島<br>ネギ | UR19A－12866<br>函館貨物➡八代<br>種イモ |

**19両目　コキ107－521**

\+

| | | | | |
|---|---|---|---|---|
| V19B－3470<br>函館貨物➡福岡(タ)<br>食品 | 19G－18475<br>函館貨物➡福岡(タ)<br>食品 | UR19A－1315<br>函館貨物➡福岡(タ)<br>食品 | UR19A－13652<br>函館貨物➡熊本<br>種イモ | UR19A－12138<br>函館貨物➡熊本<br>種イモ |

**20両目　コキ107－751**

※脱粉＝脱脂粉乳

■2022年11月14日

福岡貨物ターミナル駅発札幌貨物ターミナル駅行き2070～3099～99列車　積載通報

| 5 | 4 | 3 | 2 | 1 |
|---|---|---|---|---|
| 20D－7098 宇部➡釧路貨物 尿素 | 19D－40334 宇部➡釧路貨物 尿素 | V19B－6552 広島(タ)➡札幌(タ) 空 | 19G－15713 防府貨物➡北見 返回送パレット | 20D－5308 防府貨物➡北見 返回送パレット |
| **1両目　コキ107－919** | | | | |
| 19G－20856 広島(タ)➡札幌(タ) 空 | 19D－47686 広島(タ)➡札幌(タ) 空 | 19D－20653 広島(タ)➡札幌(タ) 空 | 19G－21476 広島(タ)➡札幌(タ) 空 | 19G－5052 広島(タ)➡札幌(タ) 空 |
| **2両目　コキ104－1002** | | | | |
| UR17A－70181 佐土原ORS➡北旭川 ピーマン | UR19A－1332 有田ORS➡札幌(タ) みかん | V19C－1225 北九州(タ)➡札幌(タ) 空 | 19D－43372 鍋島➡札幌(タ) コメ | UR19A－12873 鍋島➡札幌(タ) コメ |
| **3両目　コキ104－2134** | | | | |
| UR19A－15908 熊本➡帯広貨物 返回送 | コンテナなし | コンテナなし | コンテナなし | UR19A－13382 鍋島➡札幌(タ) コメ |
| **4両目　コキ104－2739** | | | | |
| 19D－33911 鍋島➡中斜里ORS 返送空容器 | コンテナなし | 19D－45857 鍋島➡中斜里ORS 返送空容器 | コンテナなし | コンテナなし |
| **5両目　コキ107－15394** | | | | |
| UR19A－13144 鍋島➡札幌(タ) コメ | UR19A－266 長崎ORS➡札幌(タ) 雑品 | 19G－3551 長崎ORS➡札幌(タ) 工具・資材 | V19B－6687 有田ORS➡札幌(タ) みかん | UR19A－13526 長崎ORS➡帯広貨物 みかん |
| **6両目　コキ106－1090** | | | | |
| B19B－3370 熊本➡札幌(タ) みかん | V19B－5685 熊本➡札幌(タ) みかん | V19B－6006 熊本➡札幌(タ) みかん | UR19A－2102 熊本➡札幌(タ) ブロッコリー | UR19A－11429 鹿児島(タ)➡札幌(タ) 水あめ |
| **7両目　コキ104－2350** | | | | |
| コンテナなし | コンテナなし | UR19A－11250 鹿児島(タ)➡札幌(タ) 水あめ | コンテナなし | コンテナなし |
| **8両目　コキ104－2633** | | | | |
| 19D－32097 八代➡帯広貨物 複写用紙 | 19D－36369 八代➡北旭川 複写用紙 | UR19A－16097 熊本➡帯広貨物 返回送 | 19D－44785 八代➡帯広貨物 複写用紙 | 19D－32113 八代➡北旭川 複写用紙 |
| **9両目　コキ106－469** | | | | |
| コンテナなし | コンテナなし | コンテナなし | コンテナなし | コンテナなし |
| **10両目　コキ104－2019** | | | | |

| | | | | |
|---|---|---|---|---|
| 20D－2364<br>金沢➡札幌(タ)<br>空 | 19D－34187<br>金沢➡札幌(タ)<br>空 | 19D－36778<br>金沢➡札幌(タ)<br>空 | 19D－43510<br>金沢➡札幌(タ)<br>空 | 19D－51811<br>金沢➡札幌(タ)<br>空 |

**11両目　コキ106－604**

●● ●●

＋

| | | | | |
|---|---|---|---|---|
| 19D－33430<br>金沢➡札幌(タ)<br>空 | 20D－1198<br>金沢➡札幌(タ)<br>空 | 19D－47785<br>金沢➡札幌(タ)<br>空 | 19D－30908<br>金沢➡札幌(タ)<br>空 | 20D－368<br>金沢➡札幌(タ)<br>空 |

**12両目　コキ106－6**

●● ●●

＋

| | | | | |
|---|---|---|---|---|
| UR19A－522<br>福岡(タ)➡札幌(タ)<br>ブロッコリー | UR19A－1267<br>福岡(タ)➡札幌(タ)<br>ジュース | 19D－17639<br>鳥栖➡札幌(タ)<br>家具 | UR19A－1688<br>福岡(タ)➡札幌(タ)<br>かん詰、びん詰食品 | UR19A－933<br>福岡(タ)➡札幌(タ)<br>ジュース |

**13両目　コキ104－2611**

●● ●●

＋

| | | | | |
|---|---|---|---|---|
| 19G－15920<br>鳥栖(タ)➡札幌(タ)<br>せっけん・洗剤 | V19B－5610<br>福岡(タ)➡札幌(タ)<br>空 | W19D－21917<br>福岡(タ)➡北見<br>産業廃棄物 | V19B－6598<br>福岡(タ)➡札幌(タ)<br>空 | 19G－16699<br>鳥栖➡札幌(タ)<br>家具 |

**14両目　コキ104－535**

●● ●●

＋

| | | | | |
|---|---|---|---|---|
| V19C－3409<br>福岡(タ)➡札幌(タ)<br>空 | V19B－5411<br>福岡(タ)➡札幌(タ)<br>空 | V19C－4020<br>福岡(タ)➡札幌(タ)<br>空 | V19B－5119<br>福岡(タ)➡札幌(タ)<br>空 | V19C－7829<br>福岡(タ)➡札幌(タ)<br>空 |

**15両目　コキ106－108**

●● ●●

＋

| | | | | |
|---|---|---|---|---|
| V19C－1516<br>福岡(タ)➡札幌(タ)<br>空 | V19B－3239<br>福岡(タ)➡札幌(タ)<br>空 | V19B－6316<br>福岡(タ)➡札幌(タ)<br>空 | V19B－5029<br>福岡(タ)➡札幌(タ)<br>空 | V19C－1153<br>福岡(タ)➡札幌(タ)<br>空 |

**16両目　コキ106－1156**

●● ●●

＋

| | | | | |
|---|---|---|---|---|
| V19B－2151<br>福岡(タ)➡札幌(タ)<br>空 | V19B－5697<br>福岡(タ)➡札幌(タ)<br>空 | V19B－6158<br>福岡(タ)➡札幌(タ)<br>空 | V19C－5721<br>福岡(タ)➡札幌(タ)<br>空 | V19C－2159<br>福岡(タ)➡札幌(タ)<br>空 |

**17両目　コキ107－334**

●● ●●

＋

| | | | | |
|---|---|---|---|---|
| UF42A－38048<br>福岡➡札幌(タ)<br>返回送 | コンテナなし | コンテナなし | V19B－929<br>福岡(タ)➡札幌(タ)<br>空 | V19C－9052<br>福岡(タ)➡札幌(タ)<br>空 |

**18両目　コキ104－2322**

●● ●●

＋

| | | | | |
|---|---|---|---|---|
| V19B－5544<br>福岡(タ)➡札幌(タ)<br>空 | V19B－7168<br>福岡(タ)➡札幌(タ)<br>空 | V19B－529<br>福岡(タ)➡札幌(タ)<br>空 | V19B－6638<br>福岡(タ)➡札幌(タ)<br>空 | V19B－5470<br>福岡(タ)➡札幌(タ)<br>空 |

**19両目　コキ104－783**

●● ●●

＋

| | | | | |
|---|---|---|---|---|
| V19C－4168<br>福岡(タ)➡札幌(タ)<br>空 | V19B－5533<br>福岡(タ)➡札幌(タ)<br>空 | V19B－2033<br>福岡(タ)➡札幌(タ)<br>空 | V19B－5197<br>福岡(タ)➡札幌(タ)<br>空 | V19C－4932<br>福岡(タ)➡札幌(タ)<br>空 |

**20両目　コキ104－1296**

●● ●●

秋田県の奥羽本線を走る3098レ＝八郎潟付近、2021.6

## ■■■ 「セノハチ」越え ■■■

瀬野駅－八本松駅間は、北海道からは遠い山陽線にある峠だが、札幌貨物ターミナル駅－福岡貨物ターミナル駅を結ぶ列車も通過する難所として知られている。瀬野駅は広島駅の東寄りにあり、そこからさらに東へ約10キロ先の八本松駅まで、上り列車に対して最大22.6パーミルの急勾配となる。いつしか両駅名の頭文字を取り「セノハチ」と呼ばれるようになった。私鉄の山陽鉄道により1894年（明治27年）に開業した区間だが、建設にあたっては神戸方向からせいぜい10パーミルの勾配に抑えてきた山陽鉄道も、ここにきて急峻な峠に阻まれ、急勾配を作らざるを得なかった。

勾配は上り列車にきついため、貨物列車は広島貨物ターミナル駅から後部に補機が付く。プッシュプルで峠を越え、八本松を通過して西条駅で補機の役割を終了。休む間もなく単機で広島貨物ターミナル駅に戻り、次の列車を押し上げる。これらは現在、吹田機関区のEF210形300代によって行われる。かつては特急、急行にも補機が付き、駅での停車時間を節約するため、走行中に連結器を外して解放する"荒業"も見られた。急曲線も多く、今も鉄道ファン、特に貨物ファンに人気の区間である。

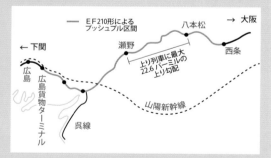

EF210形牽引の広島貨物ターミナル駅発大阪貨物ターミナル駅行き2084レが瀬野駅から八本松駅への勾配を上る＝2022.6.1

2084レの後部補機EF210形が、長くて重い貨物列車をプッシュする。2両の「桃太郎」が力強く躍動する＝2022.6.1

# 第5章

# プロの目光る「安全のとりで」

JR貨物北海道支社が管轄する機関車は計62両を数える（2023年3月現在）。五稜郭機関区（函館市）は、本線用のディーゼル及び電気機関車59両を一括管理する大規模基地。札幌機関区（札幌市白石区）は機関車の配置はないが、札幌貨物ターミナル駅と連係し、全道の中心基地となっている。また、苗穂車両所（同市東区）は入換用HD300形3両配置のほか、DF200形の全般検査などを担当。輪西車両所（室蘭市）はコンテナ貨車の定期検査・修繕などを受け持つ。そこには安全のためには妥協を許さぬプロの目が光っている。

デビュー後、初の重要部検査のため、DF200に押されて検修庫に向かうEH800-19＝五稜郭機関区、2021.9.12

# 歴史と技術誇る機関区・車両所

## 五稜郭機関区

### 道内・青函路線一手に

　函館貨物駅の北側に位置する五稜郭機関区は、太平洋戦争中に開設された国鉄五稜郭機関区がルーツ。国鉄時代は蒸気機関車やディーゼル機関車が多数配置され、旧五稜郭操車場と一体になって北海道各地と本州とを結ぶ貨物列車を受け持っていた。JR貨物になってからは、青函用の電気機関車ED79形の基地に。その後、2014年8月30日、鷲別機関区の廃止に伴って道内用DF200形全車が五稜郭機関区に移され、道内で唯一、本線用機関車の集結地となった。2023年3月現在、DF200形39両、青函用EH800形20両（試作機901を含む）、計59両が集中配置されている。EH800形は試作機901のほか、1〜19の20両全機の姿を見ることができる。

　同区は区長以下、事務職が3人。運転関係は助役4人、主任運転士34人、運転士（見習い含む）48人の計86人。検修関係は助役2人、車両技術

北海道内を受け持つDF200が5両、本線への出番を待っている。左から59、112、109、9、12 = 2021.9.12

重要部検査の前日、DF200－54（左）に引かれて検修庫（奥）に移動するEH500－19=2021.9.12

主任21人、同技術係14人、車両係6人の計43人。合計すると、133人体制となる。このほか、室蘭派出を管轄しており、同派出には運転士が主任運転士10人を含む21人、検修は車両技術主任1人、事務1人となっている。

構内の電化区間では、北海道新幹線との共用区間を走るEH800が肩を並べて休んでいる = 2022.8.19

## 総がかりの重要部検査

　同五稜郭機関区は機関車の管理・運転だけでなく、安全走行に欠かせない重要部検査（要検）を受け持っているのが特色だ。2021年9月13日からEH800－19の要検が始まり、その様子を取材した。要検は4年（48カ月）または走行60万キロを超えない期間ごとに定期的に実施しなければならない。機関車の心臓部とも言える動力発生装置、走行装置、ブレーキ装置などを分解して細部にわたって入念に検査、修理する。なお、それより大掛かりな全般検査は8年（96カ月）以内に行われ、EH800の場合は大宮車両所で行うことになっている。

　同機は在籍する20両の中で製造が一番新しいので、初めて要検の対象となった。前日の12日、検査待ちの車庫で休んでいたところをDF200－54が引き出して転線し、検修庫に入れて準備完了。翌13日10時、検査が始まった。北海道新幹

線との共用区間を受け持つEH800は交流複電圧対応で、2つの車体を連接した永久固定式。車体長は新幹線サイズの25メートル、重量134トンで、間近で見ると圧倒的な大きさだ。検査開始を前に特製の工具を手にした20

車体中央部の台車の取り外し＝2021.9.13

人ほどの技術担当者がそれぞれ配置に着いた。

　まず小型のドイツ製車両移動機を連結して、機関車を若干押して位置を調整。この移動機は青色で小型保線車両程度の2軸の大きさだが、EH800を移動できる力持ちだ。定位置に止まると、担当者が一斉に車体を取り囲み、台車を切り離す作業に着手。台車はボルトできつく締められているため、長いレンチを使って1本ずつ外してゆく。1つの台車を外すのに2〜3人がかりだ。車体下の作業用ピットにも潜り込み、顔を上に向けて各部を慎重に確認する担当者もいる。すべてのボルトが抜かれ、車体と台車を切り離すのに1時間以上を要した。

　次いで車体両側に4台ずつ、計8台のリフティングジャッキを車体横下部の所定の位置に取り付ける。ブザーの合図でジャッキにスイッチが入り、「オーライ」の声で11時39分、車体の引き上げを開始。「上がるよ」「はーい」の応答が交わされる。「ブー、ブー」の警告音が響く中、目視では

車体を持ち上げる前に、手前の車両移動機で押して位置を微調整する＝2021.9.13

左／検査の前に大型スパナなど、様々な工具が用意される＝2021.9.13
右／車体中央部の台車の取り外し＝2021.9.13

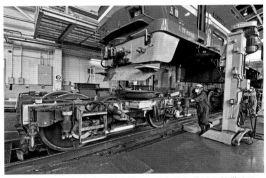
リフトで持ち上げ、台車を抜き取る。それぞれ分けて整備する＝2021.9.13

完全に台車を取り外すと、車体だけが浮き上がっている。これで下部の修繕がしやすくなる＝2021.9.13

分からないほど徐々に車体が上がっていく。間もなく、下から見上げると、1.5メートルほどの位置に上がった。

　一方、切り離された台車は車体とは別な位置に移動し、汚れた個所を清掃するほか、耐用期間が切れた部品は新品に取り換えられる。車輪も削正され、いっそう安定した走行ができるようになる。一つひとつのポイントにプロの目が光っている。要検すべてを見学することは出来なかったが、これらの検査は列車の安全運転を約束する上で欠かせない業務。検査が終わると、EH800－19はほぼ新製当時の姿に生まれ変わり、北海道新幹線〈はやぶさ〉と肩を並べて青函トンネルを駆け抜けることになる。

## 全道走行、途中引継ぎも

　一方、五稜郭機関区のディーゼル機DF200は、非電化区間が多い北海道内の主役機だ。函館貨物駅からは札幌貨物ターミナル駅行きが大半なので、機関車は札幌機関区で一休みすることになる。その後、函館貨物駅に戻る単純往復もあるが、別の下り列車で北旭川駅や釧路貨物駅、帯広貨物駅、北見駅などに向かう運用も多い。それらが上りで帰る場合、再び札幌貨物ターミナル駅に戻るほか、同駅に立ち寄らず、真っすぐ函館貨物駅に帰るケースもある。

　機関車の運用は「仕業番号」で割り付けているが、多数を効率よく動かし、同時に給油や仕業検査も含めるため、きわめて複雑に作られている。『貨物時刻表　2023年3月ダイヤ改正号』を参考に、その一端を見てみたい。着目したのは、DF200同士の引継ぎや、単機運用などがある213仕業〜217仕業と、それに関連する251仕業〜253仕業だ。分かりやすくするために、DF200の1号と2号を登場させよう。ここでは213仕業から始まる運用を1号が、251仕業から始まる運用は2号が受け持つとする。

　213仕業を受け持つ1号は函館貨物駅19時10分発の4061レを牽引し、札幌貨物ターミナル駅

に23時49分に到着して休憩。給油の後、2日目の214仕業に移り、5時48分、帯広貨物駅行き2073レを引いて10時57分着。その後、同駅で入換をする。次いで215仕業となり、同駅発20時45分の3090レで出発。追分駅から室蘭線に入り、3日目の1時29分、東室蘭駅に到着して列車から離れ、いったん待機に移る。

その後1号は、進行方向を変えて単機回送5883レとなり、4時に発車して札幌貨物ターミナル駅に6時19分着で戻ってくる。さらに、札幌機関区から検査のため苗穂車両所に行く機関車があると、それを牽引するため216仕業、試9196レとして8時51分発、苗穂駅に9時に到着する。また、検査を終えた機関車がある場合は、それを引く試9197レとして苗穂駅を11時39分発、札幌貨物ターミナル駅に11時54分に着く。その後、札幌機関区でほぼ1日休憩して仕業検査を受け、給油したのちの4日目、217仕業として札幌貨物ターミナル駅14時30分発の94レの先頭に立ち、20時26分、函館貨物駅に着き、五稜郭機関区に戻る。人間でいえば3泊4日、合計約73時間の"出張"を終えた感じだ。

では、東室蘭駅で1号と切り離され、貨車だけが残された3090レは、函館貨物駅までどうやって行くのだろう。そこに登場するのが2号だ。2号は、213仕業の1号が函館貨物駅を出た約5時間半後の翌日0時42分、251仕業として3087レを牽引して同駅を発車。札幌貨物ターミナル駅に5時34分に到着する。その後、252仕業として札幌機関区構内の入換の仕事をする。給油を行い、日付が変わった2日目、253仕業に移り、札幌貨物ターミナル駅0時発の東室蘭駅行き2086レを引いて東室蘭駅に1時37分に到着。同駅には1号が帯広貨物駅から引いてきた3090レがすでに着いており、2号が1号から引き継いで牽引機になる。東室蘭駅を2時17分に発車、5時30分に函館貨物駅に着き、五稜郭機関区に戻る。こちらは1泊2日、合計約29時間の運用となる。

一方、青函トンネルで青森方面に行くEH800の運用は比較的単純だ。例えば函館貨物駅9時29分発の82レを引く802仕業の機関車は青森信号場12時35分着。休憩後、18時2分発の93レで折り返す。また814仕業、函館貨物駅5時49分発の3090レの機関車は東青森駅に9時15分到着。帰りは同駅21時4分発3091レで折り返す。行き先は青森信号場か東青森駅の違いがあるだけだ。

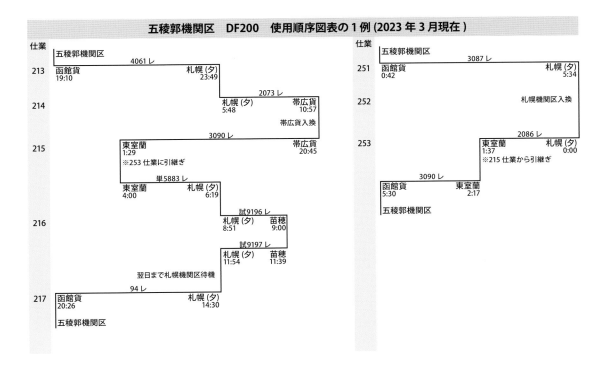

**五稜郭機関区　DF200　使用順序図表の1例 (2023年3月現在 )**

| 仕業 | | | |
|---|---|---|---|
| | 五稜郭機関区 | 4061レ | |
| 213 | 函館貨 19:10 | | 札幌(夕) 23:49 |
| 214 | | 2073レ 札幌(夕) 5:48 | 帯広貨 10:57 帯広貨入換 |
| 215 | | 3090レ 東室蘭 1:29 ※253仕業に引継ぎ | 帯広貨 20:45 |
| | | 単5883レ 東室蘭 4:00 | 札幌(夕) 6:19 |
| 216 | | 試9196レ 札幌(夕) 8:51 | 苗穂 9:00 |
| | | 試9197レ 札幌(夕) 11:54 | 苗穂 11:39 |
| | | 翌日まで札幌機関区待機 | |
| 217 | 函館貨 20:26 | 94レ 札幌(夕) 14:30 | |
| | 五稜郭機関区 | | |

| 仕業 | | | |
|---|---|---|---|
| | 五稜郭機関区 | 3087レ | |
| 251 | 函館貨 0:42 | | 札幌(夕) 5:34 |
| 252 | | | 札幌機関区入換 |
| 253 | | 2086レ 東室蘭 1:37 ※215仕業から引継ぎ | 札幌(夕) 0:00 |
| | 函館貨 5:30 | 3090レ 東室蘭 2:17 | |
| | 五稜郭機関区 | | |

## 札幌機関区

### 貨車検査も受け持つ

　札幌機関区は札幌貨物ターミナル駅の東側に位置しており、千歳線の列車の窓からその全容を見ることができる。機関車の配置はないが、DF200の中継基地で、次の運用に備えて給油、給砂などのほか、運転室の清掃、仕業検査を行う。仕業検査とは数日ごとに行われるもので、機関車を運用から外すことなく、台車やブレーキなど走行部を点検する。1日4両の検査が可能だ。

　運転を担当する線区は旭川派出・帯広派出を含めて千歳線、室蘭線、函館線、石勝線、根室線、宗谷線、石北線など広範囲にわたっている。運転士1人の最長乗務距離は札幌貨物ターミナル駅－帯広貨物駅間の207.3キロメートルに及ぶ。

　機関車以外の業務としてはコキ形貨車の交番検査（月検ともいう）がある。これは前回検査から

期限の3カ月が近づいた貨車を検修庫に入れ、台車やブレーキの動作確認を行い、問題があれば修理して送り出す。1日14両の検査能力を持っている。ほかに仕業検査は1日20列車を担当。コンテナ検査は1日60個の能力を持つ。

　所属する社員は区長以下、管理・事務が9人。運転関係は主任運転士28人、運転士43人、シニア7人がおり、計88人となる。検修関係はシニアを含めて40人。旭川派出（主任運転士1人、運転士6人、シニア10人）、帯広派出（同8人、同8人、同0人）も含めると計161人の陣容だ。

## 苗穂車両所

### ディーゼル機の全般検査

　苗穂車両所はJR北海道の苗穂工場の一角にあり、かつてはSLが出入りしたレンガ造りの建物だ。要員は所長以下28人。元は機関車の配置はなかったが、2014年8月、鷲別機関区が廃止され、五稜郭機関区に統合されたのを機に、札幌貨物ターミナル駅の入換用DE10を2両受け入れ、その後、ハイブリッド機関車HD300の3両が新製配置された。

　同時に五稜郭機関区所属のDF200の全般検査（全検）を担当。全検は文字通り、あらゆる部品を分解して「オーバーホール」する重要な検査。

DF200が集結する札幌機関区。手前に検査を待つコキ形貨車が並んでいる=2022.9.29

冬景色の札幌機関区。仕事の合間のDF200が出入りする。奥の高架は千歳線＝2023.1.16

レンガ造りの伝統を誇る苗穂車両所。HD300は2014年11月から配置された＝2015.9.26

全般検査中のDF200−10。この日は鉄道記念日を前に一般公開され、来場者が見学した = 2015.9.26

ディーゼル機関車の場合、8年ごとに受けるよう規定されている。同車両所は国鉄時代から高い技術力を継承しており、出場するときは目に見えない部品も含めて新車同様に生まれ変わるという。通常、開始から終了まで3カ月ほどかかる。検査を終えた機関車は、JR白石駅−幌向駅で試運転を行い、安全を確認することになっている。

全検期限が近づいた機関車は回送となり、札幌機関区から別のDF200に引かれてJR苗穂駅に到着。貴重な重連シーンとなるので、ファンには人気の臨時列車。この後、JR北海道の入換機に押されて苗穂車両所に入場する。同車両所は、JR北海道のDE10、DE15の全検も受託しており、北海道のディーゼル機関車の「守護神」と言える。また、協力会社の（株）ジェイアール貨物・北海道物流が機関区内に事務所を持ち、貨車検修や動力車の給油および清掃、コンテナ検修、入換の各業務を受け持っている。

## 輪西車両所

### コキ形貨車をお色直し

全国を動き回るコキ形貨車は、いつ、どこで検査時期を迎えるかは分からない。そのため、5年（60カ月）に一度の全般検査（全検）が近くなったころ、編成から外して最寄りの車両所に運び込む決まりになっている。北海道の場合、東室蘭駅管轄の輪西車両所がその役割を果たしている。同駅から車両所までは約1キロの近接地だ。

台車を外され、修繕中の貨車。全国を走り回るだけに、傷みも出てくる = 2022.9.29

期限切れ近い貨車をチェックするのは札幌貨物ターミナル駅。該当する貨車を貨物列車に組み入れ、東室蘭駅に回送する。ここで解放し、機関車が数両まとめて、車両所に引いてくる。車両所までを小運転と称している。

2022年9月29日、輪西車両所内部を取材する

苗穂車両所はJR北海道のDE15の全般検査も受け持っている。DE15−1509は冬になると、除雪車となって活躍する = 2015.9.26

汚れていた車輪は外され、超音波探傷機などで検査。最後は新品同様に磨き上げられる = 2022.9.29

塗り替えられたコキ104－1871。鮮やかなブルーが秋の日差しに輝いている＝2022.9.29

機会を得た。元々、1912年12月、鉄道院岩見沢工場室蘭派出所としてスタート。貨車や客車の修繕に当たった長い歴史を持つ。1987年4月、JR貨物に移行してからは貨車の安全を守る業務を継続し、途中、苗穂車両所輪西派出などと名称変更があったものの、2019年から輪西車両所として独立し、現在に至っている。作業所内の標準収容数はコキ形貨車13両で、東室蘭駅寄りの構内には約90両を一度に留置できる。

　運び込まれた貨車は全国を休みなく走っていることから車輪の傷みや消耗が激しい。まずは車体から台車を外し、さらに車輪を分離。台車は洗浄

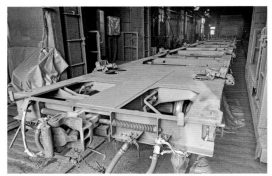

汚れた車体の色も塗り替えられる＝2022.9.29

し、車輪は傷を調べて汚れを削り落として磨き上げる。このために、車輪の踏面を削正する車輪旋盤、車輪の表面加工をするソフトブラスト装置、またブレーキ部品の傷を検査する磁粉探傷機など、数多くの機械が備え付けられている。

　技術社員が忙しく働く作業所内には台車や車輪が並べられ、削正が終わった車輪は磨き上げられ輝きを増す。また、車体も入念に塗り替えられ、新車同様に生まれ変わる。入場から出場まで3〜4日を要するが、全般検査の対象は年間約200両に達する忙しさ。コンテナ緊締装置引棒や同装置新型ばね箱の更新工事なども欠かせない業務で、自動連結器やオイルダンパーの修繕などの委託業務もある。敷地内には国鉄時代からの木造事務室もあり、「昭和の鉄道の香り」が色濃く残る車両所だ。

車両所では細かい作業が必要となる。溶接の火花が散る＝2022.9.29

## ■■■ 機関車の形式・番号の付け方 ■■■

JR貨物の機関車は電気、ディーゼル、ハイブリッド方式に分類される。しかし、そこから先が複雑だ。電気機関車は交流、直流、交直両用で違うし、ディーゼル機関車も電動機の種類で分けられる。近年はハイブリッド機関車も登場した。形式と番号は次の表にしたがって付けられている。

表では函館貨物駅と青森信号場・東青森駅の間を走るEH800－13を例に取った。Eは電気機関車、Hは動輪8軸、次の数字が800だから交流方式で交流電動機を使用。そして13番目に製造された、ということになる。他に道内を走っているDF200はディーゼル機関車で電気式、交流電動機を使用していることが分かる。HD300はハイブリッドでシリーズ方式と呼ばれ、ディーゼルの同期電動機を備えている。なお、DF200は0代の他に50代、100代があり、それぞれ若干の差異がある。試作機は2023年3月廃車になったが、番号は901が付けられていた。EH800形の試作機も901である。

DF200形の量産1号機。どんな形式でも「ナンバーワン」は人気がある。「レッドベア」の名にふさわしい面構えだ＝札幌貨物ターミナル駅、2022.6.10

## 機関車の形式と番号の付け方

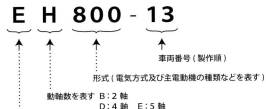

E H 800 - 13

車両番号 ( 製作順 )

形式 ( 電気方式及び主電動機の種類などを表す )

動軸数を表す　B：2 軸
　　　　　　　D：4 軸　　E：5 軸
　　　　　　　F：6 軸　　H：8 軸

E：電気機関車
D：ディーゼル機関車
H：ハイブリッド機関車

**新形式電気機関車**

| 電気方式 | 主電動機の種類 | 機関車の形式の記号 |
|---|---|---|
| 直　流 | 直流電動機 | 100〜199 |
|  | 交流電動機 | 200〜299 |
|  | そ の 他 | 300〜399 |
| 交直流 | 直流電動機 | 400〜499 |
|  | 交流電動機 | 500〜599 |
|  | そ の 他 | 600〜699 |
| 交　流 | 直流電動機 | 700〜799 |
|  | 交流電動機 | 800〜899 |
|  | そ の 他 | 900〜999 |

**新形式ディーゼル機関車**

| 電気方式 | 主電動機の種類 | 機関車の形式の記号 |
|---|---|---|
| 電気式 | 直流電動機 | 100〜199 |
|  | 交流電動機 | 200〜299 |
|  | そ の 他 | 300〜399 |
| 液体式 |  | 500〜799 |

**ハイブリット機関車**

| ハイブリット方式 | 主電動機の種類 | 形式の数字 |
|---|---|---|
| シリーズ方式 | 直流電動機 | 100〜199 |
|  | 誘導電動機 | 200〜299 |
|  | 同期電動機 | 300〜399 |
|  | そ の 他 | 400〜499 |
| パラレル式 | 直流電動機 | 500〜599 |
|  | 誘導電動機 | 600〜699 |
|  | 同期電動機 | 700〜799 |
|  | そ の 他 | 800〜899 |

# 最北の貨物機の系譜

1987年4月発足のJR貨物北海道支社は、ディーゼル機関車を国鉄から継承し、鷲別機関区にDD51形44両とDE10形7両、五稜郭機関区にDD51形23両とDE10形7両の計81両を配置してスタートした。翌1988年3月、青函トンネル開業時にはJR北海道に委託する形で、同社のED79形0代・100代を使用して青函輸送を始めた。1989年にはJR貨物が新製したED79形50代が加わり、一層の充実が図られた。青函トンネルは12パーミルの急勾配が連続するため、同形は重連運転を基本とし、環境面では湿度が高いなど、特殊な条件があることから、外部機器の強化や回生ブレーキなどが装備された。

一方、DD51形、DE10形はともに1960年代から1970年代にかけての製造で、老朽化が目立ち、DD51形の代替機となるDF200形が1992年に登場。順次増強されて、DD51形は2014年に完全に姿を消した。また、DE10形は2010年代でも鷲別機関区や苗穂車両所で入換に使われていたが、ハイブリッド機HD300形に譲り、引退した。青函輸送では新たに大型機EH500形が仙台総合鉄道部に配置され、函館貨物駅（JR五稜郭駅）まで入線。2016年3月の北海道新幹線開業に合わせてEH800形が五稜郭機関区に配置され、在来線・新幹線共用区間を走行している。

道内営業線は電化区間を含めてDF200形が主役だが、デビューから30年経過し、後継機の製造が検討されている。以下、2023年3月現在のJR貨物の北海道関連の新旧機関車を形式別に紹介する。

## 現役機

## DF200形

| | |
|---|---|
| 製作年 | ：1992年〜 |
| 動力伝達方式 | ：電気式 |
| 重量 | ：96.0トン |
| 出力 | ：1,700PS（ただし50代以降は1,800PS）1,800rpm |
| 最高速度 | ：110km/h |
| ディーゼル機関 | ：2個 |
| 使用方 | ：高速牽引用 |
| 愛称名 | ：ECO-POWERレッドベア |

JR貨物が国鉄から継承したDD51が老朽化し、その代替機として1992年9月、試作機DF200−901が川崎重工業で落成した。重量編成の牽引と、110キロの高速性能を兼ね備え、北海道での使用に耐えられるよう、耐寒・耐雪試験も行われた。外観はDD51が中央に運転台がある凸型なのに対し、DF200は箱形の車両となった。

試験結果を受け、量産機1〜12が1994年から1998年にかけて製作された。901に比べて前照灯が正面窓に2個＋運転台直下に2個装備。正面の形状や塗り分けも異なる。スカート（排障器）の色は赤で、走行中でも目立つのが特徴だ。さらに1999年から2004年にかけて、エンジンメーカー

DF200形の試作車901。2023年3月に廃車となった ＝苗穂車両所、2011.9.24

を変更した50代として51〜63の13両、また、2005年から2011年にかけてはインバータの一部部品を変更した100代として101〜123の23両が製造された。

海峡線を除く北海道の全営業線区で使用されているDF200は、車体側面に「RED BEAR」の愛称ロゴを赤字で飾り、その力強さをアピールしている。デビュー以来、道内全機が鷲別機関区に所

**DF200形** JR貨物のロゴ「JRF」と形式ロゴ「RED BEAR」を車体に飾ったDF200－54＝五稜郭機関区、2021.9.12

属していたが、五稜郭機関区への機能集約により、2014年以降、五稜郭機関区に転属した。なお、道外では愛知機関区に6両配置され、東海道線や関西線の一部で使用されている。

## EH800形

| | |
|---|---|
| 製　作　年 | 2013年～2016年 |
| 電気方式 | 交流20,000V/25,000V |
| 出　　力 | 4400KW |
| 最高速度 | 110k/h |
| 使　用　方 | 青函トンネル共用区間用、高速重牽引用 |
| 使用線区 | 津軽線、海峡線、道南いさりび鉄道線 |

　2016年3月、北海道新幹線開業に合わせ、在来線と共用となる海峡線の架線電圧が20,000Vから25,000Vに引き上げられることになった。

このため、どちらの電圧でも走行可能な機関車が必要になり、EH500を改良したEH800が2013年～2016年にかけて試作機901を含めて20両製造された。

　車体はEH500同様、2両連結式（永久連結）で、全長25メートルを誇り、列車無線装置など保安装置も新幹線タイプに合わせた。五稜郭機関区に

**EH800形** 北海道と本州を往来するEH800の量産形1号機＝木古内駅、2015.11.24

配属され、在来線は20,000V、新幹線と共用になる木古内駅－新中小国信号場は25,000Vに切り替えて走行する。また、ブレーキはED79と同じ回生ブレーキが採用された。同機の開発は整備新幹線に起因するため、鉄道建設・運輸施設整備支援機構の特例業務勘定の利益剰余金による費用支援が行われた。

## HD300形

| | |
|---|---|
| 製　作　年 | 2010年 |
| ハイブリッド方式 | シリーズ式 |
| 重　　量 | 60トン |
| 出　　力 | 500KW |
| 最高速度 | 45km/h |
| 使　用　方 | 入換用 |

　HD300は環境負荷の低減が課題となる中、老朽化したDE10の置き換えにあたり、日本では初の「ハイブリッド機関車」として開発された。動力源として低公害エンジン発電機と大容量の高性能蓄電池を組み合わせた「シリーズ・ハイブリッド・システム」を採用。これにより、排出ガス量、燃料消費量、騒音の削減を実現した。

**HD300形** 札幌貨物ターミナル駅で入れ換えに励むHD300－502＝2022.6.14

**HD300形** 一時、新潟機関区から札幌貨物ターミナル駅の応援に入ったHD300－7＝2021.9.11

画期的な動力協調システムの開発は、国土交通省の鉄道技術開発補助の対象となり、期待通りの性能を発揮した。2012年には鉄道友の会から優秀な新型車両を称えるローレル賞が贈られた。

2022年現在、札幌ターミナル駅構内の入換に寒地用設計の501〜503の3両が配置され、昼夜を分かたず、長編成列車の入換に励む姿が見られる。所属は苗穂車両所となっている。両端部には入換時の安全を確保するため、大型の手すりが付けられている。

## 旧使用機

DD51形　函館貨物駅で待機するDD51 1080=2010.10.11

## DD51形

製 作 年：1964年〜1977年
動力伝達方式：液体式
重　　量：84.00トン
機関出力：1,100PS1,500rpm
最高速度：95km/h
ディーゼル機関：2台
使 用 方：本線用

国鉄時代の1960年代に製造開始されたDD51は、客貨両用の万能機として根室線をはじめとして北海道の幹線のほぼ全線に投入された。1987年の民営化で、所属がJR北海道とJR貨物に分かれたが、JR貨物では全道路線の主力機として活躍。常紋峠など難所が多い石北線などでも、その実力を存分に発揮した。

しかし、次第に老朽化が進み、大幅にパワーアップしたDF200の登場により、順次交代を余儀なくされた。残ったDD51は本線から引退後、札幌貨物ターミナル駅での入換を受け持った。2014年には道内では形式最後となったDD51 1150が廃車となり、道内から完全に姿を消した。民営化以後の貨物牽引を支えた立役者だった。

## ED79形0代・100代

製作（改造）年：1986年
電気方式：交流20,000V
出　　力：1,900KW
最高速度：110km/h
使 用 方：青森−五稜郭、青函トンネル用

国鉄は1988年3月開業の青函トンネル用電気機関車として、当時交流機としては一番新しかったED75 700代をED79に改造する工事に着手した。その際、基本となる0代21両のほか、補機専用機として100代13両を改造し、コスト削減と運用の効率化を図った。

0代は同トンネル特有の急勾配、多湿環境、さらには信号方式に対応するため、ブレーキ管圧力制御装置を追加したほか、交流回生ブレーキを搭載。旅客・貨物両用とし、青函トンネル開業後はJR貨物の運用も行い、100代と重連で貨物列車を担当した。100代は常に函館方面に連結され、ATC（自動列車制御装置）本体は設置しないことから、単独での運転は出来ない構造だった。

1989年にJR貨物が同形50代を新製し、貨物牽引に加わったが、貨物輸送に対応するため、JR

**DD51形**　今は廃止された石油輸送列車を引いて千歳線を走るDD51 1152＋1150＝西の里信号場付近、2011.6.1

北海道の0代・100代も引き続き運用に充当。しかし、2003年3月のEH500の投入後、順次削減され、2006年3月にはJR北海道ED79の運用はすべて解消された。

## ED79形50代

| | |
|---|---|
| **製 作 年** | 1989年 |
| **電気方式** | 交流20,000V |
| **出　　力** | 1,900KW |
| **最高速度** | 100km/h |
| **使用方** | 青森ー五稜郭、青函トンネル用 |

　青函トンネル開業を受けてJR貨物は、JR北海道のED79形0代・100代を基本に、同形50代として貨物用10両を新製した。五稜郭機関区に配置され、勾配が続く青函トンネル内は牽引力確保のため、原則重連で運転された。外部塗装はコンテナブルーと白が主体で、赤のJR北海道のED79とはっきり見分けがついた。

　一時、青森信号場での間合いを利用して盛岡貨物ターミナル、さらに長町駅まで運用を拡大したが、仙台総合鉄道部のEH500の乗り入れが増えた2001年以降は取りやめた。北海道新幹線開業

**ED79形**　五稜郭機関区で休むJR貨物のED79 50代（左2両）。右はJR北海道のED79＝2004.8.14

1年前の2015年4月、残っていた9両が運用を外れ、保存されることもなく、廃車となった。

## EH500形

| | |
|---|---|
| **製 造 年** | 1997年〜2013年 |
| **電気方式** | 直流1,500V<br>交流20,000V |
| **出　　力** | 4,000KW |
| **最高速度** | 110km/h |
| **使用方** | 高速重牽引用 |
| **主な線区** | 東北線、山陽線、鹿児島線 |
| **愛 称 名** | ECO－POWER金太郎 |

　青函トンネルや山陽線の急勾配区間に対応し、かつ交流区間と直流区間との連続運転を可能にするため、箱形・2車体永久

EH500形　仙台から函館に乗り入れていたころのEH500－21。北海道で見られる最大の電気機関車だった＝函館貨物駅付近、2011.10.11

連結式の交直両用電気機関車として製造された。1車体に台車が2組、動輪軸は合計4軸で、2車体合わせると8軸となる。アルファベット8番目の「H」は、その8軸を表している。電気機関車で「E」の次に「H」が付けられたのは、国鉄時代の直流式EH10（1954年製造、永久連結式）以来となった。

　北海道には仙台総合鉄道部配置のEH500が、青函トンネルを抜けて函館貨物駅まで運用されることになった。1往復の走行距離は1,100キロに及ぶ。2車体連結の全長は25メートル、「金太郎」の愛称に合わせて、マサカリを構えた金太郎のイラストが描かれた機関車は人目を引き、海峡線のシンボルとなった。

　しかし、2016年3月の北海道新幹線開業を機に、青函トンネル専用のEH800が新製され、開業後は北海道から姿を消した。現在は仙台総合鉄道部に67両、門司機関区に15両配置され、東北、常磐、鹿児島各線などで活躍。交直切り替え区間には欠かせない存在になっている。

## DE10形

| | |
|---|---|
| 製 作 年 | 1967年～1969年 |
| 方　　式 | 液体式 |
| 重　　量 | 1,250PS、1,500rpm |
| 最高速度 | 85km/h |
| ディーゼル機関 | 1台 |
| 使用方 | 支線：入換用 |

　DE10は国鉄DD13の後継機で、外観は箱型だが、動輪が3軸＋2軸のE型となり、運転室が中央からずれた「セミセンターキャブ」という独特のスタイルとなった。DD13の弱点だった重い軸重を改良して軽くし、閑散線区に入線できるのが特徴。1976年には全道で144両を数えるに至った。JR貨物に引き継がれた道内のDE10は、札幌貨物ターミナル駅や東室蘭駅などの入換用に当てられ、貴重な脇役として忙しく走り回る姿が見られた。しかし、老朽化が進み、2010年から製造開始されたハイブリッドのHD300に置き換えられ、2017年に役目を終えた。

DE10形　札幌貨物ターミナル駅で入換に励むDE10 1720。車体色から「サツマイモ」と呼ばれた＝2014.11.1

# ■■■ 時には苗穂に送迎も ■■■

DF200が時々、札幌機関区から仲間のDF200を引き、2両だけで苗穂車両所に向かうことがある。後部のDF200は運転士が乗っていない回送で、8年に一度の全般検査（全検）を受けるため同車両所に入場する。一方、全検を終えた機関車は札幌機関区に回送される。その出迎役を務めるのもDF200だ。

2022年6月8日9時前、JR白石駅ホームで待っていると、送迎役のDF200－8がこれから全検に入るDF200－52を後ろに付けて通過した。苗穂駅に追いかけると、2両は本線を渡って車両所側の線路に入り、いったん休憩する。この日は隣の線路に全検を終えたばかりのDF200－59の姿が見えた。期せずして「レッドベア」3両が肩を並べる形となった。

間もなく8は52を解放し、ポイントを渡って隣線に入り、今度は59の前方に連結された。この間、52は入換機関車に押されてゆっくりと車両所へ向かう。入場後は車輪からエンジンまで徹底的にオーバーホールされる。

送り役を終えた8は、しばらく苗穂駅構内で休んだのち、JR北海道の特急などのダイヤの合間を見て、59の手を引くように札幌機関区に連れ帰った。

札幌機関区から全般検査のため苗穂車両所に向かうDF200－52。DF200－8（奥）に引かれていく＝白石駅

苗穂駅に到着。奥左側のDF200－8が同右側のDF200－52を押して構内で停車。手前が全般検査を終了したDF200－59

DF200－52はDE10に押されて苗穂車両所に向かって行く

DF200－52を送り出したDF200－8（右）は、全般検査を終えたDF200－59（左）に近づいて行く

DF200－59の前方に連結されたDF200－8（奥右側）。千歳線や函館線の列車の往来を見ながら発車を待っている

# 機関車配置の動向 （2006年－2023年）

北海道内の貨物用機関車は①非電化区間の幹線を走るディーゼル機関車②青函トンネルを走行する電気機関車③入換用ディーゼル機関車－の3種で構成されている。①はDD51形からDF200形に代わり、現在、その後継機が計画されている。②は北海道新幹線との共用区間のため、EH800形が運用されている。③はDE10形に代わってハイブリッド型のHD300形が導入され、3両が稼働している。

これらの動向は公益社団法人鉄道貨物協会が年1回発行する『貨物時刻表』の機関車配置表で見ることができる。今回、2006年から2023年までの18年間の機関車の動向を転載した。この中には2014年、鷲別機関区を廃止し、五稜郭機関区に本線用機関車を移管した大規模変更も含まれている。掲載に当たっては、他の資料、取材をもとに修正を加えた箇所もある。

## ■JR貨物北海道支社　機関車配置の推移　2006〜2023年

※車種のDLはディーゼル機関車　ELは電気機関車を示す

### 2006年

**鷲別機関区**

| 車種・両数 | 形式 | 番号 | | | | | 両数 |
|---|---|---|---|---|---|---|---|
| DL 78 | DD51 | 1045 | 1047 | 1057 | 1059 | 1061 | |
| | | 1062 | 1063 | 1064 | 1065 | 1067 | |
| | | 1073 | 1074 | 1076 | 1078 | 1080 | |
| | | 1081 | 1082 | 1086 | 1088 | 1089 | |
| | | 1090 | 1099 | 1135 | 1136 | 1145 | |
| | | 1146 | 1147 | 1150 | 1151 | 1152 | |
| | | 1154 | 1155 | 1156 | 1157 | 1158 | |
| | | 1159 | 1160 | 1161 | 1162 | 1164 | |
| | | 1165 | 1166 | 1167 | 1168 | | 44 |
| | DE10 | 1717 | 1718 | 1719 | 1720 | 1729 | |
| | | 1731 | | | | | 6 |
| | DF200 | 901 | 1 | 2 | 3 | 4 | |
| | | 5 | 6 | 7 | 8 | 9 | |
| | | 10 | 11 | 12 | 51 | 52 | |
| | | 53 | 54 | 55 | 56 | 57 | |
| | | 58 | 59 | 60 | 61 | 62 | |
| | | 63 | 101 | 102 | | | 28 |

**五稜郭機関区**

| 車種・両数 | 形式 | 番号 | | | | | 両数 |
|---|---|---|---|---|---|---|---|
| EL 9 | ED79 | 51 | 52 | 53 | 54 | 55 | |
| | | 57 | 58 | 59 | 60 | | 9 |

### 2007年

**鷲別機関区**

| 車種・両数 | 形式 | 番号 | | | | | 両数 |
|---|---|---|---|---|---|---|---|
| DL 80 | DD51 | 1045 | 1047 | 1057 | 1059 | 1061 | |
| | | 1062 | 1063 | 1064 | 1065 | 1067 | |
| | | 1073 | 1074 | 1076 | 1078 | 1080 | |
| | | 1081 | 1082 | 1086 | 1088 | 1089 | |
| | | 1090 | 1099 | 1135 | 1136 | 1145 | |
| | | 1146 | 1147 | 1150 | 1151 | 1152 | |
| | | 1154 | 1155 | 1156 | 1157 | 1158 | |
| | | 1159 | 1160 | 1161 | 1162 | 1164 | |
| | | 1165 | 1166 | 1167 | 1168 | | 44 |
| | DE10 | 1717 | 1718 | 1719 | 1720 | 1729 | |
| | | 1731 | | | | | 6 |
| | DF200 | 901 | 1 | 2 | 3 | 4 | |
| | | 5 | 6 | 7 | 8 | 9 | |
| | | 10 | 11 | 12 | 51 | 52 | |
| | | 53 | 54 | 55 | 56 | 57 | |
| | | 58 | 59 | 60 | 61 | 62 | |
| | | 63 | 101 | 102 | 103 | 104 | 30 |

**五稜郭機関区**

| 車種・両数 | 形式 | 番号 | | | | | 両数 |
|---|---|---|---|---|---|---|---|
| EL 9 | ED79 | 51 | 52 | 53 | 54 | 55 | |
| | | 57 | 58 | 59 | 60 | | 9 |

### 2008年

**鷲別機関区**

| 車種・両数 | 形式 | 番号 | | | | | 両数 |
|---|---|---|---|---|---|---|---|
| DL 79 | DD51 | 1045 | 1047 | 1057 | 1059 | 1061 | |
| | | 1064 | 1065 | 1067 | 1073 | 1074 | |
| | | 1076 | 1080 | 1081 | 1082 | 1086 | |
| | | 1088 | 1089 | 1090 | 1099 | 1135 | |
| | | 1136 | 1145 | 1146 | 1147 | 1150 | |
| | | 1151 | 1152 | 1154 | 1155 | 1156 | |
| | | 1157 | 1158 | 1159 | 1160 | 1161 | |
| | | 1162 | 1164 | 1165 | 1166 | 1167 | |
| | | 1168 | | | | | 41 |
| | DE10 | 1717 | 1718 | 1719 | 1720 | 1729 | |
| | | 1731 | | | | | 6 |
| | DF200 | 901 | 1 | 2 | 3 | 4 | |
| | | 5 | 6 | 7 | 8 | 9 | |
| | | 10 | 11 | 12 | 51 | 52 | |
| | | 53 | 54 | 55 | 56 | 57 | |
| | | 58 | 59 | 60 | 61 | 62 | |
| | | 63 | 101 | 102 | 103 | 104 | |
| | | 105 | | | | | 32 |

**五稜郭機関区**

| 車種・両数 | 形式 | 番号 | | | | | 両数 |
|---|---|---|---|---|---|---|---|
| EL 9 | ED79 | 51 | 52 | 53 | 54 | 55 | |
| | | 57 | 58 | 59 | 60 | | 9 |

### 2009年

**鷲別機関区**

| 車種・両数 | 形式 | 番号 | | | | | 両数 |
|---|---|---|---|---|---|---|---|
| DL 83 | DD51 | 1045 | 1047 | 1057 | 1059 | 1061 | |
| | | 1064 | 1065 | 1067 | 1073 | 1074 | |
| | | 1076 | 1080 | 1081 | 1082 | 1086 | |
| | | 1088 | 1089 | 1090 | 1135 | 1136 | |
| | | 1145 | 1146 | 1147 | 1150 | 1151 | |
| | | 1152 | 1154 | 1156 | 1157 | 1158 | |
| | | 1160 | 1161 | 1164 | 1165 | | |
| | | 1166 | 1167 | 1168 | | | 38 |
| | DE10 | 1717 | 1718 | 1719 | 1720 | 1729 | |
| | | 1731 | | | | | 6 |
| | DF200 | 901 | 1 | 2 | 3 | 4 | |
| | | 5 | 6 | 7 | 8 | 9 | |
| | | 10 | 11 | 12 | 51 | 52 | |
| | | 53 | 54 | 55 | 56 | 57 | |
| | | 58 | 59 | 60 | 61 | 62 | |
| | | 63 | 101 | 102 | 103 | 104 | |
| | | 105 | 106 | 107 | 108 | 109 | |
| | | 110 | 111 | 112 | 113 | | 39 |

**五稜郭機関区**

| 車種・両数 | 形式 | 番号 | | | | | 両数 |
|---|---|---|---|---|---|---|---|
| EL 9 | ED79 | 51 | 52 | 53 | 54 | 55 | |
| | | 57 | 58 | 59 | 60 | | 9 |

**2010年**

| 車種・両数 | 形式 | 番号 | | | | | 両数 |
|---|---|---|---|---|---|---|---|
| **鷲別機関区** | | | | | | | |
| DL 79 | DD51 | 1045 | 1047 | 1059 | 1067 | 1073 | |
| | | 1074 | 1076 | 1080 | 1081 | 1082 | |
| | | 1086 | 1088 | 1089 | 1090 | 1135 | |
| | | 1146 | 1147 | 1150 | 1151 | 1152 | |
| | | 1154 | 1156 | 1157 | 1158 | 1162 | |
| | | 1164 | 1165 | 1166 | 1167 | 1168 | 30 |
| | DE10 | 1717 | 1718 | 1719 | 1720 | 1729 | |
| | | 1731 | | | | | 6 |
| | DF200 | 901 | 1 | 2 | 3 | 4 | |
| | | 5 | 6 | 7 | 8 | 9 | |
| | | 10 | 11 | 12 | 51 | 52 | |
| | | 53 | 54 | 55 | 56 | 57 | |
| | | 58 | 59 | 60 | 61 | 62 | |
| | | 63 | 101 | 102 | 103 | 104 | |
| | | 105 | 106 | 107 | 108 | 109 | |
| | | 110 | 111 | 112 | 113 | | 43 |

| 車種・両数 | 形式 | 番号 | | | | | 両数 |
|---|---|---|---|---|---|---|---|
| **五稜郭機関区** | | | | | | | |
| EL 9 | ED79 | 51 | 52 | 53 | 54 | 55 | |
| | | 57 | 58 | 59 | 60 | | 9 |

**2011年**

| 車種・両数 | 形式 | 番号 | | | | | 両数 |
|---|---|---|---|---|---|---|---|
| **鷲別機関区** | | | | | | | |
| DL 76 | DD51 | 1045 | 1047 | 1056 | 1067 | 1073 | |
| | | 1080 | 1081 | 1082 | 1086 | 1088 | |
| | | 1089 | 1090 | 1146 | 1147 | 1150 | |
| | | 1152 | 1154 | 1156 | 1157 | 1158 | |
| | | 1162 | 1165 | 1166 | 1181 | | 24 |
| | DE10 | 1595 | 1717 | 1718 | 1720 | 1731 | 5 |
| | DF200 | 901 | 1 | 2 | 3 | 4 | |
| | | 5 | 6 | 7 | 8 | 9 | |
| | | 10 | 11 | 12 | 51 | 52 | |
| | | 53 | 54 | 55 | 56 | 57 | |
| | | 58 | 59 | 60 | 61 | 62 | |
| | | 63 | 101 | 102 | 103 | 104 | |
| | | 105 | 106 | 107 | 108 | 109 | |
| | | 110 | 110 | 112 | 113 | 114 | |
| | | 115 | 116 | 117 | 118 | 119 | |
| | | 120 | 121 | | | | 47 |

| 車種・両数 | 形式 | 番号 | | | | | 両数 |
|---|---|---|---|---|---|---|---|
| **五稜郭機関区** | | | | | | | |
| EL 9 | ED79 | 51 | 52 | 53 | 54 | 55 | |
| | | 57 | 58 | 59 | 60 | | 9 |

**2012年**

| 車種・両数 | 形式 | 番号 | | | | | 両数 |
|---|---|---|---|---|---|---|---|
| **鷲別機関区** | | | | | | | |
| DL 74 | DD51 | 1047 | 1056 | 1067 | 1073 | 1081 | |
| | | 1086 | 1088 | 1089 | 1146 | 1147 | |
| | | 1150 | 1152 | 1154 | 1156 | 1157 | |
| | | 1158 | 1162 | 1165 | 1166 | 1184 | 20 |
| | DE10 | 1595 | 1717 | 1718 | 1720 | 1731 | 5 |
| | DF200 | 901 | 1 | 2 | 3 | 4 | |
| | | 5 | 6 | 7 | 8 | 9 | |
| | | 10 | 11 | 12 | 51 | 52 | |
| | | 53 | 54 | 55 | 56 | 57 | |
| | | 58 | 59 | 60 | 61 | 62 | |
| | | 63 | 101 | 102 | 103 | 104 | |
| | | 105 | 106 | 107 | 108 | 109 | |
| | | 110 | 110 | 112 | 113 | 114 | |
| | | 115 | 116 | 117 | 118 | 119 | |
| | | 120 | 121 | 122 | 123 | | 49 |

| 車種・両数 | 形式 | 番号 | | | | | 両数 |
|---|---|---|---|---|---|---|---|
| **五稜郭機関区** | | | | | | | |
| EL 9 | ED79 | 51 | 52 | 53 | 54 | 55 | |
| | | 57 | 58 | 59 | 60 | | 9 |

**2013年**

| 車種・両数 | 形式 | 番号 | | | | | 両数 |
|---|---|---|---|---|---|---|---|
| **鷲別機関区** | | | | | | | |
| DL 66 | DD51 | 1047 | 1056 | 1073 | 1086 | 1089 | |
| | | 1146 | 1150 | 1152 | 1156 | 1157 | |
| | | 1158 | 1162 | 1165 | 1184 | | 14 |
| | DE10 | 1718 | 1720 | 1731 | 1747 | | 4 |
| | DF200 | 901 | 1 | 2 | 3 | 4 | |
| | | 5 | 6 | 7 | 8 | 9 | |
| | | 10 | 11 | 12 | 51 | 52 | |
| | | 53 | 54 | 55 | 57 | 58 | |
| | | 59 | 60 | 61 | 62 | 63 | |
| | | 101 | 102 | 103 | 104 | 105 | |
| | | 106 | 107 | 108 | 109 | 110 | |
| | | 111 | 112 | 113 | 114 | 115 | |
| | | 116 | 117 | 118 | 119 | 120 | |
| | | 121 | 122 | 123 | | | 48 |

| 車種・両数 | 形式 | 番号 | | | | | 両数 |
|---|---|---|---|---|---|---|---|
| **五稜郭機関区** | | | | | | | |
| EL 9 | ED79 | 51 | 52 | 53 | 54 | 55 | |
| | | 57 | 58 | 59 | 60 | | 9 |

**2014年**

| 車種・両数 | 形式 | 番号 | | | | | 両数 |
|---|---|---|---|---|---|---|---|
| **鷲別機関区** | | | | | | | |
| DL 60 | DD51 | 1089 | 1150 | 1152 | 1162 | 1165 | |
| | | 1158 | 1184 | | | | 7 |
| | DE10 | 1125 | 1129 | 1718 | 1720 | 1747 | 5 |
| | DF200 | 901 | 1 | 2 | 3 | 4 | |
| | | 5 | 6 | 7 | 8 | 9 | |
| | | 10 | 11 | 12 | 51 | 52 | |
| | | 53 | 54 | 55 | 57 | 58 | |
| | | 59 | 60 | 61 | 62 | 63 | |
| | | 101 | 102 | 103 | 104 | 105 | |
| | | 106 | 107 | 108 | 109 | 110 | |
| | | 111 | 112 | 113 | 114 | 115 | |
| | | 116 | 117 | 118 | 119 | 120 | |
| | | 121 | 122 | 123 | | | 48 |

| 車種・両数 | 形式 | 番号 | | | | | 両数 |
|---|---|---|---|---|---|---|---|
| **五稜郭機関区** | | | | | | | |
| EL 9 | ED79 | 51 | 52 | 53 | 54 | 55 | |
| | | 57 | 58 | 59 | 60 | | 9 |

**2015年**

| 車種・両数 | 形式 | 番号 | | | | | 両数 |
|---|---|---|---|---|---|---|---|
| **五稜郭機関区** | | | | | | | |
| EL 18 | ED79 | 51 | 52 | 53 | 54 | 55 | |
| | | 57 | 58 | 59 | 60 | | 9 |
| | EH800 | 901 | 1 | 2 | 3 | 4 | |
| | | 5 | 6 | 7 | 8 | | 9 |
| DL 53 | DD51 | 1089 | 1150 | 1152 | 1162 | 1165 | 5 |
| | DF200 | 901 | 1 | 2 | 3 | 4 | |
| | | 5 | 6 | 7 | 8 | 9 | |
| | | 10 | 11 | 12 | 51 | 52 | |
| | | 53 | 54 | 55 | 57 | 58 | |
| | | 59 | 60 | 61 | 62 | 63 | |
| | | 101 | 102 | 103 | 104 | 105 | |
| | | 106 | 107 | 108 | 109 | 110 | |
| | | 111 | 112 | 113 | 114 | 115 | |
| | | 116 | 117 | 118 | 119 | 120 | |
| | | 121 | 122 | 123 | | | 48 |

| 車種・両数 | 形式 | 番号 | | 両数 |
|---|---|---|---|---|
| **苗穂車両所** | | | | |
| DL 5 | DE10 | 1125 | 1129 | 2 |
| | HD300 | 501 | 502 503 | 3 |

## 2016年

### 五稜郭機関区

| 車種・両数 | 形式 | 番号 | | | | | 両数 |
|---|---|---|---|---|---|---|---|
| EL 17 | EH800 | 901 | 1 | 2 | 3 | 4 | |
| | | 5 | 6 | 7 | 8 | 9 | |
| | | 10 | 11 | 12 | 13 | 14 | |
| | | 15 | 16 | | | | 17 |
| DL 48 | DF200 | 901 | 1 | 2 | 3 | 4 | |
| | | 5 | 6 | 7 | 8 | 9 | |
| | | 10 | 11 | 12 | 51 | 52 | |
| | | 53 | 54 | 55 | 57 | 58 | |
| | | 59 | 60 | 61 | 62 | 63 | |
| | | 101 | 102 | 103 | 104 | 105 | |
| | | 106 | 107 | 108 | 109 | 110 | |
| | | 111 | 112 | 113 | 114 | 115 | |
| | | 116 | 117 | 118 | 119 | 120 | |
| | | 121 | 122 | 123 | | | 48 |

### 苗穂車両所

| 車種・両数 | 形式 | 番号 | | | | | 両数 |
|---|---|---|---|---|---|---|---|
| DL 5 | DE10 | 1125 | 1129 | | | | 2 |
| | HD300 | 501 | 502 | 503 | | | 3 |

## 2017年

### 五稜郭機関区

| 車種・両数 | 形式 | 番号 | | | | | 両数 |
|---|---|---|---|---|---|---|---|
| EL 20 | EH800 | 901 | 1 | 2 | 3 | 4 | |
| | | 5 | 6 | 7 | 8 | 9 | |
| | | 10 | 11 | 12 | 13 | 14 | |
| | | 15 | 16 | 17 | 18 | 19 | 20 |
| DL 47 | DF200 | 901 | 1 | 2 | 3 | 4 | |
| | | 5 | 6 | 7 | 8 | 9 | |
| | | 10 | 11 | 12 | 51 | 52 | |
| | | 53 | 54 | 55 | 57 | 58 | |
| | | 59 | 60 | 61 | 62 | 63 | |
| | | 101 | 102 | 103 | 104 | 105 | |
| | | 106 | 107 | 108 | 109 | 110 | |
| | | 111 | 112 | 113 | 114 | 115 | |
| | | 116 | 117 | 118 | 119 | 120 | |
| | | 121 | 122 | | | | 47 |

### 苗穂車両所

| 車種・両数 | 形式 | 番号 | | | | | 両数 |
|---|---|---|---|---|---|---|---|
| DL 5 | DE10 | 1125 | 1129 | | | | 2 |
| | HD300 | 501 | 502 | 503 | | | 3 |

## 2018年

### 五稜郭機関区

| 車種・両数 | 形式 | 番号 | | | | | 両数 |
|---|---|---|---|---|---|---|---|
| EL 20 | EH800 | 901 | 1 | 2 | 3 | 4 | |
| | | 5 | 6 | 7 | 8 | 9 | |
| | | 10 | 11 | 12 | 13 | 14 | |
| | | 15 | 16 | 17 | 18 | 19 | 20 |
| DL 46 | DF200 | 901 | 1 | 2 | 3 | 4 | |
| | | 5 | 6 | 7 | 8 | 9 | |
| | | 10 | 11 | 12 | 51 | 52 | |
| | | 53 | 54 | 55 | 57 | 58 | |
| | | 59 | 60 | 61 | 62 | 63 | |
| | | 101 | 102 | 103 | 104 | 105 | |
| | | 106 | 107 | 108 | 109 | 110 | |
| | | 111 | 112 | 113 | 114 | 115 | |
| | | 117 | 118 | 119 | 120 | 121 | |
| | | 122 | | | | | 46 |

### 苗穂車両所

| 車種・両数 | 形式 | 番号 | | | | | 両数 |
|---|---|---|---|---|---|---|---|
| DL 5 | HD300 | 501 | 502 | 503 | | | 3 |

## 2019年

### 五稜郭機関区

| 車種・両数 | 形式 | 番号 | | | | | 両数 |
|---|---|---|---|---|---|---|---|
| EL 20 | EH800 | 901 | 1 | 2 | 3 | 4 | |
| | | 5 | 6 | 7 | 8 | 9 | |
| | | 10 | 11 | 12 | 13 | 14 | |
| | | 15 | 16 | 17 | 18 | 19 | 20 |
| DL 47 | DF200 | 901 | 1 | 2 | 3 | 4 | |
| | | 5 | 6 | 7 | 8 | 9 | |
| | | 10 | 11 | 12 | 51 | 52 | |
| | | 53 | 54 | 55 | 57 | 58 | |
| | | 59 | 60 | 61 | 62 | 63 | |
| | | 101 | 102 | 103 | 104 | 105 | |
| | | 106 | 107 | 108 | 109 | 110 | |
| | | 111 | 112 | 113 | 114 | 115 | |
| | | 117 | 118 | 119 | 121 | | 44 |

### 苗穂車両所

| 車種・両数 | 形式 | 番号 | | | | | 両数 |
|---|---|---|---|---|---|---|---|
| DL 3 | HD300 | 501 | 502 | 503 | | | 3 |

## 2020年

### 五稜郭機関区

| 車種・両数 | 形式 | 番号 | | | | | 両数 |
|---|---|---|---|---|---|---|---|
| EL 20 | EH800 | 901 | 1 | 2 | 3 | 4 | |
| | | 5 | 6 | 7 | 8 | 9 | |
| | | 10 | 11 | 12 | 13 | 14 | |
| | | 15 | 16 | 17 | 18 | 19 | 20 |
| DL 42 | DF200 | 901 | 1 | 2 | 3 | 4 | |
| | | 5 | 6 | 7 | 8 | 9 | |
| | | 10 | 11 | 12 | 51 | 52 | |
| | | 53 | 54 | 55 | 57 | 58 | |
| | | 59 | 60 | 61 | 62 | 63 | |
| | | 101 | 102 | 103 | 104 | 107 | |
| | | 108 | 109 | 110 | 111 | 112 | |
| | | 113 | 114 | 115 | 117 | 118 | |
| | | 119 | | | | | 42 |

### 苗穂車両所

| 車種・両数 | 形式 | 番号 | | | | | 両数 |
|---|---|---|---|---|---|---|---|
| DL 3 | HD300 | 501 | 502 | 503 | | | 3 |

## 2021年

### 五稜郭機関区

| 車種・両数 | 形式 | 番号 | | | | | 両数 |
|---|---|---|---|---|---|---|---|
| EL 20 | EH800 | 901 | 1 | 2 | 3 | 4 | |
| | | 5 | 6 | 7 | 8 | 9 | |
| | | 10 | 11 | 12 | 13 | 14 | |
| | | 15 | 16 | 17 | 18 | 19 | 20 |
| DL 40 | DF200 | 901 | 1 | 2 | 3 | 4 | |
| | | 5 | 6 | 7 | 8 | 9 | |
| | | 10 | 11 | 12 | 51 | 52 | |
| | | 53 | 54 | 55 | 57 | 58 | |
| | | 59 | 60 | 61 | 62 | 63 | |
| | | 102 | 103 | 104 | 108 | 109 | |
| | | 110 | 111 | 112 | 113 | 114 | |
| | | 115 | 117 | 118 | 119 | 121 | 40 |

### 苗穂車両所

| 車種・両数 | 形式 | 番号 | | | | | 両数 |
|---|---|---|---|---|---|---|---|
| DL 3 | HD300 | 501 | 502 | 503 | | | 3 |

## 2022年

### 五稜郭機関区

| 車種・両数 | 形式 | 番号 | | | | | 両数 |
|---|---|---|---|---|---|---|---|
| EL 20 | EH800 | 901 | 1 | 2 | 3 | 4 | |
| | | 5 | 6 | 7 | 8 | 9 | |
| | | 10 | 11 | 12 | 13 | 14 | |
| | | 15 | 16 | 17 | 18 | 19 | 20 |
| DL 40 | DF200 | 901 | 1 | 2 | 3 | 4 | |
| | | 5 | 6 | 7 | 8 | 9 | |
| | | 10 | 11 | 12 | 51 | 52 | |
| | | 53 | 54 | 55 | 57 | 58 | |
| | | 59 | 60 | 61 | 62 | 63 | |
| | | 102 | 103 | 104 | 108 | 109 | |
| | | 110 | 111 | 112 | 113 | 114 | |
| | | 115 | 117 | 118 | 119 | 121 | 40 |

### 苗穂車両所

| 車種・両数 | 形式 | 番号 | | | | | 両数 |
|---|---|---|---|---|---|---|---|
| DL 3 | HD300 | 501 | 502 | 503 | | | 3 |

## 2023年

### 五稜郭機関区

| 車種・両数 | 形式 | 番号 | | | | | 両数 |
|---|---|---|---|---|---|---|---|
| EL 20 | EH800 | 901 | 1 | 2 | 3 | 4 | |
| | | 5 | 6 | 7 | 8 | 9 | |
| | | 10 | 11 | 12 | 13 | 14 | |
| | | 15 | 16 | 17 | 18 | 19 | 20 |
| DL 40 | DF200 | 1 | 2 | 3 | 4 | 5 | |
| | | 6 | 7 | 8 | 9 | 10 | |
| | | 11 | 12 | 51 | 52 | 53 | |
| | | 54 | 55 | 57 | 58 | 59 | |
| | | 60 | 61 | 62 | 63 | 102 | |
| | | 103 | 104 | 108 | 109 | 110 | |
| | | 111 | 112 | 113 | 114 | 115 | |
| | | 117 | 118 | 119 | 121 | | 39 |

### 苗穂車両所

| 車種・両数 | 形式 | 番号 | | | | | 両数 |
|---|---|---|---|---|---|---|---|
| DL 3 | HD300 | 501 | 502 | 503 | | | 3 |

# 第6章
# 「モーダルシフト」への
# 挑戦

JR貨物が近年重視しているのは、全社挙げて「SDGs（持続可能な開発目標）」の実現に挑戦することだ。環境保護を重視する欧州連合（EU）は、2030年までに鉄道貨物輸送量を現在の1.5倍に引き上げる野心的な目標を発表。JR貨物も温室効果ガス抑制のため、駅近接に巨大倉庫を新設するなど、鉄道輸送への転換（モーダルシフト）を急いでいる。一方、市民対象の「貨物フェス」で貨物への理解を深める試みや、大型新聞広告を数年がかりで連載するなど、企業イメージの向上も図っている。

運転士1人で10トントラック65台分の荷物を高速で運ぶ貨物列車。
その優位性のアピールに懸命だ＝木古内駅＝奥津軽いまべつ駅

# "エキナカ倉庫" オープン

貨物輸送の拠点、札幌貨物ターミナル駅構内に2022年5月31日、「DPL札幌レールゲート」と呼ばれる北海道最大級のマルチテナント型物流施設が竣工した。いわば巨大な「エキナカ（駅中）倉庫」で、大和ハウス工業とJR貨物が協力して建設。同駅と直結する利点を生かし、入居テナントの集荷、配達、保管、荷役などを一括して作業できる。JR貨物は「これを核に道内取扱量の10パーセント増を図る」のを目標としている。DPLは「Dプロジェクト・ロジスティック」の略称。「Dプロジェクト」とは大和ハウス工業が物流施設を全国展開するプロジェクトの総称だ。

## 絶好の立地誇る

札幌貨物ターミナル駅の一角には、かつて石油輸送のための石油貯蔵基地があった。しかし、同輸送が打ち切られた後、遊休地となっており、長年その再利用が大きな課題に。札幌市中心部から10キロ、道央自動車道大谷地インターチェンジからは1キロの至近距離にあり、新千歳空港や石狩湾新港など、国内外にアクセスできる基地も視野に入る。そこで、鉄道を核に効率的に各地とを結ぶ「レールゲート」構想に着手した。

「DPL札幌レールゲート」は耐震構造で3階建て、延べ床面積8万6千平方メートル、賃貸面積7万3千平方メートルで、1階が4区画（4,000～4,500平方メートル）、2階・3階にそれぞれ8区画（2,000～5,100平方メートル）が設けられている。2023年1月までに6区画が入居済みとなり、本格稼働となった。1階の区画は冷凍・冷蔵倉庫に改修することも可能だ。

内部は機能性を重視した作りで、荷物を移動するときは専用エレベーターを使い、フォークリフ

札幌貨物ターミナル駅構内に建設されたDPL札幌レールゲート（左奥）。手前の線路は同駅と千歳線を結ぶ通路線＝2022.9.13

雪景色の中、巨大な外観が目を引く。トラック出入り口も余裕がある作り＝2023.1.16

トラックの出入り口を通して札幌貨物ターミナル駅を見る。右奥にコンテナが見える＝2023.1.16

倉庫が並ぶ2階。ゆったりしたスペースを提供する＝2023.1.16

トが走り回る。通路の窓ガラスは大きく、太陽光による明るさを生かしている。トラックの出入りは一方通行で、170台分のトラックバースがあり、入場予約システムによって短時間でバースに接車できる。3階には従業員などのカフェテリアを設け、打ち合わせや商談が出来るよう工夫した。個別の対面用として実物のコンテナを設置し、内部にテーブル・いすを置くなど、JR貨物ならではのアイデアも見られる。

　荷物をコンテナに積み込む場合は、トラックが公道に出る必要はなく、専用通路を通って札幌貨物ターミナル駅に入場できる。こうした工夫により、貨物運送の効率化が図られ、合わせて排出ガスの抑制にもつながる、とアピール。同ゲートの完成がきっかけとなって、大和ハウス工業とJR貨物を中心に、関係5社で全国的に持続可能な物流網を実現する「協働プロジェクト」が作られ、環境重視を踏まえて様々な課題の解決に向けて協力関係を強めていくことになった。

## 東京は "ツイン・ゲート" に

　JR貨物の「レールゲート」計画は始まったばかりだ。第1号は東京貨物ターミナル駅（東京都品川区）構内の「東京レールゲートWEST」で、2020年2月に営業を開始。2番目が2022年5月の「DPL札幌レールゲート」で、地方としては初めてとなる。さらに同年7月には「東京レールゲートWEST」に隣接する「東京レールゲートEAST」が3番目として誕生した。

　羽田空港や東京港に近く、貨物取扱量が全国一の東京貨物ターミナル駅に誕生した東京レールゲートの「WEST」と「EAST」は、トラック通路を挟んで隣り合う位置にある。先輩のWESTは7階建て、延べ床面積7万2千平方メートル、EASTは5階建て、同17万5千平方メートル、合計の床面積は24万7千平方メートルとなり、2つ合わせると「DPL札幌レールゲート」のほぼ3倍の規模。免震構造で72時間対応の非常用発電機も備えた。肩を並べてそびえ立つ光景は、日本の鉄道物流基地のシンボルとも言える。

　JR貨物などは「レールゲート」を今後、仙台、名古屋、大阪、福岡などにも展開する構想を練っており、鉄道輸送を核として全国を結ぶ物流基地は、さらなる進化が見られそうだ。

東京レールゲートWEST車両の出入り口に向かうトレーラー＝2023.1.19

# 情報迅速に、無駄省く

2023年1月24日、日本列島は「最大級の寒波」に見舞われた。鉄道輸送網は各所で運転不能となり、JR貨物のホームページにある「現在の輸送状況」の画面がにわかに忙しくなった。これは天候異変や災害などによりダイヤが乱れたとき、機関車に搭載されたGPS機能により列車の位置を把握し、荷主などに正確な運行情報を知らせるためにある。

## 大寒波、99本がストップ

翌1月25日7時現在の情報では、各地の輸送障害による列車遅延は全国で16地区に上った。物流の最重要路線である東海道線の米原駅－神戸駅、蒲郡駅－岡崎駅、山陽線は神戸駅－三石駅、日本海の北陸線では近江塩津駅－米原駅などで大雪、強風のため軒並み遅れが発生。北海道内でも千歳線全線、函館線長万部駅・森駅の3カ所が雪で運行出来なくなった。九州でも鹿児島・熊本県の肥薩おれんじ鉄道線で大雪となった。

このため、これらの路線を中心に各地で99本の列車が滞留する事態となった。これには北海道発着の貨物列車が21本も巻き込まれ、全体の2割以上に達した。例えば、日本海沿線経由では、23日16時42分に札幌貨物ターミナル駅を発車した大阪貨物ターミナル駅行き4060レは24日になって金沢を過ぎ、南福井駅まで到達したものの、先に進めなくなり、同駅に停車。終着まであと200キロのところで天候回復を待つことになった。24日21時27分に隅田川駅を発車した札幌貨物ターミナル駅行き3059レは、仙台貨物ターミナル駅を出たあと、北へ10キロも走らず岩切駅でストップ。また、北旭川駅を0時30分に発車していた百済貨物ターミナル駅（大阪市）行き82レ（～3082レ～5087レ）は、本州入りしたものの、東北線郡山貨物ターミナル駅で止まった。北旭川駅発隅田川駅行き3052レ、札幌貨物ターミナル駅発同駅行き3054レ、同発同行き3050レの3本は途中の東室蘭駅で停車を余儀なくされた。待機列車が増えれば駅線路の余裕がなくなり、これらが動き出さない限り、後の列車が発着できなくなる悪循環が続く。

25日になって、岩切駅及び郡山貨物ターミナル駅でストップしていた

■北海道発着貨物列車の
　豪雪による途中停車中の主要駅一覧　　2023年1月25日7時現在

JR貨物ホームページ「現在の輸送状況」から作成

※駅名の駅、貨物駅、貨物ターミナル駅、操車場などは省略した
※数字は列車番号を示す
　運行中に番号が変わる列車は始発駅番号を記した
※ ◀━ ━▶ は進行方向を示す

|  |  |
| --- | --- |
| 札幌 | |
| 東室蘭 | 3052 / 3054 / 3050 |
| 湯の里知内 | 3086 |
| 函館 | 3055 |
| 函館 | 3064 |
| 青森 | 50・94 |
| 八戸 | 3084 |
| 盛岡 | 2051 |
| 間島 | 4091 |
| 岩切 | 3059 |
| 東仙台 | 3051 |
| 郡山 | 82 |
| 東福島 | 80 |
| 白河 | 3065 |
| 南福井 | 4060 |
| 氏家 | 3057 |
| 那須塩原 | 3062 |
| 名古屋 | 96 |
| 大宮 | 3063 |
| 吹田 | 5086 |

3059レ、82レはそれぞれ前進したが、24日0時16分名古屋貨物ターミナル駅発札幌貨物ターミナル駅行き96レ（～1096レ～3087レ）は首都圏の川崎貨物駅に着いた後、そのまま待機。翌25日発の同列車は名古屋貨物ターミナルを出発できず、長時間の待機を強いられた。

## 新アプリも導入へ

　日本で頻繁に見られる地震や豪雨、豪雪による鉄道被害は毎年発生し、そのたびに旅客だけでなく貨物の流れも阻害される。荷主にとっては「いつ動き出すのか」「何時に着くのか」が最大の関心事だ。そうした要望に応えるため、現在、「T－DAP」と呼ばれるトラック運転手用のアプリを試験運用している。道内では函館貨物駅で試験中。これは運行中の列車の現在地、遅延が発生した際の遅れ時間や停車駅、さらに駅構内のコンテナの位置などを時々刻々、トラック運転手のスマホのアプリで確認できる機能を持つ。これが本運用されると、運転手は無駄なく働くことが可能になり、作業効率化、排出ガスの減少にも結びつくと期待されている。

### ■豪雪による輸送状況

2023年1月25日7時現在

〈東北・函館線　下り〉

| | | 駅 | 状況 |
|---|---|---|---|
| 24日発 3055列車 | （隅田川→札幌夕） | 函館貨 | ＋6時間36分 |
| 24日発 3059列車 | （隅田川→札幌夕） | 岩 切 | 停車中 |
| 24日発 3057列車 | （隅田川→札幌夕） | 氏 家 | 停車中 |
| 24日発 2051～51列車 | （仙台夕→札幌夕） | 盛岡夕 | 停車中 |
| 25日発 3063列車 | （越谷夕→札幌夕） | 大宮操 | 停車中 |
| 25日発 3051列車 | （隅田川→札幌夕） | 東仙台 | ＋53分 |
| 24日発 3065列車 | （相模貨物→札幌夕） | 白 河 | 停車中 |
| 〈　同　上り〉 | | | |
| 24日発 82～3082～5087列車 | （北旭川→百済夕） | 郡山夕 | 停車中 |
| 24日発 50～2050列車 | （札幌夕→仙台夕） | 青森信 | 停車中 |
| 24日発 94列車 | （札幌夕→隅田川） | 青森信 | 停車中 |
| 24日発 3052列車 | （北旭川→隅田川） | 東室蘭 | 停車中 |
| 24日発 3054列車 | （札幌夕→隅田川） | 東室蘭 | 停車中 |
| 25日発 3050列車 | （札幌夕→隅田川） | 東室蘭 | 停車中 |
| 24日発 80～3080～3071列車 | （札幌夕→西浜松） | 東福島 | 停車中 |
| 24日発 3086～1097～97列車 | （札幌夕→名古屋夕） | 湯の里知内信 | ＋7時間7分 |
| 24日発 3062列車 | （札幌夕→越谷夕） | 那須塩原 | 停車中 |
| 24日発 3064列車 | （札幌夕→東京夕） | 函館貨 | 停車中 |
| 24日発 3084～3075～3077列車 | （札幌夕→名古屋夕） | 八戸貨物 | 停車中 |
| 〈日本海縦貫線　下り〉 | | | |
| 24日発 4091～3091列車 | （吹田夕→札幌夕） | 間 島 | 停車中 |
| 〈　同　上り〉 | | | |
| 23日発 4060列車 | （札幌夕→大阪夕） | 南福井 | 停車中 |
| 〈その他〉 | | | |
| 22日発 5086～3083～83列車 | （百済夕→札幌夕） | 吹田夕 | 停車中 |
| 25日発 96～1096～3087列車 | （名古屋夕→札幌夕） | 名古屋夕 | 停車中 |

※JR貨物ホームページから北海道関連分のみ転載

---

### ■■■ 転換点？「2024年問題」 ■■■

　国による「働き方改革」の一環で法改正が行われ、運送業関連では2024年4月から営業ナンバー付きのトラックの運転手の労働時間を制限することが盛り込まれた。これを「2024年問題」と言っている。例えば時間外労働（残業）を年間960時間以内に収めなければ罰則が適用される。業界にとって厳しい条件になり、遅配が増えるなど、様々な問題が起きることが懸念されている。しかもトラック運転手は高齢化が進み、2028年には27万8千人が不足すると想定されている。

　こうした情勢もあって、JR貨物は「鉄道は二酸化炭素（$CO_2$）の排出量が最も少ない交通機関」とアピール。$CO_2$排出量を10トン積みトラックと比較すると、鉄道は10分の1、内航海運と比べると2分の1となると試算している。また、貨物列車1編成の最大トン数は650トンだが、これは10トン積みトラックの65台分に相当するうえ、「排出ガスは少なく、運転士も1人で

済む」と長所を強調している。荷主側にも動きが現れ、運送業大手の佐川急便は2023年2月1日から「飛脚貨物便」を鉄道輸送に移行させた。

運転手不足の大型トラック。「2024年問題」が重くのしかかる＝札幌貨物ターミナル駅、2022.9.29

# 「1面展開」の広告誕生

JR貨物はJR旅客各社に比べれば、正直、地味な存在なのは否めない。高速で便利、斬新なデザインの特急列車は知っていても、長い貨物列車が走るのを見て、その中に私たちが食べる新鮮な野菜や肉、私たちが読みたい本や雑誌、あるいは私たちが捨てたごみの焼却灰などが積まれていることを想像する人は、そう多くはいないだろう。ところが、そんな貨物の地味だが日常生活に欠かせない仕事を、新聞1面を使って伝える連載広告が北海道に生まれ、長く続いている。

## 生産地の思い、強く優しく

これはJR北海道支社が独自に展開する連載広告で、2016年10月24日、第1回が北海道新聞朝刊に掲載された。初回のタイトルは「**とれたら、とれいん。**」。野菜が採れたら全国に貨物列車で運ぶ、との北海道ならではの役割を端的に表現した。背景のイラストはコンテナを透かして積荷が見える図柄にし、北海道産のタマネギやジャガイモなどが描かれている。

毎回、貨物列車の仕事を厳しく、あるいは温もりある写真・イラストと研ぎ澄ました言葉を駆使

してアピールするのが広く共感を呼んだ。北海道新幹線が開業1周年を迎えた2017年3月26日の内容は、雪の青函トンネル付近で貨物列車と新幹線〈はやぶさ〉がすれ違う写真を配し、「いつも、すれちがいの毎日だけど、いつも、ありがとう。」と列車同士がエールを交換。2022年元旦は常紋峠を2両の機関車で越える「タマネギ列車」の写真で、「いっしょなら、のりこえられる。」と、新型コロナ感染拡大で揺れる社会への応援とも受け取れるメッセージを案出した。これらを見ると、無機質な機関車やコンテナにも、誇りや心が宿っていることさえ感じさせる。連載は「**人以外、運べるすべてを。**」を共通ロゴとし、2023年6月26日までに30回（1面広告以外も含む）を数え、なお続く予定だ。

毎回担当しているのは札幌市中央区のデザイン会社「インプロバイド」のディレクター・コピーライターの池端宏介さん（1978年、北見市生まれ）だ。池端さんがJR貨物北海道支社に大胆な広告を提案。同支社も企業イメージ向上の広告掲出を探っていたところで、双方の思いが一致して実現に至った。その池端さんから貨物広告にかける熱い思いを語ってもらった。

2016.10.24

### とれたら、とれいん。

玉ねぎ、じゃがいも、お米…農家のみなさんから預かった作物は、
貨物列車で本州各地へお届けしています。
この夏の台風・大雨の影響で今日現在、復旧作業中の路線もありますが、
引き続き代替輸送にご理解くださいますようお願い申し上げます。
コンテナ物流は北海道の経済・農業のために365日、動きつづけます。

JR貨物は今日もガタゴト。青函トンネルの向こうへ。
これからも、オール北海道でがんばろう。

## 貨物の仕事、"翻訳"して社会に

　貨物会社の仕事は「B to B（ビジネスとビジネス）」、つまり企業間の取引となっています。旅客会社と違って、お客は個人ではなく、企業や団体の荷主さんなのです。ただ、「B to B」であっても最後は生活者と関わってくる。野菜を例に取ると、コンテナに運ばれて市場に行き、やがて食卓をにぎわすことになります。そうした仕事の本質を、どうやって一般の方に分かってもらえるか。つまり、「B to B」で終わるのではなく、「B to S」を目指さなければならない。SはSOCIETY、すなわち「社会」を意味しています。これは私が最初に勤めた会社の先輩で、著名なコピーライターである梶祐輔氏（1931 ～ 2009年）の言葉ですが、この広告を通してまさにこれを実現しようと思いました。

　そのためには貨物の仕事に対する「共感」、そして「発見」、最後に「納得」が必要でした。私自身、貨物の仕事をあまり知らなかったので、現場の担当者にじっくり話を聞いて歩きました。そして、彼らの日常業務を単にそのまま「伝える」のではなく、どうしたら「伝わる」のか、そのことを思案しました。貨物の社員が「これを知ってほしい」という内容を、言葉とイメージで「翻訳した」と言ってもいいでしょう。

　例えば2017年元旦の広告は、大きなしめ飾りを付けた機関車の写真がメーンでした。しめ飾りは神社に特注したものです。安全に対する本気度を印象付けたかったのです。また、2022年7月4日の広告は、店内の空になった雑誌棚を見つめる少女を描き、そのガラス越しに貨物機関車を配したイラストです。荒天などで貨物が止まると雑誌が届かない、という北海道特有の不便さがありますね。「雑誌を普通に読めるのは、貨物列車が動いているから」ということを伝えたかった。イラストは愛媛県在住で、全国を旅しながら温もりある鉄道情景を描いて人気のイラストレーター「始発ちゃん」が描いたものです。

　私の祖父は北見に近い美幌町でタマネギ農家をしていました。収穫時は、集荷のトラックが出入りしていたことを覚えています。また、叔父が国鉄職員で、北見駅で貨物の仕事をしており、民営化で誕生したJR貨物に入社。それを機に東京に異動しましたが、ずっと貨物輸送に携わっていました。今、振り返ってみると、子供のころから貨物に縁があったのかもしれないですね。

　北海道新聞の貨物広告は7年近く続いており、読者の方から「広告を見て貨物の仕事に感動した」との手紙をいただいたこともあります。「あ、分かってもらえたんだ」と嬉しかったですね。日本農業新聞にも2回、同様の広告が掲載されましたが、農家の方が読んでいるので、とてもいい反応が返ってきました。この仕事に注力することで、気が付いたら自分自身も"鉄道オタクの卵"になってきたかもしれません。

**池端宏介**（いけはた・こうすけ）さん

1978年、北見市生まれ。上智大学外国語学部ポルトガル語学科卒業後、東京の「日本デザインセンター」でコピーライターとなり、26歳で札幌市に移住した。現在は「インプロバイド」のディレクター、コピーライターとして活動。一連のJR貨物北海道支社の新聞広告は札幌コピーライターズクラブ主催のSCC賞審査会にて2021年度「最高賞」を受賞した。

# 自然には、勝てない。
# 自分には、勝てる。

「定時運行」が基本となる仕事。
たとえば、飛行機や鉄道などの交通業界。
あるいは、運送や宅配など物流業界もそうです。
わたしたち JR 貨物は、その両方に属している会社です。

ふだんは誰も気付かない、縁の下の力持ち。
時間通りの毎日を、あたりまえに送ってあたりまえ。
これが、三六五日つづけてとなると、そう簡単ではありません。
ひと冬に数回は、悪天候による運行見合わせがあります。

雑誌の発売が、東京よりも、ただでさえ遅れる北海道。
暴風雪の影響で鉄道が止まれば、
その発売がさらに伸びることも、しばしばあります。
がらんとしたコンビニの雑誌売場。
「届けられない」という事実に、
わたしたちは申し訳ない気持ちになります。

どうしたって冬将軍という外敵にはかなわない。
だからこそ、せめて内なる敵には、いつだって勝たねばならない。
自分自身の「油断」は、「安全」にとって最大の敵です。

お預かりした荷物を無事に届けるため、
ひとりひとりで、チームで、組織全体で、
何重ものチェックを行い、安全というレールを敷く。

日々の安全はあたりまえ。だけど安全に絶対はない。
JR 貨物は二〇一七年も出発進行です。

2017.1.1

2017.3.26

## すれちがいの毎日だけど。

人と物。
運ぶもののもちがう。

あなたは旅客。
わたしは物流。
線路の幅も、
速さもちがう。

でも、
同じ道を歩んでる。

それは決められた
レールだけど、
未来の北海道を
つくる道だと
信じてる。

今日で一歳の
北海道新幹線、
おめでとう。

いつも、
すれちがいの
毎日だけど、
いつも、
ありがとう。

《青函共用走行 　祝1周年》

128

## 牽引役の引退。

国鉄時代から勤続48年。
はじめは整備士だった。
東室蘭で駅員もした。
人手不足を受けて
運転士になったのは40歳のこと。
必死で経験を積んだ。
「あ、今日は重いな」
「あ、からっぽのコンテナが多いな」
滑り出しやブレーキの感覚で
わかるようになった。

気づけば、
後輩も立派なベテランになっていた。
気づけば、
数年で辞めていく若者もいた。

機関車の乗務はひとりだけ。
孤独も感じる。
暴風雪の日は視界も消え、
それでも子どもたちが
道端で手を振ってくれたり、
北海道の四季も体感できる。
ここは特等席だ。

もう何日かで、
最後の乗務日がくる。
今日も弁当がうまい。
不規則な昼夜も健康管理してくれてきた
妻の「勤続」に感謝したい。
今日も大好きな玉子焼きがうまい。
ごちそうさまでした。

*2018.2.14*

## ご近所づきあいに、めざめました。

普段は貨物輸送をしていますので、
企業がお客さんになるんですね。
広大なターミナル駅は立入禁止でして、
なんとなく謎の存在。

でも、取り扱ってるものは、
野菜とかジュースとか本とか日用品とか、
暮らしに関わるものだし、
多くのひとの「知らない会社」から、
「ちょっと知ってる会社」くらいになりたい。
だから社員たちでアイデアを出し合って
地域のみなさんとわいわいできる
「鉄道貨物フェスティバル」を行ないました。

物静かな構内もこの日だけは
歓声や笑い声でにぎやかに。
機関車やフォークリフトは
ここぞとばかりに張り切って実演します。
「貨物列車の運転士になりたい」
一人でもそんな夢を抱いてくれる子がいたら
最高なんですけどね。
裏方であり脇役であるJR貨物だからこそ、
地域に対してまだまだできることが
あるんじゃないか、
最近そう思うようになってきました。
貨物フェス、来年も北海道のどこかのまちで
予定しているのでご期待ください。

10/14は「鉄道の日」。
輸送できる日常に感謝。

*2018.10.14*

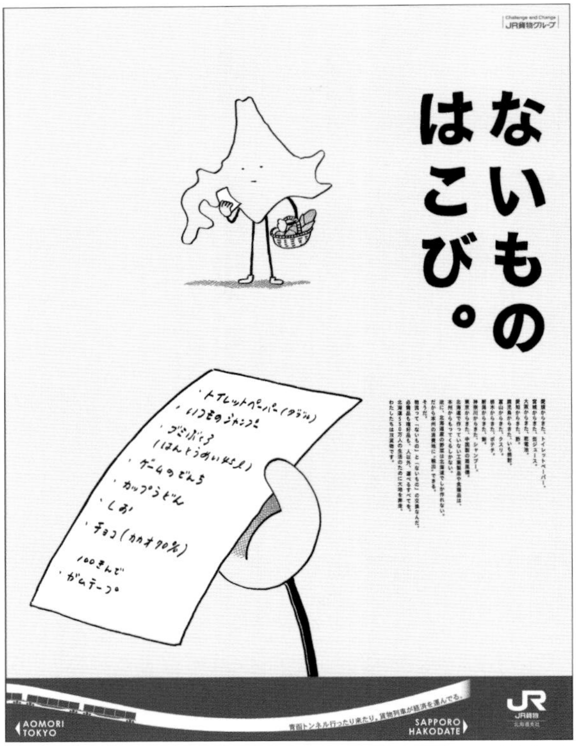

# ないもの
# はこび。

愛媛からきた、トイレットペーパー。
宮城からきた、缶ジュース。
大阪からきた、乾電池。
愛知からきた、酢。
鹿児島からきた、いも焼酎。
富山からきた、クスリ。
栃木からきた、ポテチ。
新潟からきた、餅。
神奈川からきた、シャンプー。
東京からきた、中国製の扇風機。
北海道で作っていない工業製品や食糧品は、
本州からもってくるしかない。
逆に、北海道産の野菜は北海道でしか作れない。

だから本州の消費地に〝輸出〟できる。
そうだ。
物流って「ないもの」と「ないもの」の交換なんだ。
必需品も嗜好品も、人以外、運べるすべてを。
北海道550万人の生活のために大地を奔走。
わたしたちはJR貨物です。

〈メモの中身〉
・トイレットペーパー（ダブル）
・いつものシャンプー
・ゴミぶくろ（はんとうめい45ℓ）
・ゲームのでんち
・カップうどん
・しお
・チョコ（カカオ70％）
・100きんで
・ガムテープ

2019.7.17

---

2021.1.1

# ものしか運ばないからこそ、
# 思う。

希望は運べない。
希望に満ちた引越荷物は運ぶ。

感動は運べない。
息をのむ展開の小説や漫画は運ぶ。

料理は運べない。
おいしさの源となる万能食材タマネギは、
北海道から運ぶ。

思い出は運べない。
思い出をつくるなら、
やっぱり鉄道の旅がいいなぁと思う。

いま、豊かさとは。

物流企業だからこそ淡々と作業せず、
いつも思いをめぐらせていたい。

## 人も、本も、
## 発売日を待っている。

本って、貨物列車が東京から運んで来ているんだ。
悪天候で物流が滞ることで、
JR貨物の役目を知ってもらえることがある。
飛行機も鉄道も、すべての輸送業は
定時運行を基本としている。
この国では、大雨も大雪も頻繁に降る。
わたしたちは"その時"のためにも気を抜かない。
JR貨物は今日も、北海道に商品を届けています。

2022.7.4

## なくなってからじゃ、
## 議論もできない。

デパートがなくなる前。
「もっとここで買えばよかった」

駅がなくなる前。
たくさんの人が撮影にきた。

地元の本屋さんがなくなる前。
ネットでしか買わない自分を少し悔やんだ。

人のいない商店街をよそ目に、
ショッピングモールでぬくぬくする。

誰も乗っていない路線バスを見て、
「このあたりはクルマ社会だから」

それはいつの時代も、どの地域でも、起きてきた。
北海道の物流の、これからは。

2023.6.26

第7章

# どうなる鉄路
# どうする貨物

　JR北海道の函館線函館駅ー長万部駅は、特急〈北斗〉や貨物列車が頻繁に通過する重要路線だ。一方で、北海道新幹線の新函館北斗駅ー札幌駅の延伸工事が進んでおり、開業時には並行在来線となる同区間の取り扱いに関心が集まってきた。また、全国の物流高度化の切り札として新幹線を利用する「貨物新幹線」案も浮上。そうした課題にJR貨物はどう対応していくのか。2022年6月に就任した犬飼新・社長のインタビューを含めて探ってみたい。

函館貨物駅を出て景勝地大沼付近を走るDF200-120
牽引の貨物列車。北海道新幹線札幌延伸後、行方が注
目される路線だ。仁山駅ー大沼駅、2011.7.9。

# 物流幹線の危機

## 並行在来線の議論

　本州に比べて新幹線の到来が遅れた北海道で、北海道新幹線新青森駅－新函館北斗駅が開業したのは2016年3月26日だった。これを機に、JR江差線の五稜郭駅－木古内駅（37.8キロ）が、北海道ほか函館市など地元出資の第三セクターに移管され「道南いさりび鉄道」としてスタートした。北海道新幹線は整備新幹線として建設されたので、それまではJR経営だった路線を並行在来線として第三セクター化できる制度を利用したものだった。

　2030年度開業予定の札幌駅延伸により、新しく並行在来線となるのは函館線の函館駅－長万部駅－小樽駅の287.8キロ（大沼駅－渡島砂原駅－森駅の砂原線を含む）の長大路線。道南いさりび鉄道に比べれば、8倍近くになる距離だ。この区間は条件が整えば、地元の出資で第三セクター鉄道への移管が可能になる。ところが函館圏と小樽圏を除けば利用者が少なく、補助金を受けたとしても健全経営ができる状況にはない。先行して長万部駅－小樽駅（140.2キロ）の第三セクター化が議論されたところ、早々と地元首長らの意見がまとまり、2022年3月27日、「廃止・バス転換」が決まった。廃止時期は未定。

　JR貨物の立場からすると、長万部駅－小樽駅は貨物列車のルートにはなっておらず、廃止になっても直接的な関係はない。ところが、残りの函館駅－長万部駅（147.6キロ）となると話はまったく別だ。もし、同区間が廃止されると、本州往復の貨物列車は寸断される。これまでの議論では、地元から「特急〈北斗〉が廃止されても、新幹線を利用すればよい」「貨物は地元にとってメリットが感じられない」「並行して高速道路や国道があるので、在来線がなくなっても不便は感じない」などの冷ややかな意見も聞かれた。総じて貨物運行にはあまり意識が向いていないように見える。

　しかし、札幌貨物ターミナル駅などと本州各駅を結ぶ貨物列車は1日約40本に上る。これまで見てきたように、夏から冬にかけては農産物が大量に東京・大

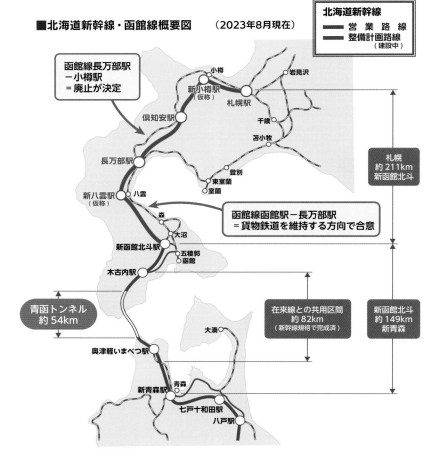

**■北海道新幹線・函館線概要図**　（2023年8月現在）

北海道新幹線
　━━━　営　業　路　線
　━━━　整備計画路線
　　　　　（建設中）

函館線長万部駅
－小樽駅
＝廃止が決定

小樽
岩見沢
新小樽駅（仮称）
札幌駅
倶知安駅
千歳
苫小牧
長万部駅
登別
東室蘭
室蘭
新八雲駅（仮称）
八雲
森
大沼
新函館北斗駅
五稜郭駅
函館
木古内駅

函館線函館駅－長万部駅
＝貨物鉄道を維持する方向で合意

札幌
約211km
新函館北斗

青函トンネル
約54km

大湊

奥津軽いまべつ駅

在来線との共用区間
約82km
（新幹線規格で完成済）

新函館北斗
約149km
新青森

青森
新青森駅

七戸十和田駅
八戸駅

北海道新幹線の札幌延伸により、並行在来線になる函館線函館駅－長万部駅を走る貨物列車＝落部付近、2013.10.6

阪はもちろん、九州・四国までの各地に運ばれる。逆に本州からは道民の生活に必要な物資が送られてくる。念を押すと、年間合計約400万トン（5トンコンテナ換算で80万個分）の貨物が、この区間を往来している。とてもトラックや船でカバーできる量ではない。北海道と本州の鉄道輸送は1924年、青函航路に翔鳳丸など船内にレールを敷いた「車載客船」が就航し、その後、1988年に青函トンネルに引き継がれた。そうした歴史を積み重ねた「海峡の鉄路」が断ち切られると、JR貨物や農業関係者だけでなく、全国の業種、消費者にとって物流の危機を招くのは火を見るより明らかだ。

## 廃止見越した？動きも

2023年1月9日の北海道新聞は1面トップで「農産品物流、十勝に拠点構想　在来線貨物の廃止懸念、船で道外へ」と報じた。北海道では並行在来線とは別に、根室線の一部である富良野駅－新得駅の廃止が決まったほか、石北線の存廃も取りざたされている。こうした万が一に備えて帯広市内に農作物の大規模物流基地を建設し、約80キロ南方にある広尾町管理の重要港湾・十勝港から道外に移出するという構想だ。

帯広市と広尾町は自動車専用道で結ばれており、農業王国と言われる帯広・十勝地方には有利な考え方だ。十勝以外でも、富良野地方とは高速道路等で結ばれており、タマネギの産地、北見にも十勝オホーツク自動車道が延伸予定。これにより、

仮に根室線の一部区間が廃止されても富良野地方からの農作物は問題ない。また、石北線の寸断でタマネギ列車が廃止されても対応が可能だという。背景には、北海道新幹線の札幌開業が2030年度中に迫っているにもかかわらず、JR北海道の赤字路線問題や並行在来線の行方が見えないことに対する不安といらだちが透けて見える。

## 農業・経済団体は「存続」で一致

函館駅－長万部駅の将来像を巡っては、廃止しないとすれば①北海道のほか沿線自治体の財政支援を得て第三セクター鉄道として営業を続ける②函館駅－新函館北斗駅のみ従来通り線路を維持し、新函館北斗駅－長万部駅はバス転換する─の2つの選択肢が考えられる。しかし、いずれを取っても採算はすこぶる厳しい。北海道の試算では、初期投資のほか必要な車両や運賃などを見直した分離後30年間の収支予測は、第三セクター方式で全路線を存続させた場合、赤字は816億円という巨額になる。また、新函館北斗駅－函館駅のみ維持し、残りの区間をバス転換した場合、赤字は少なくなるとはいえ、それでも同510億円と示された。この試算は今後の存続議論に暗い影を落としている。

## 見えない「迂回路」の視点

北海道新幹線の札幌駅延伸に伴う並行在来線問題には、もう一つ隠れたテーマがあったはずだ。それは、特急や貨物のメーンルートとなっている室蘭線周辺で大地震や有珠山噴火が起きた際、小樽駅経由を迂回輸送ルートとして使う危機管理の観点だ。実際、2000年3月31日の有珠山噴火は長期化し、札幌方面と函館方面を往来する特急列車や貨物列車は小樽駅、倶知安駅経由として運転。貨物列車は貨物の一部を急きょ、トラックや船舶による代行輸送に切り替えた。それでも対応し切れず、同年4月5日から迂回貨物列車を10本に増やし、長万部駅にコンテナホームを仮設するなどして物資を運んだ。

こうした迂回路としての活用は「採算一辺倒」の議論の中で埋没し、長万部駅－小樽駅は廃止、さらには長万部駅－函館駅の協議でもまだ真っ正面からの議論にはなっていない。地震や噴火は必ず起きる。そのときトラックや船を集めようとしても、運転手は不足し、船もすぐ調達出来るものではない。並行在来線の議論の中に、全国の物流確保のため災害対応の役割を盛り込むべきだとの声は無視できない。また、世界情勢が不穏化している折、国防上の観点からも線路の存続を求める意見も出てきている。2023年7月、国土交通省、北海道、JR貨物、JR北海道の4者は北海道新幹線の札幌延伸後も貨物鉄道を維持する方向で合意したが、線路などの施設管理の負担のあり方などは白紙状態で、なお曲折が予想される。

## 貨物新幹線の検討に着手

北海道と本州を往来する貨物列車は、木古内駅－新中小国信号場で、北海道新幹線と線路を共用する。その距離は青函トンネル（53.9キロ）を挟んで82キロとなっている。共用を可能にするため、新幹線規格の線路（1,435ミリ）の間に在来線（1,067ミリ）のレールを1本敷き、双方が円滑な運転ができるようにした。

しかし、貨物列車と新幹線は高速でのすれ違いを余儀なくされる。とりわけ青函トンネルの中で、新幹線が時速200キロで走行すると、対向の貨物列車のコンテナが風圧の影響を受けるとされる。このため、新幹線は青函トンネル内で最高時速

青函トンネル内での〈はやぶさ13号〉とのすれ違い。新幹線の速度は抑制されている（貨物列車機関車運転席から撮影）＝木古内駅－奥津軽いまべつ駅、2022.8.19

140キロに制限された。ただ、年末年始には貨物列車本数が少なくなるので、その合間に210キロ運転を行うなど、その後は新函館北斗駅－東京駅で4時間以内の走行を実現した。新幹線は2022年現在、青函トンネル内に限って160キロに引き上げたものの、根本的な構造は変わっていない。

こうしたことから、「貨物新幹線」や「第2青函トンネル」などの構想が議論されるようになってきた。貨物新幹線についてJR貨物の犬飼新一社長は2022年10月12日の記者会見で「貨物新幹線の車両設計に向けて検討する」方針を明らかにした。ただ、重い貨物を運ぶには旅客用より頑丈な車体が必要。同社にはそうした知見はなく、車両メーカーなどと協力して慎重に進める考えだ。

## 貨物・自動車共用のトンネル構想も

一方、第2青函トンネルについては2022年3月、建設会社やコンサルタント会社で作る「一般社団法人　日本プロジェクト産業協議会（JAPIC、東京）」が、上下2段式構造の「津軽海峡トンネルプロジェクト」構想を発表した。延長約31キロのトンネル上段は片側1車線の車道、下段は単線の在来線という「貨物列車・自動車共用方式」で、概算事業費は7,200億円、事業方式はPFI（民間の資金と技術力などを活用して公共建築物を建設する方法）方式を採用する。青函トンネル完成時から30年以上経過し、この間、トンネルの掘削技術は飛躍的に向上。現在の青函トンネルは海底下100メートルだが、新トンネルは同30メートルの位置に掘ることができるという。

同協議会は、これにより①新幹線・貨物の共用区間が解消され、〈はやぶさ〉は時速260キロ運転が可能になる②鉄道貨物による本州への安定輸送を強化できる③車両の無人運転が実現すると、トラックが隊列を組んで走れるので、運転手不足を解消できる―などと、メリットを強調する。また、交通機関のためだけでなく、電気の「北本連係線（北海道と本州の間で直流電気を互いに供給する設備）」を内部に敷設することで、電力インフラの強靱性を確保する。

# 犬飼 新・社長インタビュー

JR貨物は2022年6月、代表取締役社長に犬飼新氏が就任。
全国ネットワークの鉄道貨物会社のリーダーとなった。

犬飼社長は2013年6月〜2015年6月まで北海道支社長を務め、
北海道内の貨物事情を熟知している。
北海道の並行在来線への対応を含め、
鉄道貨物会社の将来について、
どう舵を取るのか。

就任約半年後の2023年1月20日、
東京都新宿区の本社内で単独インタビューの機会を得た。
（聞き手・原田伸一）

インタビューに答える犬飼新JR貨物社長

― タマネギ、ジャガイモなど北海道から多くの農産品が全国に運ばれています。物流業界における北海道の貨物列車の重要性を伺います。

「なんといっても農産品の発送が多いのが特徴です。特に道内産のタマネギの6割、ジャガイモの4割ほどは鉄道で運んでいます。身近な例でいうと、本州など道外の人が普通にカレーライスを食べられる背景には、北海道のタマネギやジャガイモが届けられていることがあります。それ以外の品目も含めると、鉄道の発送・到着量は年間約400万トンに達します。北海道発よりは着の方が少し多いですが、その中には道民の生活物資、本、それに宅配便などたくさんの物資が含まれます。北海道にお住まいの皆様の生活にきわめて重要な役割を発揮しているものと思っています。」

― 東京の大田市場のタマネギの統計を見ると、春は九州の佐賀産が多いが、夏から年明けになると北海道が9割ぐらいを占めているそうです。ただ、おっしゃるように、北海道は農産物は多く出しているが、もう少し全国に通用する加工品を出さなければならない、という声も聞かれます。

「確かに農産品は夏から秋にかけてたくさん採れるので、輸送のピークは8月、9月から多くなり、年明けまでピークが続きます。そのあとは少なくなる。結果として季節波動がやや大きくなるのですね。これに比べて本州方面からの到着量は年間を通じてあまり変化はありません。当社としても、農産品の少ない時期の輸送を増やすことが出来れば、輸送量が平準化されるので助かります。」

## レールゲートを全国展開

― 2022年5月に札幌貨物ターミナル駅構内にDPL札幌レールゲートが完成しました。東京貨物ターミナルでは「WEST」と「EAST」の2つのレールゲートが完成しています。DPL札幌レールゲートにどのような期待を持っていますか。また、レールゲートは今後、全国展開されるのでしょうか。

「DPL札幌レールゲートは道内でも最大の物流施設です。周辺には物流倉庫が多くあり、高速道路へのアクセスも良い。これから同レールゲートの利用が増え、鉄道輸送とマッチして相乗効果が生まれることを期待しています。この結果、トラック輸送が省力化され、カーボンニュートラルにもつながるでしょう。もう一つはトラック運転手の労働時間規制が始まる『2024年問題』の対策にもなるはずです。例えば、札幌－釧路などは結構距離があるので、トラックで無理して日帰りすることもあるでしょうが、労働時間が規制されると、今よりも1日で走れる距離が短くなることになるかもしれません。その場合、いったん荷物をレールゲートに置いて、あとは貨物列車で輸送するほうが効率的になるでしょう。駅ナカにあり利便性が高いので、倉庫の引越などを計画されていたら、レールゲートの

利用を検討していただきたい。今後の展開は、例えば、仙台貨物ターミナル駅を移転する工事が始まっていて、それに合わせてレールゲートの建設を考えています。他にも福岡や名古屋、大阪などの全国主要都市にも広げたい。ただ、貨物駅構内の土地も十分ではなく、駅近くの土地も大都市ではなかなか見当たらず、どのように展開してい行くかは課題です。」

— DPL札幌レールゲートの活用で、もう少し視野を広げると、札幌周辺には新千歳空港、石狩湾新港など国際物流基地もありますね。それらと鉄道を結ぶことは考えていますか。

「両基地の他に近隣に港湾を持つ苫小牧貨物駅も比較的近くに位置しています。これらと結んで輸出入貨物を札幌や道内各地に運ぶことも考えられますね。ただ、国際サイズの大型コンテナを鉄道で運ぶのは高さ

の制約があるのです。ですから一般的にはJR貨物の5トンコンテナに積み替えて、鉄道を利用してもらっています。東京貨物ターミナル駅には通常コンテナに積み替える施設があり、支障なく遠距離に運ぶ仕組みを作っています。」

— それに関連して新型貨車を導入したと聞きました。

「はい。コキ73形式で、現在主流のコキ100系より低床の貨車を開発し、東京貨物ターミナル駅と盛岡貨物ターミナル駅間で先行的に運用を始めています。国際海上コンテナの海陸一貫輸送は、2022年7月に国土交通省『今後の鉄道貨物物流のあり方に関する検討会』の中間とりまとめにおける提言の一つにもなっています。お客様の各種ニーズを満たすよう、いろいろな検討を進めています。」

# 数字で見る JR 貨物グループ

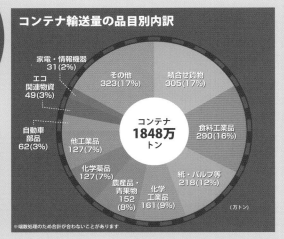

**CO2排出量 営業用トラック比**
(2020年度)
約 $\dfrac{1}{10}$

**グループ会社数**
**34**社

**コンテナ輸送量の品目別内訳**

コンテナ
**1848万**
トン

- 家電・情報機器 31 (2%)
- エコ関連物資 49 (3%)
- その他 323 (17%)
- 積合せ貨物 305 (17%)
- 食料工業品 290 (16%)
- 紙・パルプ等 218 (12%)
- 化学工業品 161 (9%)
- 農産品・青果物 152 (8%)
- 化学薬品 127 (7%)
- 他工業品 127 (7%)
- 自動車部品 62 (3%)

(万トン)

※端数処理のため合計が合わないことがあります

**コンテナ保有数**
**6万1752**個

**輸送トンキロ**
(1tの貨物1km運ぶ=1トンキロ)
**177**億キロ

## 鉄道輸送の価値不変

― さて、北海道新幹線の札幌延伸の際、並行在来線となる函館線長万部駅－函館駅（JR貨物では函館貨物駅）の取り扱いがクローズアップされてきています。JR貨物をはじめ、関係機関が協議する動きも出てきました。JR貨物としては絶対残すべきと考えていますか。

「昨年より、国、北海道、JR北海道、当社の実務者レベルで論点整理のための意見交換を開始したところです。同区間は北海道と本州を結ぶ貨物鉄道輸送を担う重要な路線です。それが将来、長万部駅と函館駅の間はもう旅客列車はいらない、貨物列車のためだけに維持するとなると、今までの枠組みとは異なる発想で対応しなければならない、という議論が出てくるでしょう。長万部駅－函館駅の線路については、農業団体や経済団体も『鉄道路線は必要だ』と言ってくれています。北海道もそうです。国も『今後の鉄道貨物のあり方検討会　中間とりまとめ』において、全国一元的な貨物鉄道輸送サービスの維持の重要性について記載しています。」

― 2023年1月9日の北海道新聞に『十勝地方（帯広市とその周辺地区）で農産品の物流基地を作る構想が動き出している』という記事が掲載されました。港湾は十勝南部の広尾港を利用する発想です。並行在来線の行方について、農家の懸念が表面化しているのではないでしょうか。

「十勝港を整備する案については、昨今の労働力不足問題などもあり、農家から港まで持ってくるトラックを確保するのが難しくなります。また、先に触れたように、農産物輸送は季節波動が大きい。帰りの荷物

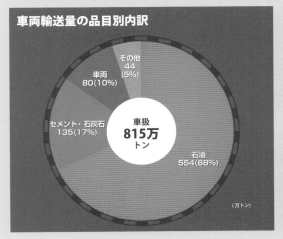

営業キロ
**7954.6**km

1日あたり運行距離
18万6000km
地球約 **5** 周分

1編成(26両)の最大輸送力
10t トラック **65** 台分

営業収益
**1866** 億円

車両輸送量の品目別内訳
その他 44 (5%)
車両 80 (10%)
セメント・石灰石 135 (17%)
石油 554 (68%)
車扱 **815万** トン
（万トン）

営業線区
**75** 線区

取扱駅数
**241** 駅

2021年度、あるいは2022年4月1日現在のデータ　『JR貨物グループレポート』から転記

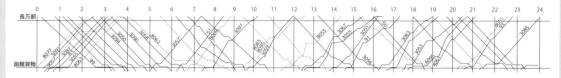

## 函館線長万部駅 - 函館貨物駅 貨物列車運行図表

『貨物時刻表 2023』から一部抜粋して転載
―― 定期列車
・・・・・ 臨時列車

も多くはないでしょう。こうした実情を踏まえると、各方面で様々な案を練るのは大切なことですが、貨物鉄道が必要であることは変わらないと考えます。」

**―― 民間から「第2青函トンネル」掘削の構想も出てきています。トンネル内を2階建てにして在来線と自動車を走らせるアイデアです。着手するとなると、国家的プロジェクトになるでしょう。JR貨物として、新トンネルに関わる議論をしていますか。**

「構想が提案されていることは承知をしており、人流・物流の視点から、交通ネットワークインフラの様々な可能性を検討することは意義のあることだと考えます。ただ、イニシャルコストや完成後のランニングコストを誰が負担するのか、という課題が出てくると思いますので、その辺のスキームをしっかり議論する必要があります。」

### 貨物新幹線の検討促進

**―― 国土交通省の有識者会議が2022年6月、生鮮食品や半導体などを高速で大量輸送するためとして、「貨物新幹線」の導入を提言しました。これについて、社内で検討を始めたと伺っています。**

「国の検討項目として取り上げられたのを受け、2022年11月に関係者による会議が開かれました。新幹線は土台が頑丈に作られているので災害に強いし、高架で踏切もなく、山岳地帯もトンネルで抜けており、在来線より災害に強いと言えます。そうした新幹線という一つのインフラを『人流』だけでなく、『物流』にも活用する視点は大切にしなければなりません。ただ、当社はそれに適した車両を作るという知見は持ち合わせていません。そもそも作れるのか、という入り

口の話が必要です。その結果、技術的に車両は作れるとなっても、ではビジネスモデル的に成立するものかどうか、それもまだ分かりません。イニシャルコストも相当かかるので、一定程度、民間として事業が成り立つのか、という議論になるでしょう。ただ、貨物新幹線による高頻度の大量高速輸送が実現できれば、物流においてイノベーションを引き起こす可能性があることから、全国的な視野に立って検討を進めていきたいと考えています。」

**―― 他にも「トレイン・オン・トレイン」のアイデアもあります。**

「これは新幹線サイズの列車に、在来線の列車をそのまま載せるもので、貨物列車の重量に耐えられるのかが課題と聞いています。コンテナだけを載せるというアイデアもありますが、コンテナ自体も重いのです。現在の新幹線は旅客用ですから、貨物列車の重量に耐えられるように作られてはいません。もし、貨物に合わせて軌道を補強する必要が出てきたら、それこそ莫大な費用が発生します。発想を変えて貨物の中身だけ積む仕組みができないかとか、荷物の積み方も考え直す。そこでこういう車両ならば安全を担保できる、となると道が開かれるかもしれません。」

**犬飼 新**（いぬかい・しん）

1959年生まれ。東京都出身。1985年早稲田大教育学部卒業。間組、テンプスタッフ社を経て2003年JR貨物入社。2013年北海道支社長、2020年取締役兼常務執行役員経営統括本部長、2022年6月代表取締役社長兼社長執行役員・リスク統括本部長に就任した。

赤井川駅で特急「北斗」と交換する。貨物列車が停車で特急は通過＝2022.12.21

## 寸 一　■■■ 「アボイダブルコスト」と「貨物調整金」 ■■■
## 車 停

　「アボイダブルコスト（回避可能経費）」とは、JR貨物がJR旅客各社に線路使用料を支払う際、貨物列車の走行によって破損・摩耗するレール、まくらぎ等の修繕費に限定して、その走行量に応じて按分して支払う割安な経費を指している。JR貨物の営業キロ数は約8千キロで、その大部分はJR各旅客会社の営業線を借りて運行している。国鉄民営化の際、貨物会社は赤字が見込まれたことから、救済策として採用された。

　一方、貨物調整金とは、新幹線開業によって従来路線が第三セクター経営の並行在来線に変わった際、第三セクターが列車本数減少などにより経営苦境に陥ることが予想されたため、新たに決められた補助制度。具体的にはJR貨物が並行在来線業者に支払う線路使用料（A）と、JR貨物が各旅客会社に支払っていた従来のアボイダブルコスト相当額の線路使用料（B）との差額（B－A）を、独立行政法人鉄道建設・運輸施設整備支援機構（旧日本鉄道公団）がJR貨物に交付する。

　その財源には旧公団・支援機構が建設した新幹線のJR各社への貸付料が充てられる。ただ、新幹線の距離が伸び、特に北海道新幹線の札幌延伸時には函館駅－小樽駅間287.8キロが並行在来線になることから、制度をめぐる議論が再燃。途中の長万部駅と小樽駅間は廃止が決まったものの、長万部駅と函館駅の間や道南いさりび鉄道などとの取り扱いは決まっておらず、関係機関の間で協議が続いている。

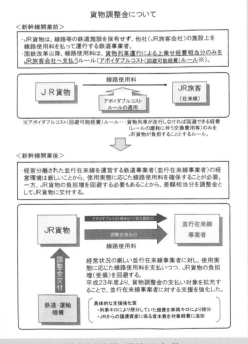

貨物調整金説明（国土交通省等の資料から作成）

# 「大動脈」快走
# 連なるコンテナ

JR函館線の函館駅−長万部駅は貨物路線としても使われ、道内と本州を結ぶ大動脈だ。
ピーク時には長万部駅を1日に上下合わせて42本の貨物列車が通過。
5トン積みコンテナにして最大約4,200個分の貨物を運んでいる。
取材対象に選んだのは、札幌貨物ターミナル発越谷貨物ターミナル（埼玉県）行きの3062列車。
未明のうちに、JR貨物の東室蘭駅から、先頭のディーゼル機関車「レッドベア」DF200に乗り込んだ。

取材にはJR貨物の社員が立ち会う、2022.12.20

まだ真っ暗な午前5時前。札幌から到着した列車は、
東室蘭で20分停車して出発。

ほどなく近づいて来た噴火湾の上には、いさり火が見える。
昔の貨車は、用途に合わせてさまざまな形のものがあったが、
鉄道以外の流通業者との連携が必要になった国鉄末期から、
コンテナ積みスタイルが主流になった。
この日は、富良野のタマネギとジャガイモを積んだものが各2個、
帯広の砂糖が10個など、大消費地の関東圏へ向けた
貨物を入れたコンテナ100個弱が機関車に続く。

　東室蘭駅を出て長万部駅を通過すると室蘭線が終わり、函館線に入る。1970年代までは、青函連絡船をはさんで道内各地と本州を連絡するメインルートとして道内で最も重要な路線に位置付けられていた。

　ほぼ無停車で走ること2時間。列車は駒ケ岳の北のふもとにある森駅にさしかかる。ここから貨物列車は勾配が緩い渡島砂原駅経由の砂原線に入る。駒ケ岳駅経由より距離は12.8キロ長いが、機関車の負荷は少ないルートだ。森駅出発の信号機には砂原線を意味する「砂」と、駒ケ岳経由を意味する「駒」と書かれたものがあり、この列車は「砂」の信号機が青になっているのを確認して通過した。

　列車は砂原線に入ると右手に見える駒ケ岳（標高1,131メートル）の懐に入り込むように曲がりながら、徐々に坂道を上って行く。運転席では徐行区間を知らせる運転支援装置の音声がほぼ途切れることなく続き、速度は35キロほどに落ちることも。重量級の貨物列車が頻繁に走行し、線路への負担が大きいだけに、徐行でより一層の安全を維持している様子だ。

　運転席に同乗した3062レは、東室蘭駅からほぼ3時間20分で函館貨物駅に到着した。DF200の仕事はここまでで、機関車は列車から離れ、東室蘭駅から運転に当たった運転士もいったん任務から解放される。その列車の後方には新幹線区間対応のEH800が連結され、進行方向が逆になる。発車準備が整い、約20分後に青函トンネルに向けて出発していった。

本州発のコンテナ貨車を引き、JR函館線"藤城
まわり"で札幌を目指す貨物列車、2022.12.20

第8章

# 北海道の鉄道貨物
## 〜開業からの足跡をたどる〜

明治維新から間もなく、東京、京阪神に続いて全国3番目の鉄道として誕生した官営幌内鉄道は、殖産興業の基礎となる石炭輸送を柱として営業を始めた。開拓の進展とともに線路は全道各地に伸び、豊富な農産物、水産物が津軽海峡を渡って本州に。また全国からは様々な物資が送り込まれ、道民生活の基礎が築かれた。太平洋戦争を含む150年近い歴史の中で、物流の現場は目まぐるしく変化したが、1987年に誕生したJR貨物により経営近代化が進み、安全確保、サービス向上が図られている。機関車で言えば「義経号」から「EH800形」まで進化。その長い年月を刻んだエポックを、年表を含めてたどってみたい。

函館線の急坂を上るD51 419牽引の貨物列車
銀山駅～然別駅・1966.11

国鉄時代の東室蘭操車場。広大な敷地では貨物の主役D51が活躍していた＝1970.9

室蘭線礼文駅からの峠をD51 855＋D 52 404重連が煙を噴き上げて上って行く＝礼文駅－小幌信号場、1969.9.14

# I 石炭主体の鉄道

北海道の鉄道は、主として石炭を運ぶために建設された。その原点は幕末にさかのぼる。箱館（函館）港、横浜港などに寄港する外国船から燃料補給の要求を受けた徳川幕府は1860年（万延元年）、小樽に近い積丹半島の西側に位置する茅沼炭山の試掘を始めた。この時は採炭に至らなかったが、明治維新後の1869年（明治2年）8月、明治新政府は函館に直轄の役所「開拓使」を置き、同炭山の本格的な石炭採掘に乗り出した。

開拓使は石炭を効率よく船に運ぶため、外国人の協力を得て坑口から山腹に「鉄張り木軌条」（木製レール）を敷いた。車両はロープ付きの1トン車を用意し、石炭を載せ、ロープを「ろくろ」につなぎ、つるべ式に下ろす。途中で4トン車に積み替えて海岸の石炭庫に運び、船に積み込んだ。空車を坑口に戻すには、牛が坂道を引き上げた。石炭は官用船で函館に運ばれ、外国の汽船に供給された。

この"輸送システム"は牛が原動力であり、「本来の意味での鉄道ではない」とされるが、専用車を使い、まくら木で支えたレールを使っていることから、これをもって「日本初の鉄道」とする説もある。一方、開拓使が茅沼以外も探査したところ、1872年、現在の三笠市幌内地区に良質な石炭が大規模に埋蔵されていることが分かった。政府は、北海道の石炭が日本の近代化推進の原動力になると期待。搬出ルートについて調査した結果、幌内から札幌経由で小樽まで鉄道を敷き、小樽港から本州に積み出すルートが最適として採用された。

## 石炭輸送を最優先

米国から招かれたジョセフ・クロフォードの指揮で手宮駅（現小樽市の一部）－札幌駅－幌内駅を結ぶ官営幌内鉄道の建設に着手。蒸気機関車「義経号」などを米国から輸入し、1880年（明治13年）11月28日、手宮駅－札幌駅（35.9キロ）が開業した。当時の北海道の人口は約21万5千人。全国人口の約0.6パーセントに過ぎなかった。

日本で最初の営業鉄道は、1872年の新橋駅－横浜駅、2番目は1874年の大阪駅－神戸駅で、幌内鉄道はそれに続く日本で3番目の鉄道になる。最初の2つの鉄道は都市圏の旅客輸送中心だったの

## 手宮－幌内 列車発着時刻表（1890年4月1日改正）

### 上り

| 種別／停車場名 | 客車第1 | 運炭第2 | 運炭第3 | 運炭第4 | 客車第5 | 運炭第6 | 運炭第7 | 運炭第2 | 運炭第8 | 運炭第9 |
|---|---|---|---|---|---|---|---|---|---|---|
| 手宮 発 | | | 午前5:50 | 8:45 | 午前6:10 | 11:15 | | 午後4:10 | | 午後0:20 |
| 住吉 発 | | | | | 6:30 | | | | | 0:40 |
| 朝里 発 | | | | | 6:45 | | | | | 0:55 |
| 銭箱 発 | | | 6:50 | 10:05 | 7:20 | 午前0:15 | | 5:10 | | 1:30 |
| 軽川 発 | | | | | 7:45 | | | | | 1:55 |
| 琴似 発 | | | | | 8:05 | | | | | 2:15 |
| 札幌 | 午前9:25 | 午前5:45 | 7:35 7:55 | 10:50 11:05 | 8:15 | 1:00 1:30 | 午前9:00 | 5:55 | 午後3:00 | 2:25 |
| 野幌 | 10:09 | | | | | | | | 3:44 | |
| 江別 | 10:25 | | | 午前0:05 | | 3:35 | 10:00 | | 4:00 | |
| 幌向 | 10:45 | 7:35 | 9:50 | 1:10 | | | | | 4:25 | |
| 岩見沢 | 11:20 | | | | | | | | 5:00 | |
| 幌内太 着 | 11:45 | 8:30 8:45 | 10:45 10:55 | 2:05 | | 4:50 | 11:15 | | 5:25 5:40 | |
| 幌内 着 | | 9:00 | 11:10 | | | | | | 5:55 6:05 | |
| 幌内太 | | | | | | | | | | 6:20 |

### 下り

| 種別／停車場名 | 客車第1 | 運炭第2 | 運炭第3 | 運炭第4 | 客車第5 | 運炭第6 | 運炭第7 | 運炭第2 | 運炭第8 | 運炭第9 |
|---|---|---|---|---|---|---|---|---|---|---|
| 幌内太 発 | 午前5:35 | | | | | | | | | |
| 幌内 発 | 5:50 6:00 | | 9:05 | 11:15 | | | | | | |
| 幌内太 発 | 6:15 6:35 | | 9:20 9:45 | 11:30 11:50 | | 午前6:10 | | 午前6:25 | 午後3:25 | 午後0:10 |
| 岩見沢 | 7:05 | 11:15 | | | | | | | 3:55 | 0:40 |
| 幌向 | 7:35 | | | | | | | 4:30 | | 1:10 |
| 江別 | 8:00 | 午後0:10 | 午前1:10 | | | 7:30 | 7:45 | | | 1:35 |
| 野幌 | 8:11 | | | | | | | | | 1:46 |
| 札幌 | 9:00 | 1:10 1:25 | 2:10 2:25 | 午前6:05 | 午前9:10 | 8:30 8:50 | 8:45 | 5:45 | 2:35 | 午後4:15 |
| 琴似 発 | | | | | 9:20 | | | | | 4:25 |
| 軽川 発 | | 2:00 | | | 9:45 | | | | | 4:50 |
| 銭箱 発 | | | 3:15 | 7:15 | 10:10 | 9:40 | | | | 5:15 |
| 朝里 発 | | | | | 10:40 | | | | | 5:45 |
| 住吉 発 | | | | | 11:03 | | | | | 6:08 |
| 手宮 | | | 3:15 | 4:10 | 8:10 | 11:15 | 10:35 | | | 6:20 |

| 上り | | 下り | |
|---|---|---|---|
| 幌内太 発 | 午後5:35 | 幾春別 発 | 午後6:05 |
| 幾春別 着 | 5:55 | 幌内太 着 | 6:25 |

に対し、幌内鉄道は石炭輸送が主たる目的となった。元々鉄道は産業革命当時、英国で石炭輸送のために実用化されたもので、幌内鉄道はその原点を再現したと言える。ちなみに新橋駅－横浜駅で最初に貨物列車が運転されたのは、開業からほぼ1年後の1873年（明治6年）9月だった。

幌内鉄道は石炭輸送のため、開業時に機関車は「義経号」「弁慶号」の2両、客車8両のほか、石炭などを運ぶ台車（無蓋車）17両、函車（有蓋車）9両の26両でスタート。他に手転車4両、手押車9両、土車5両、魚車1両の貨車類似車両19両もあった。そのうえで、客車と貨車を組み合わせた混合列車が走行。翌1881年6月の時刻表では手宮駅発7時の荷物列車は並等客車1両＋函車4両＋台車8両の計13両編成で、貨車が中心だったことが分かる。同13時発の並列車は上等客車1両＋並等客車2両＋函車1両＋台車2両の計6両編成で、客車中心だった。

1882年11月13日、幌内鉄道は札幌駅から幌内駅まで延伸（55.3キロ）され、当初の目的であった全区間（91.2キロ）が開通した。早速、翌14日には幌内駅からの第1号となる石炭が手宮駅に到着。これは北海道の貨物輸送の歴史を切り開いたエポックと言える。これを受け、先の茅沼炭山は1883年1月、採鉱を廃止した。

1884年6月の時刻表では「第1列車は運炭のみ。第2列車は運炭のついでに中等車1両を連結して客扱い。第3列車は客扱いする混合列車」と記され、"石炭上位"の営業姿勢がうかがえる。石炭輸送が通年となった1883年の石炭輸送量は2万6千トンだったが、1884年は4万1千トン、1885年は5万3千トンと上昇し、1889年には11万8,500トンと、増大の一途をたどった。同年の一般貨物は9万6千トンであり、品目別では石炭が断然トップの座を占めた。

資源の搬出としては幌内鉄道とは別に民営の硫黄専用鉄道が建設されたことも記しておきたい。釧路北部の屈斜路湖に近い地区で硫黄が発見され、それを釧路に運ぶため1887年12月、跡佐登から標茶まで38.6キロの鉄道が敷かれた。硫黄は石炭と並ぶ工業原料で、貨車は4トン積み無蓋車19両が配備された。後に安田財閥の手に渡り、釧路鉄道と命名されたが、その後、大量採掘で産出量が減り、1896年には休業届けが出された。

一方、幌内鉄道は石炭輸送が軌道に乗ったものの経営は苦しく、赤字経営が続いた。このため、開拓使が廃止され、北海道庁が設置されたのを機に、元道庁理事官兼炭鉱鉄道事務所長の村田堤が社長となる北有社に譲渡され1888年4月、民間による営業が開始された。村田は官吏時代、官庁が石炭採掘と鉄道営業を兼ねるのは非効率であり、鉄道輸送は民間が請け負うべきだと主張していた。ただ、北有社の経営は当初は順調だったものの、冬期は列車が運休、線路の改修費用にも事欠くようになり、石炭の効率輸送という本来の目的を達成するのは難しい情勢となった。

# Ⅱ　「炭・鉄・港」の確立

そうした混乱を見て、村田と同じ道庁理事官だった堀基が石炭採掘と鉄道輸送の民間による一体化を主張して政治運動を展開。政府に働きかけて北海道炭礦鉄道会社（以下、北炭と記す）を設立し、北有社から鉄道営業の権利を引き継いだ。社長には堀が就任し、1889年（明治22年）12月に営業を開始。これにより、石炭・鉄道・港湾が一体となった北海道独自の「炭・鉄・港」体制が築かれ、石炭が石油に取って代わられる1980年代まで続くことになる。北炭は自社の石炭を運ぶことから、いわゆる「専用車扱」の輸送で、当初の貨物収入は石炭輸送が全体の70パーセントを占めた。

## 伸展する幹線網

　その後は一般貨物も増えたため、石炭の比率は低下するが、全国各地で工業が盛んになり、基礎エネルギーとなる北海道の石炭は引く手あまたとなった。その結果、小樽港だけでは手狭になり、太平洋岸の室蘭に向けて線路が敷かれ、1892年（明治25年）8月、岩見沢駅－室蘭駅が開通。石炭が夕張などから室蘭港に運ばれる輸送体制が確立した。ただ、全道的に線路を延伸するには北炭だけでは無理な面があり、法律改正を経て1896年からは北海道庁も「官設鉄道」として鉄道経営に当たった。

　開拓地に入る移民や貨物の増大に対応するため、函館線、宗谷線、根室線などが建設・延伸され、それに伴って北炭は事業を拡大していった。石炭の大量輸送のため率先して大型蒸気機関車を導入し、全国でも有数の鉄道会社に成長。1904年10月には、函館拠点の民営北海道鉄道と小樽で結ばれ、両社の協力で函館まで直通運転が可能となった。

北海道官設鉄道の有蓋車。同鉄道のマーク「北」が側面に描かれている（『北海道鉄道百年史』）

　北海道鉄道は北炭路線の小樽と、本州への玄関口函館の直結を目的に1896年、函館の財界人を中心

官設鉄道の郵便緩急合造車（『北海道鉄道百年史』）

1902年ごろの29トン積み無蓋車（『北海道鉄道百年史』）

蒸気機関車が牽引する運炭列車。30両程度の石炭専用貨車が連なっている（『北海道鉄道百年史』）

1907年の旭川工場構内。さまざまな貨車が見える（『北海道鉄道百年史』）

に設立された。当初は両駅の頭文字から函樽鉄道と称したが、1900年に北海道鉄道に社名を変更し、1902年に函館駅－本郷駅（現・新函館北斗駅）が開業。難工事を克服し、1904年、短期間のうちに小樽まで線路を伸ばした。

　当時の札幌の地元紙北海タイムスは「函館から東北、奥羽方面に海産物とくに塩サケ、身欠きニシン、魚肥料のほか砂糖、麦粉、呉服、セメント等の搬出が増える。逆に青森側からはコメ、みそ、しょうゆ、卵、縄、むしろ、漁網が入ってくる。郵便物の往来も盛んになるだろう」と、北海道と東北地方の物流が強化されると展望。その予想通り、北海道鉄道の貨物輸送量は北炭と結ばれる前の1903年は年間4万3千トンに過ぎなかったのに、全通後の1906年には25万トンに増大した。

## 本州との連絡強化

　日露戦争終結後の1906年3月、全国の主要な民間鉄道を国有化する鉄道国有化法が公布され、政府は同年10月に北炭を、さらに1907年7月には北海道鉄道をそれぞれ買収。これにより、一部の専用鉄道を除いて北海道の主要路線は国有鉄道（当時の組織は鉄道院）に一本化された。この際、貨車は北炭から1,767両、北海道鉄道からは300

両が国鉄に引き継がれた。

　国有化直後の1908年3月、函館と青森を隔てた津軽海峡に定期連絡航路が開設された。英国製客船比羅夫丸と田村丸が就航し、本州と北海道の連絡網は旅客だけでなく物流も格段の進歩を遂げた。次いで1914年には、小型の「はしけ」にレールを敷いた「車運丸」が登場。7トン積み貨車なら横3線に計7両積載できた。その後も北海道と本州の物流は増え続け、1924年から客貨両用の翔鳳丸形4隻が相次いで就航。旅客定員は895人〜990人、貨物はワム形貨車（15トン積み）で25両積載出来た。函館、青森両駅には陸上と船内のレールを結ぶ可動橋も設置され、短時間で航送連絡が可能になった。この間、道内の鉄道路線は開拓移民の増加、産業振興とともに旭川、名寄、帯広、釧路など主要地にも延伸し、1916年には総延長が1,558キロに。現在に至る鉄道路線の骨格を形成するようになる。

　これに合わせて蒸気機関車の高性能化と大型化が進み、2120形、8100形、9050形、9200形など最新鋭の形式が続々投入された。1916年には貨

函館－青森で車両航送が始まり、函館桟橋で多くの市民が祝った。船は翔鳳丸（函館市中央図書館所蔵）

物用としては画期的性能を持つ9600形が配置され、たちまち100両を超す陣容に。1918年4月には室蘭本線で同形による2,700トン（石炭車73両、長さ640メートル）の牽引試験が行われ、連結器が破壊されることもなく成功した。その結果、編成を長くすることで、駅での滞貨を減らすことにつながった。

　この間の青函航路の貨物の動向を見てみると、比羅夫丸などが通年運航となった1909年の年間

## ■貨物輸送発展期における北海道からの主要貨物発送数の推移　1913（大正2）〜 1925（大正14）年度

『北海道鉄道百年史 上』から一部加工して転載

単位：トン

| 年度／品目 | 1913 | 1914 | 1915 | 1916 | 1917 | 1918 | 1919 | 1920 | 1921 | 1922 | 1923 | 1924 | 1925 |
|---|---|---|---|---|---|---|---|---|---|---|---|---|---|
| 米 | 119,820 | 103,344 | 128,327 | 130,428 | 81,909 | 135,534 | 150,748 | 143,340 | 163,047 | 159,880 | 182,317 | 221,421 | 245,276 |
| 麦 | 24,398 | 72,309 | 12,755 | 13,392 | 43,339 | 14,126 | 18,909 | 22,370 | 24,137 | 23,132 | 22,982 | 25,423 | 25,634 |
| 雑穀 | 160,192 | 138,499 | 281,589 | 293,666 | 299,850 | 306,032 | 341,253 | 335,254 | 387,930 | 350,254 | 313,107 | 321,465 | 306,601 |
| 生野菜 | 25,560 | 21,080 | 28,090 | 28,724 | 29,640 | 30,558 | 38,689 | 51,059 | 71,549 | 99,781 | 157,065 | 67,538 | 74,862 |
| てん菜 | − | − | − | − | − | − | − | − | − | − | − | 120,270 | 87,894 |
| わら工品 | 12,443 | 15,355 | 5,056 | 16,425 | 39,390 | 62,353 | 68,199 | 60,366 | 68,098 | 60,500 | 64,839 | 66,333 | 67,205 |
| 木材 | 946,427 | 798,222 | 785,665 | 854,337 | 865,900 | 1,081,959 | 1,396,668 | 1,720,509 | 1,334,670 | 1,367,001 | 1,500,621 | 1,762,860 | 1,638,795 |
| まき | − | − | − | − | − | 91,521 | 131,677 | 115,896 | 136,806 | 130,095 | 140,706 | 146,695 | 118,159 |
| 木炭 | 67,102 | 60,270 | 92,394 | 83,444 | 92,099 | 134,671 | 170,170 | 165,344 | 214,896 | 252,361 | 256,601 | 258,402 | 234,110 |
| 石炭 | 1,846,603 | 1,953,590 | 2,235,211 | 2,658,133 | 3,100,172 | 2,753,357 | 3,357,945 | 3,252,198 | 2,724,377 | 3,214,871 | 3,446,953 | 3,735,939 | 4,009,781 |
| 石材 | 45,699 | 71,722 | 43,701 | 41,201 | 45,709 | 73,805 | 63,866 | 56,065 | 71,361 | 108,898 | 61,771 | 54,513 | 47,525 |
| 砂利 | − | − | − | − | − | 104,865 | 173,719 | 205,197 | 147,846 | 136,056 | 202,839 | 188,814 | 231,428 |
| 石油類 | 6,740 | 7,059 | 9,063 | 7,867 | 6,312 | 13,525 | 16,257 | 14,451 | 14,681 | 13,381 | 16,000 | 20,314 | 23,087 |
| 活鮮魚 | 37,821 | 35,100 | 37,450 | 38,627 | 36,996 | 36,515 | 41,921 | 51,358 | 54,146 | 51,620 | 54,919 | 59,950 | 73,115 |
| 塩干魚 | − | 47,789 | 50,028 | 60,611 | 43,806 | 36,169 | 47,257 | 60,160 | 66,690 | 63,992 | 66,895 | 71,220 | 86,468 |
| 海藻類 | − | − | − | − | − | 140 | 5,254 | 6,230 | 2,268 | 2,781 | 3,123 | 3,700 | 4,392 |
| コークス | − | − | − | 25,826 | 44,920 | 64,023 | 61,544 | 54,324 | 29,389 | 22,235 | 24,411 | 19,610 | 18,610 |
| 鉄及び銅 | − | − | − | − | 26,947 | 67,093 | 52,606 | 40,308 | 27,555 | 50,044 | 52,936 | 50,293 | 66,084 |
| れんが | 39,943 | 40,264 | 35,627 | 36,826 | 55,283 | 44,881 | 36,175 | 38,237 | 32,040 | 31,485 | 26,489 | 22,700 | 20,962 |
| セメント類 | 18,286 | 15,550 | 24,828 | 37,277 | 35,970 | 34,671 | 39,548 | 54,744 | 72,857 | 111,554 | 152,975 | 201,453 | 152,054 |
| 肥料 | 44,294 | 37,107 | 66,126 | 84,326 | 103,967 | 124,732 | 132,912 | 108,323 | 107,138 | 95,615 | 126,179 | 166,463 | 172,539 |
| 和洋紙 | 41,764 | 29,860 | 60,737 | 68,851 | 74,835 | 71,469 | 76,160 | 86,753 | 108,222 | 116,920 | 134,233 | 142,733 | 152,104 |
| パルプ | − | − | − | − | − | 18,116 | 30,027 | 41,856 | 46,388 | 52,659 | 47,728 | 58,382 | 58,859 |
| 和洋酒 | 10,772 | 10,699 | 13,310 | 15,733 | 24,770 | 33,806 | 48,667 | 51,656 | 45,506 | 43,775 | 48,293 | 59,274 | 53,583 |
| 砂糖 | 7,392 | 7,237 | 7,793 | 8,549 | 4,307 | 10,630 | 13,634 | 13,118 | 17,714 | 22,922 | 28,605 | 30,561 | 24,074 |
| その他 | 971,886 | 1,148,305 | 1,036,350 | 1,124,668 | 1,432,356 | 1,632,349 | 1,993,459 | 1,135,023 | 990,892 | 1,204,245 | 1,131,898 | 1,181,384 | 1,110,480 |
| 合計 | 4,427,142 | 4,613,361 | 4,954,100 | 5,628,911 | 6,488,477 | 6,976,900 | 8,507,264 | 7,884,139 | 6,960,203 | 7,786,057 | 8,264,565 | 9,057,710 | 9,103,681 |

9600形による通称「3000トン列車」の牽引試験＝室蘭線ランボッケ（富浦）付近とされる＝1918.4（『北海道鉄道百年史』）

貨物輸送量は約1万トンに過ぎなかったが、その後、車運丸就航も手伝って30万トン台、40万トン台と増え続けた。さらに、翔鳳丸形が通年運航となった1925年は初めて50万トンを突破し、54万4千トンに飛躍。本州からの下り便、本州への

上り便の別では、下りが22万7千トンなのに対し、上りは31万7千トンで、本州への搬出が9万トン上回った。これは石炭や木材などの資源のほか、ジャガイモなど食料品の輸送が多かったことによる。

貨車航送の強化により、北海道からのサケなど鮮塩魚、タマネギ、ジャガイモなどが本州方面へ、また本州からはしょうゆ、みそ、野菜、果物などが大量に短時間で運ばれるようになった。このため、商品の鮮度が落ちたり、傷むことも少なくなり、道産商品の販路拡大、商況の活性化、物価の低下など、道民生活に恩恵をもたらした。

# III　戦時体制とその崩壊

1920年代は、北海道への移住者が増加する一方、準戦時体制のもと、石炭増産が急務となり、輸送量は増大の一途をたどった。国鉄は初めて貨車航送専用船（貨物船）の建造に着手し、1926年（大正15年）に第一青函丸が就航した。同船は船体後部を開放し、船内に敷いた線路にワム形貨車43両を積載する新方式。これは当時の貨物列車のほぼ1編成分に相当した。青森、函館の入換機関車が配置され、貨車の出し入れが行われた。

第一青函丸に続いて第二、第三、第四青函丸が就航した。この間、欧州で第二次世界大戦が勃発し、1941年12月、日本も米英などに宣戦布告して太平洋戦争に突入。第四青函丸が就航したのは戦争が激化した1943年3月だが、軍事物資の緊急需要が高まり、北海道から本州の工場への石炭はもとより、木材、鉱物、食料品などがピストン輸送されるようになった。これに対処するため、貨物船の建造が続き、順に第十二青函丸（就航は戦後）まで続いた。

## 機関車、貨車も重責担う

函館－青森両港の往復貨物輸送量は戦前の1936年度は年間109万トンだったが、戦争が重

要局面を迎えた1944年度には385万トンと、4倍近くに跳ね上がった。うち石炭は同年度にピークを迎え、連絡船と臨時雇いの機帆船合わせて1日平均2,570トンを輸送した記録が残っている。

この間、貨物用蒸気機関車は9600形より強力なD50形が配備され、函館線、室蘭線の重量貨物を牽引。さらに1936年、そのD50を上回るD51形が完成して量産体制に入り、早速北海道にも登場。小樽築港をはじめ函館、岩見沢、追分など主要機関区に70両以上配置され（1945年現在）、2千トンの石炭列車牽引の主力として最前線に立った。

同時に大型2軸ボギーの石炭専用貨車（セキ形、30トン積載）も増備され、戦前の1935年度には1,086両だったのが、戦時中の1942年度には2,226両と倍増。それでも貨車が不足し、有蓋車、無蓋車ともに、その耐用限度内で積載重量を引き上げた。

例えばワ22000形・ト20000形は各10トンから12トンへ、ワム20000形・トム11000形は各15トンから17トンへ積み増し可能にした。無蓋車のトキやトムは車内に約50センチの建簾と呼ばれる板を立て、荷物がこぼれ落ちないように工夫した。

1933年、岩見沢検車区における第8回「貨車出来栄え審査会」の様子。中央に木造有蓋車が並び、厳しいチェックを受けている（原田伸一所蔵）

本州の工場などへの営業用石炭は、上砂川、美唄炭山、幾春別、夕張各駅からは隅田川駅行きに、また唐松駅からは浜川崎駅行きなどに集約。また、官公庁向けの省用石炭は美唄炭山駅から平、水戸各駅行き、万字炭山駅からは田端、尾久各駅行きなどの経路が設定された。

ただ、重量超過の列車はブレーキ操作の難しさ、勾配区間での空転、列車遅延による事故が相次ぐなど、無理を重ねたことで輸送上の混乱が起きた。このため札幌鉄道局は荷物重量による換算両数を厳密に定め、それを基準としてなんとか戦時輸送をしのいだ。

輸送増強に合わせて、室蘭・小樽両港からの搬出規模拡大のため、室蘭駅と小樽築港駅に大掛かりな石炭積み出し設備が作られた。室蘭駅では隣接する海を埋め立てて高架さん橋を作り、石炭積み下ろしの大型機械を導入。1934年に竣工し、効率化が図られた。小樽築港駅も、岸壁やさん橋が新設され、近代的なローダー（石炭積込機）なども取り付けられた。1940年に竣工し、小樽港南部にあって威容を誇った。これにより、手宮駅で永年使われた木造の各設備は役目を終えた。

また、貨物輸送を円滑に行うには、各駅から連結した行き先が異なる貨車を1両ずつ目的地、あるいは中継地に効率よく送出しなければならない。そのために、貨物列車の編成を途中で組み直す大規模な構内設備を持つ操車場が必要となった。特に戦時中は貨物輸送が急激に増えたため、急ごしらえで整備されることになった。これを「貨車集結輸送方式」と呼び、当時としては効率的で合理的な考え方だった。

## 米軍空襲、壊滅的打撃受ける

道内の操車場は岩見沢操車場が1927年、小樽築港操車場が1932年に業務を開始。どちらも札幌だけでなく夕張など産炭地に近く、石炭をはじめ多くの荷物が集約された。1941年12月、太平洋戦争が始まると、軍事関係の貨物が急増し、これをさばくため、要所である室蘭と函館の両地区に大規模な操車場を新設することになった。

室蘭地区は東室蘭駅と鷲別駅の間に東室蘭操車場として計画された。上下線の間に約30本のレールを敷き、1942年10月に一部完成して使用開始。全面完成時には1日1,300両の取扱能力を持ち、札幌、函館方面から到着した貨車を滝川駅以遠行き、岩見沢駅解放車などに仕訳。一方、札幌方面からの貨車は室蘭駅着発、本州行きなどに組み直された。

函館地区は函館駅に近い五稜郭駅と桔梗駅の間に五稜郭操車場として新設された。同時に手狭になった函館駅直結の青函連絡船岸壁を増強することになり、郊外の有川地区に貨物船専用岸壁が作

太平洋戦争中に建設され、北海道と本州を往来する貨車の入換が行われていた五稜郭操車場。函館線の上下線に挟まれている。上方が札幌方面、下方が函館方面。1984年に廃止された＝1984年ごろ

られた。操車場と同岸壁は専用線で結ばれ、本州との連絡が効率化された。操車場は1943年（昭和18年）1月から使用開始となり、取扱規模は1日千両とした。隣接して五稜郭機関区が設置され、D51形9両、9600形5両、C11形2両が配置された。

また、1944年12月には、D51を上回る性能を持ち、"決戦機関車"と称されたD52形が長万部機関区に一挙に30両が配置された。なんとしても北海道からの石炭輸送を継続させるためだ。D52は長万部駅を本拠地に函館、東室蘭、岩見沢各駅間の石炭、軍需品、生活物資等の輸送にフル回転した。ただ、ボイラーや走行部などに粗悪な資材を使ったため故障が多く、炭質の悪化もあって、乗務員は苦労を強いられた。

日本の敗戦が決定的になった1945年7月14日、米軍艦載機が津軽海峡や北海道、青森県などの上空に飛来し、青函連絡船を中心に激しい攻撃を加えた。北海道の生命線である石炭供給ルートにとどめを刺すのが目的である。断末魔の中、客貨船、貨物船を問わず沈没、あるいは座礁し、青函連絡

五稜郭操車場と合わせて建設された有川貨物岸壁 = 1968.7

船は壊滅した。

鉄道も大きな被害を受けた。函館近辺では森駅－駒ケ岳駅を走行中の急行貨物54レが標的になった。同区間は20パーミルの急勾配となっており、機関車は前補機8620形＋本務機D51形、さらに後部にD51形の補機が付いていた。そこにグラマン戦闘機が爆弾を投下。機関士らが大けがをする被害が出た。その1カ月後の8月15日、太平洋戦争は終結し、国鉄は深い傷を負ったまま、一から出直しを迫られた。

五稜郭操車場から船積みのため有川岸壁に向かう貨物列車 = 1967.9

# Ⅳ　復興への歩み

　太平洋戦争による国鉄全体の損害は、軌道が1,600キロに及んだほか、車両は1万3,239両に上った。その内訳は機関車891両、客車2,228両、電車563両、さらに貨車に至っては9,557両に達した。終戦から4年後の1949年6月、国鉄は政府直轄ではなく、公共企業体として再出発し、戦後輸送の態勢を整えた。同年12月には、GHQ（連合軍総司令部）が重要物資の統制を大幅解除。また、翌年勃発した朝鮮戦争による特需で、輸送力増強が図られた。北海道では、日本海沿岸のニシンが豊漁となったほか、木材や甜菜の輸送量も増加し、貨物輸送は活気を取り戻し始めた。

## 新型貨車も続々登場

　国民生活の安定とともに、一般荷物を運ぶ有蓋車のワム23000形や同50000形、冷蔵車レ7000形などが緊急製造された。小口急送貨物（急行便）用の大型ボギー車ワキ1000形も登場し、荷主へのサービスが向上するとともに、高速運転への道が開かれた。

　特殊な貨車も製造された。燃料用タンク車タキ3000形のほか、牛などを運ぶため、側板の上部をすかし張りにした家畜車カ2000形、また背の低い豚には床を2段構造にした豚積車ウ300形が用意された。家畜は生産地から生きたまま大都市に運ばれ、食糧に供された。走行中の安全確保や途中駅での入換のため、車掌が乗務する車掌車ヨ3500形、荷物室と車掌室が合体した有蓋緩急車ワフ22000形もお目見えした。

　1951年からは大型ボギー石炭専用車セキ3000形（30トン積み）が登場した。これは戦時中に使われたセキ1000形（同）に代わる形式で、製造された2,730両のうち多くが北海道に配置された。最高速度は空車時は65キロ、積載時は55キロ。到着後、側扉を開けて石炭を落下させ、船などに積み替えた。さらに電力需要に対応するため

各地に発電所が作られ、その大型変圧器を運ぶため、大物車シキ160形も製造された。

　一方で、日本炭鉱労働組合（炭労）が生活改善要求を掲げて波状ストを行ったため、鉄鋼産業や家庭暖房のエネルギーとなる石炭不足が深刻化。石炭を燃料とする蒸気機関車や青函連絡船への調達も困難となった。この結果、北海道内では1952年度、貨物列車は走行キロの30パーセント、混合列車も10パーセント、それぞれ削減に追い込まれた。青函連絡船も間引き措置が取られ、戦後間もない状況にまで落ち込んだ。こうした輸送遅滞により、農作物が各地に取り残されるなど、生活物資輸送が打撃を受けた。

　貨物は経済や社会の動向に敏感に反応する。一例として、大型台風により青函連絡船洞爺丸など5隻が沈没した1954年（昭和29年）度の目まぐるしい変化を『北海道鉄道百年史（下）』の記録から紹介したい。

　――（1954年）4月は在貨が前年同期の約半分となり、うち青函連絡船経由の在貨は3分の1と低調だった。ただ、海岸各地とも豊漁で、本州向け冷蔵車のみは著しくひっ迫した。日高地方や十勝地方は馬市のため、馬を運ぶ（ワム形など）有蓋車の需要が増加した。9月に入り、各地で豊漁となり、冷蔵車が不足したため、青函航路を増便して対応した。

　同26日、台風15号により洞爺丸や第十一青函丸など5隻が沈没したほか、道内各路線で不通となり、輸送力が激減した。森林では風倒木が大量に発生し、以来、数年間にわたり、100億円に達する風倒木出貨の要因となった。10月は「秋冬繁忙期貨物輸送能率向上運動」を実施し、青函航路に宗谷丸などを臨時投入した結果、本州向け在貨は増大。オホーツク沿岸のサケの大漁のほか、本州へのジャガイモ需要が増え、貨車は連日ひっ迫した。しかし、11月に入ると、降雪や国鉄の労使交渉があり、輸送力が低下。青函航路も悪天候が

続き、年末に至ってようやく年始用品を完送した。

　（1955年）1月、甜菜が好調となったが、雪害によりたびたび発送を制限。2月は風倒木の輸送が開始され、活発となったものの、青函航路は吹雪が続き、列車の運行にも大きく影響した。3月も吹雪による運行削減はあったが、オホーツク沿岸でタラの水揚げが好調。風倒木の在貨も急造した――。（抜粋）

　これを読むと、大規模海難をはじめ、農水産業の日々の動向に向き合いながら、貨車を懸命にやり繰りする担当職員の奮闘ぶりが目に浮かんでくる。

炭鉱の街・美唄では美唄鉄道のE形タンク機（国鉄4110形のコピー機）がセキ形貨車を引いていた＝1970.5.22

## 室蘭駅、発着量で全国2位

　幌内鉄道以来、貨物の主役だった石炭輸送は、戦後復活し、炭労のストで一時混乱したものの、急速に増産体制が作られた。例えば、1954年の室蘭港からの年間石炭積み出し量は500万トンを計画。それに対応するため1956年から、追分－室蘭に1編成で2,800トンを運ぶ超重量級の石炭専用列車が走り始めた。通常の石炭列車は、セキ3000形に車掌車を加えた最大53両、長さ約500メートルに編成された。1960年には道内の炭鉱数は138鉱、年間出炭量は2,300万トンに到達した。

　これにより、1963年度の1日平均駅別貨物発着トン数の全国順位では、石炭到着地の室蘭駅が1万トンで、工業地帯である浜川崎駅の1万4千トンに続いて2位の座を占めた。また、石炭を運ぶ道内専属の石炭貨車は1951年度は2,183両だったが、1961年度には3,246両と3千両を突破。1965～1966年度は3,580両を数え、両数ではピークを迎えた。セキ3000形のほか、同形の台車を改良したセキ6000形も登場し、主力となった。

国鉄時代の室蘭駅を見下ろす。広いヤードにセキ形貨車が集結していた＝1971.6

# V　抜本改革迫られる

しかし、1960年代後半に入ると、自動車の普及、石油ストーブへの転換などにより、石炭の衰退が始まる。1974年度の道内の炭鉱数は21鉱に、年間出炭量は1,236万トンに減少。全盛期の約半分に落ち込んだ。これにより、石炭貨車も1970年度の3,118両を最後に3千両台を割り込み、1979年度にはほぼ半分の1,646両に減少した。1981年には他形式の台車を利用したセキ8000形が作られ、高速運転対応を可能にしたが、炭鉱の閉山が相次ぎ、一部を除いて姿を消すことになる。

一般貨物も小回りが利くトラックに奪われ、貨物列車の役割は縮小してきた。国鉄は事態打開を図るため、高速特急貨物列車を新設するなどスピードアップを実施。北海道では1969年10月1日のダイヤ改正に合わせて貨物基地として新札幌駅（現在の札幌貨物ターミナル駅）、北旭川両駅を開設。新札幌駅－隅田川駅に高速特急貨物〈ほっかい〉の運転を開始するとともに、帯広駅貨物センターも営業を始めた。

しかし、自動車の進出はとどまることなく、さらなる抜本的合理化を迫られた。このため、大都市間輸送を集中的に強化する一方、ローカル線だけでなく、函館線、室蘭線など幹線の駅でも貨物取扱を廃止するなど、不採算部門に容赦なく大ナタが振るわれた。一方で、1975年11月の「スト権スト」で8日間、全国の列車、連絡船がほぼ全面ストップ。貨物は全国で4万1千本が運休し、影響を受けた貨物量は368万トンに達した。ストは結果的に国民の国鉄離れを加速させた。

## SL引退、主役交代へ

北海道の貨物列車は戦前から引き続き、蒸気機関車が牽引していた、しかし、太平洋戦争末期に長万部機関区に30両配置されたD52形は代用品を使った戦時設計がたたって状態が悪く、1950年に全機が本州に転属し、姿を消した。このため、

本線では引き続きD50やD51、9600、8620形、支線では小型機C11やC12形などが主力を担っていた。

客貨両用のC58形や、D50形を改造して軸重を軽くしたD60形も投入された。1960年になると、本州の電化進展で余剰となったD52形13両が、今度は五稜郭機関区に集中配置された。戦時設計を更新したD52は本来の能力を発揮し、本州連絡の窓口、五稜郭操車場と東室蘭操車場間の貨物輸送のほか、仁山信号場付近の「仁山越え」では貨物列車の補機としても活躍した。

そうした中、北海道でもやっと動力近代化の動きが活発化し、1965年、釧路機関区に新鋭ディーゼル機関車DD51形が配置された。1970年には同区だけで40両に膨れ上がり、根室本線の貨物列車はいち早く完全無煙化された。そのほか、DE10形やDE15形、DD15形などが配置され、ローカル線の貨物、客貨混合、入換、除雪などに力を発揮。老朽化したSLを廃車に追いやった。

胆振線新大滝駅に79618牽引の倶知安行き貨物列車が到着した。先頭は有蓋緩急車ワフ122538だった。「道外禁止」と書かれてある=1971.5.23

車掌車4647（ヨ3500形）が19612によって"突放"される=1970.5.16

## コンテナ登場、直行便も

　日本のコンテナは戦前の1933年、「イ号コンテナ」100個が作られ、続く「ロ号」「ハ号」と合わせて5千個以上を数えたが、準戦時体制に伴って廃止された経緯がある。戦後経済が軌道に乗り始めた1955年、新しいコンテナの試作が始まり、3トン積みの3000形コンテナが10個作られた。ただ、容量が小さく、次いで5トン積みの5000形を製作。コンテナ専用貨車との緊縮装置もワンタッチでできる方式に改良され、1959年11月、東海道線の汐留駅－梅田駅に設定されたコンテナ専用列車〈たから号〉でデビューした。

　コンテナ専用貨車は当初、長物車に分類され、記号は「チ」だったが、1965年にコンテナ専用の「コ」が付けられ、コンテナ特急はコキ5500形の編成となった。道内では1960年、東札幌駅－隅田川駅で一部使用されたのが始まり。その後、1971年4月から新札幌駅－隅田川駅にコンテナ貨物直行便〈フレートライナー〉が新設された。最高時速100キロで所要時間は上りが22時間40分、下りは22時間10分で、道内は新鋭DD51が重連で牽引し、新時代の幕開けを告げた。

　〈フレートライナー〉は出発から到着まで直行運転するので、時間的な信頼性が高まる上、地元の通運業者と連係することで、鉄道輸送とトラック輸送双方の長所を生かすことに成功した。これを機に雑多な種類を有した旧型貨車は役割を終え、順次コンテナ主体に切り替えられた。また、コンテナ専用貨車はコキ5500から始まったが、高速への対応と安全確保を重点に改良が重ねられ、コキ10000形、コキ50000形と進化した。コキ50000形は製作や保守のためのコストが抑制できることもあり、1971年から1976年まで3,631両（コキフ50000形を含む）が製作され、国鉄を代表するコンテナ専用貨車となった。

## 操車場廃止、貨車は売却へ

　目的地直行型の専用貨物列車が増える中、長く貨車の中継基地として機能していた操車場や駅での貨物取扱が次々と廃止された。1980年、産炭地と函館・室蘭両線を結ぶ分岐点、岩見沢操車場が

東京と札幌を高速で結んだコンテナ編成の51レ。DD51重連で牽引した＝室蘭線静狩駅付近、1971.9.14

車掌車内部。長時間勤務のため、机や書類棚のほか、手前にはストーブがあり、やかんも備わっていた。形式不明＝1964.5.17

廃止。1984年には全国一斉に操車場が廃止され、道内では五稜郭・東室蘭の両操車場が対象となった。五稜郭操車場は青函航路を往来する貨物を行先別に仕訳する基地。東室蘭操車場は道南と道央を結ぶ機能を果たしていた。一斉廃止は当時、従来の方式と真逆になったため「コペルニクス的転回」と驚きを呼んだ。操車場はその後、廃車予定の貨車を集めた巨大な留置場所となった。

一方、廃車となった貨車は車輪を外され、国鉄の赤字穴埋めのため、民間に売りに出されることになった。道内での売却第1号は1983年10月のワム80000形で、苗穂工場からトレーラーで釧路市内に搬出された。また車掌車などは無人駅の待合室として活用され、現在でもその姿を見ることができる。

# VI　民営化で経営刷新

様々な合理化が進められたものの、国鉄の累積債務額は37兆円、利払いだけでも年1兆円に達するまで悪化した。このため国鉄の経営は行き詰まり、国会を揺るがす議論に発展。その結果、国鉄改革関連法案が国会で可決、成立するに至った。これを受けて1987年4月1日、国鉄は地域別の旅客会社JR6社と貨物の日本貨物鉄道株式会社（JR貨物）に分割、民営化された。JR貨物だけは全国組織とされ、北海道は北海道支社（札幌）が全道各部署を統括。札幌貨物ターミナル駅を中心に函館、東室蘭、苫小牧、旭川、滝川、釧路などに営業拠点を起き、鷲別と五稜郭に機関区を置いた。機関車は鷲別機関区にDD51形44両とDE10形7両、五稜郭機関区にはDD51形23両、DE10形7両を配置。また、苗穂と輪西には車両所を置き、苗穂は機関車の保守・点検・修繕を、輪西は貨車の同業務を受け持つことになった。

## 青函トンネルで飛躍

翌1988年3月13日、「世紀のプロジェクト」と呼ばれた青函トンネル（53.9キロ）が開業し、北海道と本州が鉄道で結ばれた。電気機関車はED75形を青函トンネル用に改造した交流方式ED79形が登場した。トンネル内走行の貨物列車は20往復で、上りの初列車は札幌貨物ターミナル駅を前日夜発車。北見に近い訓子府町産のタマネギ、ジャガイモのほか、札幌の工場で作られたLL牛乳などを積載し、開業日朝、本州に一番乗りした。下り貨物は12日午後、隅田川駅を発車し、13日午後、札幌貨物ターミナル駅に到着した。青函トンネルの開業で、東京－札幌の貨物列車の所要時間は3〜5時間短縮。1日当たりの輸送力は26パーセント増強された。

輸送力向上を図るJR貨物は、原則重連運転の貨物専用機として1989年、ED79形50代10両（51〜60）を五稜郭機関区に新製配置。車体の色はコンテナブルーと白、運転席の側扉は赤で、赤一色と前面白帯の旅客用同形機と区別された。

開業から半年後の10月には、札幌貨物ターミナル駅と福岡貨物ターミナル駅との間に「日本一長い距離の貨物列車」が臨時列車として走り始めた。2年後の1990年3月には定期列車に昇格し、現在の98レ・99レに至っている。これも青函トンネル開業がもたらした物流改革の産物だった。

## 新型機配置で輸送強化

一方で、国鉄から引き継いだDD51形の老朽化が進み、後継機として電気式ディーゼル機関車

DF200形が製造された。1992年に配置され、青函トンネル区間を除く全道路線の主役となった。通称は「RED BEAR」で、車体には「ECO－POWER」のロゴが描かれている。また、1997年には2車体連結の交直両用電気機関車EH500形が登場。「金太郎」の愛称が付き、仙台総合鉄道部に配属されたものは、2000年から五稜郭駅（現・函館貨物駅）まで乗り入れることになった。交直両用の長所を生かし、首都圏と五稜郭駅との間を1両で直通運転できることで、効率化とスピードアップにつながった。

2000年3月31日、室蘭線に近い活火山の有珠山が噴火し、長期化したため、貨物列車も函館線札幌貨物ターミナル駅－長万部駅を小樽経由で迂回運転することになった。長万部駅には臨時コンテナホームを設置。迂回は1日5往復とし、編成は最大10両。合わせて札幌市内－函館市内はトラックで、苫小牧－青森は船舶による代行輸送も実施した。これによって通常輸送力の8割までカバーしたものの、JR貨物の損害は50億円、代行輸送費は22億円に上った。

2023年現在、全国を巡るコンテナは6万2千個、それを積む専用貨車は7千両を上回る。そのほか、ホッパ車、タンク車などJR貨物が扱うコンテナ・貨車は数が多い。これらを効率よく回転させ、同時に顧客ニーズにこたえるため「IT－FRENS&TRACEシステム」が開発され、2005年度から完全稼働した。荷物を発送するときは、その会社のコンピューターから予約する。コンテナに積んだ後も追跡が可能なので、荷物がどこにあるか、リアルタイムで把握できる。到着後、積み下ろすにはフォークリフトの出番となるが、運転手はGPSとIDタグ（データで記録された荷票）で示された位置に移動すれば、目的のコンテナの前に行くことができる。その誤差はせいぜい数10センチ。これにより、発送から集荷まで一元化され、従来の「荷札」が頼りのアナログ作業が一掃された。

## 事故防止に一丸

2011年5月27日の石勝線での特急〈北斗〉脱線炎上事故をきっかけに、道内では鉄道の重大事故が相次ぐ事態となった。JR貨物は2012年2月16日、石勝線東追分駅構内で機関車とコンテナ貨車計5両が脱線。2012年4月と9月には江差線釜谷駅－泉沢駅の曲線で、いずれも貨車1両が脱線した。さらに2014年6月22日には同線札苅駅構内でやはり貨車1両が脱線。江差線の3件はレールの劣化と保守の不備の他、コンテナ内の積み荷の一方への偏り（偏積）も一因とされた。

このため、JR北海道とJR貨物は対策に着手。JR貨物は積み荷の偏積を防止するため、業者に対して荷物を適切に積む指導を強化するとともに、2016年、函館貨物駅有川荷役ホームと東室蘭駅に輪重測定装置を設置した。同装置は線路に取り付けられ、通過する貨車の左右の輪重比が大きい場合、「偏積車両」と判断。直ちに関係駅及び貨物指令に通知し、「偏積車両」が第三セクター道南いさりび鉄道（旧江差線）を通過することを防ぐ。さらに2021年4月、函館貨物駅にコンテナを積んだトラックが乗ることで、偏積をチェックする「トラックスケール」を導入した。

## 北海道新幹線と共存

2014年8月30日、これまで全道の中核機関区だった鷲別機関区が廃止され、DD51形5両、DF200形48両は五稜郭機関区に転属した。これにより、同区は在来のED79形9両及び北海道新

2014年廃止となったJR貨物鷲別機関区。DF200（左）やDD51（中央、右）が並ぶ北海道では最大の貨物機関車基地だった＝2012.11.23

幹線との共用区間用EH800形の先発組9両を合わせて計71両の大所帯となった。また鷲別機関区の入換用DE10形2両と新型のHD300形3両は苗穂車両所の配置となった。DD51形は1150が最後まで現役として残り、札幌貨物ターミナル駅構内で入換を務めていたが、五稜郭機関区転属後に廃車になり、同形は道内から姿を消した。国鉄時代からおよそ半世紀に及ぶ活躍が惜しまれた。

第三セクター道南いさりび鉄道の釜谷駅を通過する福岡貨物ターミナル駅発の 99レ＝2022.11.29

　北海道新幹線との共用区間を走るEH800形は在来線の2万ボルト及び新幹線の2万5千ボルトの電圧に対応。外観はEH500形を模した2両連接型で、共用区間とその前後のみの運用となる。これにより、従来は仙台から函館まで乗り入れていた交直両用EH500形は青森信号場以南の運用となった。北海道新幹線は現在、札幌延伸の工事が進んでいるが、それに合わせて「貨物新幹線」の検討が始まったほか、「第2青函トンネル」構想が浮上するなど、北海道の貨物列車も新たな転機を迎えている。

---

## 一寸停車　■■■ 貨物機、〈カシオペア〉を引く ■■■

　2016年3月26日の北海道新幹線開業を控え、青函トンネル開通以来、北海道と本州を結ぶ寝台特急として人気を呼んでいたJR北海道の〈北斗星〉〈カシオペア〉〈トワイライトエクスプレス〉が軒並み廃止された。しかし、〈カシオペア〉は新幹線開業後、団体専用列車として復活。同年5月に試運転が行われ、6月から本運転を開始した。

　ただ、JR北海道は開業前までそれらを牽引していたDD51形をすでに廃車にしていたため、代役としてJR貨物北海道支社のDF200形とEH800形が青森から北海道側を担当。運転はJR北海道の運転士が受け持った。DF200は「レッドベア」の愛称を持つ強力機。またEH800は北海道新幹線の開業に備えて五稜郭機関区に配置された新鋭機で、期間限定の珍しい組み合わせとなって話題を呼んだ。臨時〈カシオペア〉は翌2017年2月26日まで運転され、その後打ち切りとなった。

DF200牽引の臨時〈カシオペア〉。冬の札幌近郊を走る＝北広島駅－上野幌駅、2016.2

## カメラルポ 「国鉄色DD51　終焉間近の奮闘を追って」

　旧国鉄時代から半世紀にわたって北海道の鉄路に君臨したDD51形ディーゼル機関車。1960年代中半、動力近代化の切り札として釧路機関区に配置され、1970年代には道内で200両を超える陣容を誇るに至った。1987年の国鉄分割民営化により、JR北海道とJR貨物に分離され、そのうち67両がJR貨物に配属された。

　特急〈北斗星〉などを牽引するため、「ブルートレイン」色に塗り替えられ、華やかさを競う"旅客組"に比べ、"貨物組"は地味な役回りとなったが、国鉄時代の「オレンジボディー」そのままに、人里離れた峠道でも黙々とコンテナ列車を引く姿は、「北海道の物流の主役」とも言える存在となる。

　しかし、後継のDF200形が投入されると急速に淘汰が進み、2015年までに全機が引退。現場の運転士の中には「DD51は人間味のある機関車。機械ではあるが、運転していて気脈が通じることがあった」と惜しむ声が今も残る。運転台が中央にある「センターキャブ」のスタイルで、当時比類のない「力と速さ」を誇った傑作機DD51。彼らの終焉期の活躍ぶりを国鉄色（原色）機にこだわりレンズを通して追った日々を振り返る。

「空コキ」を押して発車したDD51の窓が、秋の斜光を浴びて、ギラリと光る。間もなく常紋峠だ＝石北線遠軽駅、2008.10.13

「タンクトレイン」の牽引もDD51の大切な仕事だった。しかし石油業界の事情で、
石油輸送も2014年に終了した＝室蘭線本輪西駅－東室蘭駅、2008.8.8

需要最盛期を迎え、旭川、帯広などへの発送を待つタンク車で埋め尽くされた製油所の線路。札幌から空のタンク車を引いて来たのは、
当時すでに珍しい組み合わせとなっていた原色機同士の重連だった＝室蘭線本輪西駅、2008.1.22

　抜けるような快晴。細い枝に雪をかぶったカラマツ。そして前後に付いた国鉄原色の名優DD51。10月末の石北線の撮影名所「常紋146キロポスト」は、期せずして三拍子そろった極上の舞台を作りだしてくれた。当初の天気予報では好天を期待できず、半ばあきらめつつも「とにかく行ってみよう」と雪上で足を急がせたのが幸運に結びついた。名画のような景色に酔いながら待っていると、満載の貨物を挟んで2両のエンジン音が低音のデュエットで響いてきた。寒さと感動とで震える手に力を込め、何度もシャッターを切らずにいられなかった＝石北線生田原駅－常紋信号場、2010.10.27

「藤城の高架橋」を上るDD51。従う2軸貨車などに載るのは、演習の一環として本州から運ばれて来た自衛隊の重機類＝函館線七飯駅－大沼駅、2008.7.2

大きく傾いた冬の陽を受け、常紋峠を目指す前後2両の"ゴールデンコンビ"＝石北線安国駅－生野駅、2009.1.27

臨時列車として復活した往年の名列車特急〈おおとり〉（左）と行き合う。国鉄時代には当たり前だった光景が久しぶりに再現された＝石北線奥白滝信号場、2009.3.21

秋の冷え込んだ朝。これから北見へ向かう2台の原色機が貨物駅に並んで待機する＝宗谷線北旭川駅、2008.10.13

旭川市内の貨物線は住宅街をかすめるように走る。線路際の自宅から見る原色のDD51は魅力だった＝宗谷線旭川四条駅－新旭川駅、2010.8.26

海外に渡ることになった、寝台特急〈北斗星〉用の
引退した客車を引き本州を目指す。原色のDD51と
ブルートレイン客車の組み合わせは、青函トンネル開
業当初の〈北斗星〉や急行〈はまなす〉の姿に重
なった＝室蘭線大岸駅ー礼文駅、2008.11.26

猛吹雪に見舞われた留辺蘂市街から大きなカーブを描き、峠越えに向かう
前後原色機のタマネギ列車＝石北線西留辺蘂駅－金華駅、2011.2.13

東日本大震災の被災地で不足する石油類供給のため、急きょ新潟から福島県郡山まで仕立てられたタンカートレインを引く原色DD51重連。当時JR貨物で最後の活躍をしていたDD51が、災害援助の牽引用機関車として全国の機関区から文字通り「かき集め」られ、その活躍ぶりはのちに子ども用の絵本にもなった。写真の1両目は大阪・吹田機関区からの757号機で、後ろは北海道・鷲別機関区の1184号機。所属を示す「鷲」の区名札が誇らしく感じられた＝磐越西線日出谷駅－鹿瀬駅、2011.4.13

# 北海道貨物輸送関係年表　1878年（明治11年）～ 2023年（令和5年）

| 年 | 月 日 | 項　　　目 |
|---|---|---|
| 1878 | 10 23 | 開拓使は岩内及び幌内の両炭山での本格的な営業採掘を目指し、札幌本庁に煤田（炭田）開採事務係を設置した |
| 1879 | 2 | 開拓使の鉄道建築兼土木顧問クロフォードは幌内方面の地図及び煤田報告書を検討し、鉄道建築見込み書を作成した |
| 1880 | 1 8 | 開拓使は幌内鉄道の建設に着手した |
| | 11 28 | 日本で3番目の鉄道として幌内鉄道手宮－札幌が開業した。主たる目的は石炭輸送であり、車両55両のうち、貨車及び貨車に類するものは台車（無蓋車）17両、函車（有蓋車）9両、手転車4両、手押車9両、土車5両、魚車1両の計45両を配備。同時に貨物品目を第1級から第5級まで分類し、他に級外品を第1類から第6類に分け、それぞれ運賃を設定した |
| 1881 | 8 3 | 幌内鉄道は手宮－札幌の貨物運送仮規約・貨物運送賃銭表を布達した |
| 1882 | 11 13 | 幌内鉄道の延伸区間、札幌－幌内が開通した。当初目的の手宮－幌内が全通したことにより、幌内から手宮港に貨車で石炭を運び、首都圏に海上輸送する態勢が確立された。翌14日は幌内の石炭を積載した貨物列車第1便が手宮に到着した |
| 1884 | 6 21 | 本日時点での幌内－手宮の列車運行は、第1列車は運炭のみ、第2列車は運炭に合わせて中等客車1両を連結。さらに第3列車は客扱いする混合列車だった |
| 1886 | 4 1 | 北海道庁布達で乗客賃銭表のほか北海道鉄道貨物運送補足等を施行した |
| 1887 | 10 1 | 幌内鉄道は運炭列車を1往復増発した |
| | 11 | 釧路に近い標茶－跡佐登に硫黄専用鉄道が営業開始した。1892年9月8日に釧路鉄道となる |
| 1888 | 4 1 | 北海道庁は北海道鉄道事務所を廃止。北有社が幌内鉄道を引き継ぎ、営業を開始した |
| 1889 | 12 11 | 北海道炭礦鉄道（以下北炭）が北有社を引き継ぎ、手宮－幌内及び幌内太－幾春別の営業を開始した。貨車は224両を継承した |
| 1890 | 4 | 手宮－幌内の運炭列車が1日4往復に増発された |
| | | 北炭の保有貨車両数は277両に増加。年間貨物輸送量は一般7万2千トン、石炭15万8千トン、合計23万トンとなった |
| 1892 | 8 1 | 室蘭港からの石炭搬出を目的に室蘭線岩見沢－室蘭が開通した |
| 1893 | 10 | 北炭が貨物用大型機関車9000形を導入した。日清、日露両戦争を通じて石炭輸送の主力となった |
| 1894 | 12 | 北炭の貨車両数は786両。内訳は有蓋車44両、無蓋車742両 |
| 1895 | 4 4 | 日清戦争で屯田兵に動員令が下り、本日、札幌に集結して列車で室蘭に向かった。士官は客車だが、兵卒は無蓋車に乗った |
| 1897 | 2 16 | 産炭地と室蘭港を直結する室蘭線夕張支線が開業した |
| 1898 | 12 1 | 北海道鉄道部と北炭は旅客及び貨物の相互の連絡運輸を開始した |
| 1899 | 1 | 北海道から清国（現在の中国）へのまくら木輸送が始まり、貨物輸送量が増加した |
| 1900 | 1 1 | 北炭は官の証明がある北海道産の農産物の貨物運賃を、農業振興のため4割減とする特別措置を取った |
| | | 1900年度の統計で全道の貨物輸送量は、第七師団の旭川への移転などで前年度の2倍に増えた |
| 1901 | 6 21 | 北炭は貨物制度の大改正を行い、等級を通常扱、通常屯扱、貸切扱の3種とし、新たに発着手数料制度を設けた |
| | 12 | 北炭の年間貨物輸送量が初めて100万トンを突破し、127万5,220トンを記録した。うち石炭は73万8,514トンで57.9パーセントを占め、発送地のトン数1位は新興の夕張、2位は幌内だった |
| 1902 | 12 5 | 北海道鉄道部、北炭、日本郵船及び日本鉄道（東北線の前身）の間で速達貨物の連絡輸送を開始した |
| | 12 10 | 北海道鉄道株式会社による初の路線、函館－本郷（現・新函館北斗）が開業した |
| 1904 | 10 15 | 北海道鉄道の函館－高島（現小樽）が開業し、札幌圏と函館圏が鉄路で結ばれた |
| 1906 | 4 21 | 北炭と北海道鉄道との間で貨物連絡輸送が始まり、所要時間が短縮された |
| | 6 | 北炭の貨車両数は1,753両。内訳は有蓋車200両、無蓋車1,475両（うち8割が石炭運搬用）、貨物緩急車77両、非常車1両。日清、日露両戦争の軍事輸送で著しく増加した |

| | | | |
|---|---|---|---|
| | 10 | 1 | 鉄道国有法により、国は北海道炭礦鉄道を買収し、北海道鉄道作業局が運営に当たることになった。北炭から引き継いだ貨車は 1,767 両だった |
| 1907 | 7 | 1 | 国は北炭に続いて北海道鉄道も買収した。貨車は 300 両が引き継がれ、旅客・貨物ともに一体となった輸送体系が実現した |
| | 12 | | 札幌駅の年間発送貨物量が初めて 10 万トンを超え、10 万 1,500 トンになった |
| 1908 | 3 | 7 | 青森－函館の航路連絡船（後の青函連絡船）として比羅夫丸が就航。4 月 4 日は田村丸が就航した。ただ、貨車の荷は函館・青森でいったん下ろし、船舶で輸送後、再び貨車に積んで目的地に運ぶ非効率なものだった |
| | 6 | 16 | 生鮮品の輸送のため冷蔵車の使用を開始した |
| 1909 | | | 貨物用 9200 形が岩見沢などに配置された。1905 年から製造開始され、半数以上が軍用で中国大陸に渡ったが、その後本土復帰し、北海道を中心に使われた |
| 1912 | 10 | 1 | 大貨物運賃及び連絡航路運賃を改正した |
| 1914 | 12 | 10 | 青函航路の初の車両航送はしけとして、車運丸が就航した。7 トン貨車を 7 両積載でき、専用の汽船が牽引した |
| 1915 | 11 | 10 | 函館駅上り中継貨物ホーム東側に石炭用陸上高架線を設置した |
| 1916 | 12 | | 貨物用量産機 9600 形の北海道第 1 号となる 19608 が函館機関区に配置された。その後、ほぼ全道の幹線、ローカル線で使用され、「キューロク」の愛称で親しまれた |
| 1917 | 3 | | 1916 年度は旭川方面で貨物輸送が好況を呈した。石炭の売れ行きがよく、農産物の価格が高騰。豆類やでん粉相場も上がり、貨車の手配がひっ迫した |
| 1918 | 4 | | 9600 形による石炭専用貨車 2,700 トン牽引試験が室蘭線で行われ、成功を収めた。その後の同線における石炭の大量輸送方式に道筋を付けた |
| 1919 | 4 | 3 | 青函航路に省用炭運送船として第 1 快運丸（1,056 トン）が就航した |
| | 8 | | 駆動装置が 2 組ある貨物用「マレー式機関車」9850 形 6 両が岩見沢、追分などに配置された。機関車 2 台に匹敵する牽引力を誇ったが、その後、優秀な機関車が続々製造され、1930 年には姿を消した |
| 1923 | 5 | 1 | 樺太庁鉄道線との間に旅客・手小荷物及び貨物の連絡運輸を開始した |
| 1924 | 3 | | 貨物用 9900 形の道内第 1 号として 9908 ～ 9911 が函館機関区に配置された。形式称号の改正で D50 形に改められ、戦中、戦後を通して使用された |
| | 5 | 21 | 青函航路に初の客貨船翔鳳丸（客載貨車渡船、3,460 トン）が就航した。客室定員は 895 人、貨車はワム形貨車で 25 両積載でき、後の青函連絡船の原型となった |
| | 8 | 13 | 機関車はじめ全車両に取り付けられている螺旋式・連環式連結器を自動連結器に交換することになり、それに備えて本日から 3 日間、すでに自動連結器を採用している道内貨車の連結器のかさ上げ作業が実施された |
| 1925 | 8 | 1 | 翔鳳丸形客貨船 4 船が出そろったのを受け、本日から正式に青函航路での貨車航送が開始された。便数は下り、上りとも客貨が 4 便ずつ、貨物が 2 便ずつ設定された |
| 1926 | 7 | 17 | 全国で順次、従来の連結器を自動連結式に取り替える大掛かりな作業に入り、本日、本州と四国の貨車の連結器が一斉に自動連結器に取り替えられた。20 日には九州の貨車も行われた。前年行われた北海道の貨車自動連結器のかさ上げも含め、全国約 5 万 2 千両の貨車が共通運用できることになった |
| | 8 | 15 | 青森と函館の航送設備が近代化されたことにより、本州連絡貨車集結列車、石炭輸送列車が増発された |
| | 12 | 12 | 青函航路に初の貨車航送専用船第一青函丸（2,326 トン）が就航した。ワム形車両で 43 両積載でき、輸送力が一段と向上した |
| 1927 | 2 | | 貨物の増大に対応するため、岩見沢操車場及び小樽築港駅の改良工事が竣工した |
| 1928 | 5 | 17 | 貨車両数が増え、地方鉄道の買収も進み、雑多な貨車が多くなったことから、国鉄は車両称号規定を改正し、構造や用途で分類したほか、荷重トン数においても分かりやすく整理した。本年 10 月 1 日施行された |
| | 9 | 10 | 長万部－東輪西（現東室蘭）の長輪線が開業した（現在は室蘭線の一部を構成）。これにより、長万部－岩見沢は函館線と合わせて、札幌を中心に複線の役割と環状線を形成した。また、夕張などからの石炭はじめ多くの物資が青函連絡船を通じて本州と円滑に結ばれるようになった |
| 1929 | 9 | 2 | 冷蔵車の冷却用水の代用にドライアイスを試用したところ、好結果が得られた |

| 1930 | 3 | 北海道の石炭貨車セキ1000形（30トン積載）が完成し、配置となった。1943年まで1,480両が製造され、戦前、戦中の石炭輸送を担った |
|---|---|---|
| 1935 | | 1935年度の札幌鉄道局管内の運輸収入の概算は5,384万円で、うち70パーセントの3,741万円は貨物収入であり、さらにその45パーセントは石炭で占められた。これは他に類を見ない札幌鉄道局管内の特徴であった |
| 1936 | 3 | 新製の貨物用D51形が初めて北海道に登場。6と7が小樽築港機関区に配属された |
| 1937 | 9 25 | 貨物輸送が増加し、石炭線区でも深夜の列車運転が必要になり、1日当たりの貨物列車走行距離で2割増発された |
| 1939 | 11 15 | 石炭をはじめ戦時産業物資輸送の膨張に対応するため、貨物列車設定キロに関し、1日当たり定期2,076キロ、不定期334キロ、計2,410キロの増発を行った |
| 1940 | 2 1 | 戦争準備のため軍用貨物物資運賃を設定した |
| | 2 | 小樽築港駅の石炭積み出し設備第2期工事が完成した |
| | 10 1 | 日本、満州国及び中国間に旅客、貨物連絡運輸を開始した |
| 1941 | 12 8 | 米英両国に宣戦布告し、太平洋戦争が始まる。青函航路の貨物輸送混雑緩和のため、下関－函館、門司－函館各航路を設定し、貨物の船倉積み運送を開始した |
| | 12 22 | 太平洋戦争に突入後、鉄道輸送量が急激に増加したため、国鉄は貨車の耐用限度内で、増し積み及び無蓋車の積載高を引き上げるなど、輸送強化が実施された |
| 1942 | 3 30 | 不要不急貨物の受託停止及び禁止を実施した |
| | 12 | 東室蘭－鷲別に東室蘭操車場が完成、一部使用が始まった。道南と道央を結ぶ重要な位置を占めた |
| 1943 | 1 10 | 本州との戦時輸送強化のため、五稜郭－桔梗に五稜郭操車場を整備し、一部使用を開始した。合わせて同操車場と直結する青函連絡船貨物船専用の有川岸壁の使用も始まった |
| | 4 1 | 軍事輸送が増え、青函連絡船は上り、下りそれぞれ客貨4往復、貨物14往復ずつに増強された |
| 1944 | 10 | 石炭専用貨車による石炭輸送増強のため、営業用石炭は上砂川発隅田川行きなど、省用石炭は美唄炭山発水戸行きなど、道内と首都圏の主要駅との間で直行運転が始まった |
| | 12 | 貨物輸送力増強のため、長万部機関区に新造貨物機D52形を30両配置。"決戦機関車"として戦時設計で新造された大型機関車で、函館線と室蘭線で貨物列車を牽引した |
| 1945 | 7 14 | 本日と15日、米軍艦載機が津軽海峡ほか北海道全域を集中攻撃した。これにより、翔鳳丸など主要連絡船のほか、国鉄が徴用し、石炭を運搬していた民間の機帆船272隻のうち70隻が沈没、79隻が損傷し、輸送はほぼ壊滅に追い込まれた |
| | 8 15 | 日本が無条件降伏を受け入れ、太平洋戦争が終結した。戦争による貨車の損害は全国で9,557両。使用可能なのは約9万2,700両だった |
| | 8 24 | 連合軍の命令により、本日18時以降、青函連絡船は全船運航停止とされた |
| 1946 | 4 19 | 戦後の混乱脱却の指針となる貨物輸送手続きが制定された |
| 1947 | 8 1 | 津軽海峡海底トンネルの地質調査が始まった |
| 1950 | 1 1 | 鉄道貨物運賃、自動車貨物運賃が80パーセント値上げされた |
| 1951 | 6 19 | 東室蘭－岩見沢で石炭専用貨車セキ形の連結器耐用試験が実施された。空車53両を連結して調査された |
| | 6 20 | 夕張線追分－川端で貨物列車（定数30両）の制動距離試験が実施された |
| | | 石炭貨車セキ3000形（30トン積載）が完成した。セキ1000形の車体を強化するとともに軽量化を図った。1964年まで2,730両が製造された（月日不明） |
| 1952 | 3 1 | 苫小牧－遠浅でD51形による石炭列車の再起動牽引試験（換算280両）が実施された。4月24日には岩見沢－滝川、5月21日には室蘭－岩見沢で同様試験が行われた |
| 1953 | 8 | 貨物用D50形の軸重を軽くし、ローカル線に入線可能としたD60形3両が池田機関区に配属された。釧路までの貨物列車の牽引に当たった |
| 1954 | 9 26 | 台風15号により青函連絡船洞爺丸など5船が遭難、沈没した。死者・行方不明者1,430人の他、航送中の客車4両、貨車177両が沈没した。これにより、北海道と本州との貨物輸送が打撃を受けた |

| 1957 | 10 | 1 | 洞爺丸事故後、代替となるディーゼルエンジンの客貨船十和田丸（6,148トン、乗客定員1,470人、ワム形貨車18両積載）が就航した |
|---|---|---|---|
| 1959 | 3 | | 貨物輸送近代化のため、東急車両製造と富士重工業の2社で荷重5トンの5000形コンテナが10個ずつ試作された。比較検討された結果、片側妻面扉のタイプが2社で165個ずつ計330個が量産され、本格的なコンテナ輸送が始まった |
| | 10 | | 新造の入換用ディーゼル機関車DD13形が室蘭機関区に配属された |
| | 11 | 5 | 汐留－梅田に初のコンテナ専用列車〈たから号〉の運転が始まった |
| 1960 | 10 | 1 | 桑園－秋葉原に急行貨物列車〈ほっかい〉が運転開始した |
| | 10 | | 貨物用D52形13両が本州から転属して五稜郭に配置され、五稜郭操車場－東室蘭操車場の貨物牽引の主役となった。同形は戦時中に長万部に集中配置され、その後本州に引き揚げたが、10年ぶりに北海道に復帰した |
| 1962 | 12 | 1 | 苫小牧操車場が使用開始となった |
| 1963 | 10 | | 旭川工場がチップ輸送用の専用貨車を試作した |
| 1964 | 5 | 10 | 青函連絡船津軽丸が就航した。最新鋭の自動化船で乗客定員は1,200人、ワム形貨車48両を積載。同形船7隻は青森－函館を従来より40分速い3時間50分で連絡し、高度経済成長期の大量高速輸送に貢献した |
| 1965 | 1 | | 大型変圧器などを積載する80トン積み低床式貨車シキ180形が完成した。1両のみだが、2023年現在も宇都宮貨物ターミナル駅常備として使用され、北海道に入ることもある |
| 1966 | 3 | 27 | 根室線の無煙化と輸送近代化のため、新型ディーゼル機関車DD51 601が釧路機関区に配置された |
| | 5 | 9 | 東室蘭－東札幌にセメント専用列車〈富士〉の運転が開始された |
| | 7 | 1 | 名神高速道路が開通し、自動車による輸送が急速に伸びたため、国鉄貨物の衰退のきっかけとなった |
| | 9 | 30 | 根室線の難所だった狩勝峠を回避するため、落合－新狩勝信号場を経て新得に至る新線が開業した |
| | 9 | 30 | 函館線七飯－大沼に下り列車専用の短絡路線藤城支線が開通し、下り貨物列車はすべて仁山信号場前後の急勾配を避け、同線を経由することになった |
| 1967 | 7 | 12 | 狩勝峠に残った旧根室線を利用した実験線で、貨車脱線原因解明の脱線試験が始まった |
| 1968 | 3 | 12 | 根室線へのDD51の大量投入で、道内で最後まで残っていた池田機関区の貨物用D60 42が本日廃車となり、道内のD60形が消滅した |
| | 5 | 21 | DE10形0代の道内第1号となるDE10 27が釧路機関区に配置された。主に釧網・根室両線で使用され、無煙化を実現した |
| | 10 | 1 | ダイヤ改正で、新札幌と北旭川両貨物駅が開業した。函館線と千歳線を結ぶ東札幌－白石・白石－新札幌の短絡線が完成し、貨物輸送が開始された。また隅田川－新札幌に高速特急貨物51レ・52レ〈ほっかい〉がデビューした |
| | 11 | 21 | 新札幌駅敷地に建設していた道内最大の石油基地が完成し、本日4時に室蘭線本輪西から新札幌に到着した751レから供用開始となった。自家用車の増加、家庭での石油類の需要増加に対応した |
| 1969 | 1 | | 小規模集配の荷主の利便性を図るため、トム50000形をコンテナ専用車に改造したコム1形25両が完成した |
| | 7 | 1 | 狩勝実験線で貨物列車の競合脱線の試験が始まった |
| | 10 | 1 | 青函航路に大型高速貨物船渡島丸（搭載車両55両）が就航したことを機に、ピーク時は従来の25往復から28往復に増強するダイヤが設定され、1日当たりの車両輸送量はワム形貨車1,024両から1,091両に向上した |
| | 11 | 12 | 室蘭埠頭から初の石油列車が旭川に向けて出発した |
| | 11 | 19 | 帯広貨物駅構内に帯広飼料基地が完成した。20トンサイロが30基あり、取扱能力は月間4千トン |
| 1970 | 3 | 15 | 青函航路の1969年度の上り貨物年間輸送量が初めて400万トンを突破した |
| | 4 | 1 | 全国で初めての新聞巻取紙専用急行列車〈おうじ号〉が苫小牧－越中島（東京）、苫小牧－梅田（大阪）に運行開始した。同列車はワキ5000形17両編成で、製紙工場がある苫小牧から1両に巻取紙50本を積み、越中島に12両、梅田に5両、合計約460トンの輸送が可能となった |
| | 7 | 7 | 根室線音別－古瀬で、池田発釧路行き貨物495レの26両のうち後部8両が脱線転覆。1969年10月にも同地点で同様事故があり、いずれも複数の要因が重なった競合脱線とみられた |

| | | |
|---|---|---|
| | 7 31 | 小樽築港駅での石炭積み出しが廃止となり、ローダーやベルトコンベヤーが撤去された |
| | 9 1 | 石北線美幌駅から王子製紙美幌工場、網走木材共有専用線、ホクレン農協専用線に通じる専用通路線が完成し、開業式が行われた |
| | 10 14 | 農産品輸送の貨物列車〈みのり〉の北見－田端（東京）の運転が始まった |
| 1971 | 4 1 | 新札幌－隅田川でコンテナ貨物直行便〈フレートライナー〉の運行が始まった。最高時速100キロで所要時間は上り22時間40分、下り22時間10分で、それぞれ翌日午後に到着 |
| | 5 1 | 釧路－東京に冷蔵コンテナ専用急行列車の運転が始まった |
| | 7 20 | 北海道－汐留・梅田などを結ぶ全国18区間で冷蔵コンテナ専用列車の運転を開始した。ルート固定化による計画輸送、運行効率の向上などを図る |
| | 10 1 | 苫小牧－札幌に石油専用列車が運行開始した。札幌－大阪にはコキ50000コンテナ車による〈フレートライナー〉、北見－田端（東京）には農産物輸送の〈第1みのり〉、北旭川－青森に〈第2みのり〉などが設定され、スピードアップが図られた。東室蘭がコンテナ取扱駅となった |
| | 12 1 | 静岡から北海道向け〈みかん列車〉第1便の出発式が、東海道線藤枝駅で行われた |
| 1972 | 2 15 | 青函連絡船の乗客・貨物が増加したことにより、増便して28往復が実施された。貨車航送能力は1日あたりワム形貨車で1,330両に増えた |
| | 3 15 | コキ10000形コンテナ車で100キロ運転を行う貨物特急が、新札幌・釧路－隅田川に増発された。釧路－隅田川の5058レ〈ほくりん〉は、鮮魚を冷蔵コンテナで32時間10分で輸送し、従来より約22時間短縮した。新札幌－笹島には〈フレートライナー〉が増発された |
| 1973 | 7 16 | 函館線の貨物駅である新札幌駅が札幌貨物ターミナル駅に改称された。千歳線に同日、同名の新札幌駅（旅客駅）が開業することに伴う措置 |
| | 10 15 | 鳥栖発桑園行きの初のミカン列車運転開始。本年は11月19日まで走行した |
| 1975 | 3 | 新型車掌車ヨ8000形が北海道内に106両配置された |
| | 8 1 | 青函連絡船の貨車航送が50周年を迎え、青函局は記念祝賀会を開催したほか、記念しおりの頒布、写真展を開催した |
| | 12 24 | 追分機関区のD51 241が夕張線夕張発追分行き貨物6788レを牽引した。これをもって国鉄線上からSL列車が姿を消した |
| 1978 | 4 | 乳製品や生鮮野菜など保冷を要する貨物輸送のため、C95形コンテナ100個が新製された。5月には浜釧路－塩浜で性能試験が行われ、結果が良好だったため、さらに200個が増備された |
| | 10 1 | 全国ダイヤ改正。貨物輸送は〈フレートライナー〉の名称を廃止して〈コンテナ列車〉に統一し、拠点間輸送に再編成された |
| | 10 1 | 青函連絡船有川岸壁横に五稜郭貨物ターミナルが完成し、開業式が行われた。これに伴い、函館駅の貨物コンテナ線が廃止され、専用線のみとなった |
| | 10 2 | 函館線支線桑園－札幌市場（1.6キロ）、同近文－旭川大町（2.9キロ）の貨物営業が廃止され、札幌市場駅、旭川大町駅も廃止された |
| 1981 | 10 1 | 石勝線千歳空港－新得（132.4キロ）が開業した。これにより、札幌と帯広・釧路地区が46.4キロ短絡され、貨物輸送も所要時間が短くなった |
| | 12 | 老朽化した石炭専用貨車セキ3000・6000形に代わる新造のセキ8000形が苗穂工場輪西職場で完成し、時速75キロの運転が可能となった。1983年までに計155両が製造された |
| 1982 | 11 15 | ダイヤ改正で全国のコンテナ列車が11本増加し、計137本になった。混載貨物輸送が多い東札幌－梅田に直行列車が1往復増発された |
| 1983 | 7 1 | 北炭夕張新鉱が1981年10月の大規模事故をきっかけに閉山したのに伴い、室蘭・石勝線の専用貨物列車が本日から削減された |
| | 10 18 | 廃車になったワム80000形の売却第1号車が、北海道教育大付属釧路中に引き渡された |
| 1984 | 1 31 | 戦時中から北海道の鉄道貨物の拠点だった五稜郭操車場と東室蘭操車場が、本日をもって廃止され、使用済み貨車の留置場となった |
| | 1 31 | 青函航路の貨物船専用の有川岸壁が廃止となった |

| | | | |
|---|---|---|---|
| | 2 | 1 | ダイヤ改正でコンテナ輸送が強化され、輸送方式が高速・専用・車扱直行・集配貨物列車の4種類に統合された。このため全国で貨物列車の本数が1,670本減となり、青函航路も減便となった |
| 1985 | 7 | 1 | 函館線伊納駅で車掌車ヨ3500を改造した待合室が使用開始された。このほか旭鉄局管内の宗谷線紋穂内・咲来・歌内・安牛・上幌延・下沼・芦川、勇知にも設置予定となった |
| | 10 | 24 | 釧網線中斜里駅でコンテナ取扱が開始された |
| | 11 | 4 | 幌内鉄道発祥の地である手宮線南小樽－手宮（2.8キロ）が本日限りで貨物営業を終了した。同線は1962年に旅客輸送が廃止後、貨物輸送のみとなっていた |
| | 11 | 6 | コンテナ列車の増加に合わせ、五稜郭車両所でコンテナの製作が開始された |
| 1986 | 10 | 31 | 室蘭線の公共臨港線と呼ばれた貨物線室蘭－西室蘭で、1985年に廃止後も荷主の要望で1日1往復運転されていた貨物列車が本日で廃止された |
| | 10 | 31 | 函館線白石－東札幌の貨物運輸営業廃止。また、室蘭線室蘭－御崎の専用線の貨物取扱が本日をもって営業を終えた |
| | 11 | 1 | 国鉄として最後の全国ダイヤ改正。全国の主要区間には100キロ走行の〈スーパーライナー〉に加え、新たにピギーバック輸送（貨物を積んだトラックをそのまま専用貨車に乗せる輸送方式）が開始され、スピードアップが実現した。同時に、輸送基地及び集配列車を廃止し、直行化がさらに強化された。また、冷蔵車・通風車は全廃し、冷蔵・通風コンテナに転換した |
| 1987 | 3 | 24 | 函館線上砂川支線砂川－上砂川（7.3キロ）の石炭輸送が終了した |
| | 3 | 30 | 4月1日の国鉄の分割・民営化で、国鉄の貨物営業部門を引き継ぐ日本貨物鉄道株式会社（JR貨物、社員約1万2千人）が誕生することに伴い、国鉄貨物として最後となるさよなら列車〈国鉄コンテナライナー〉が札幌－東京で運転された |
| | 4 | 1 | JR貨物が発足。国鉄時代に貨物運賃を規制していた「国有鉄道運賃法」に代わり、「鉄道事業法」が制定され、JR貨物は競争原理に基づく貨物事業を行うことが可能になった |
| | 6 | 19 | 幌内線で最後の石炭列車が運転され、貨物営業が終了した |
| | 9 | 1 | JR貨物北海道支社は運転士の制服の左上腕部に付けるエンブレムを作成し、本日から着用を始めた |
| | 10 | 9 | 北炭真谷地炭鉱が閉山し、石勝線の旧夕張線区間から石炭列車が消滅した |
| 1988 | 1 | 1 | 苫小牧貨車区の業務を白石機関区に集約した |
| | | 1 | 高速コンテナ貨車コキ100形が完成した |
| | 2 | 1 | 白石機関区を札幌機関区と改称した |
| | 3 | 13 | 青函トンネルが開業し、歴史的ダイヤ改正が行われた。青函連絡船は廃止になり、80年の幕を閉じた。同トンネルを通過する旅客列車は15往復、貨物列車は20往復のダイヤを設定。札幌貨物ターミナル－隅田川の最速所要時間は従来の21時間台から一気に4時間短縮して17時間台を実現した |
| | 4 | 9 | 本日をもって歌志内線の石炭輸送が終了した |
| | 6 | 25 | 鷲別機関区のDD51 1085が、コンテナブルーをベースにオレンジの帯を運転台中心から飛翔形に配したデザインに試験的に塗り替えられた。次いで1088も同様の塗装にされた |
| | 9 | 15 | 札幌貨物ターミナル－隅田川で低温コンテナによる輸送を開始。札幌貨物ターミナルで出発式が行われた |
| | 10 | 1 | 福岡貨物ターミナル－札幌貨物ターミナルの直通コンテナ列車が運転を開始。日本一長い距離を走る貨物列車となった。本年の運転は12月28日までだった |
| 1989 | 7 | 31 | 浜釧路駅を本日をもって廃止。釧路地区の貨物取扱の拠点を新富士駅に移し、8月1日から営業開始した |
| 1990 | 1 | 20 | 本日から21日にかけてJR貨物のDD51 1157が寝台特急〈トワイライトエクスプレス〉の札幌－五稜郭を牽引した |
| 1991 | 3 | 16 | 五稜郭機関区のED79は従来、青森操車場までの運用だったが、本日のダイヤ改正で1往復が盛岡貨物ターミナルまで延長された |
| | | 11 | 苫小牧貨物駅に着発荷役線・コンテナホームが完成した。これにより、入換なしに荷役が可能となった |
| 1992 | 4 | 1 | JR貨物北海道支社が車も同時に運べる引越用コンテナを開発し、東京－札幌で営業を開始した |
| 1993 | 1 | 19 | DF200形の試験機901が完成し、本日と21、22、24日、千歳－追分で時速110キロの高速試験を単機で行った |

| | | | |
|---|---|---|---|
| | 3 | 10 | DF200－901が東室蘭－札幌貨物ターミナルで営業運転を開始した |
| 1994 | 1 | 3 | JR貨物の情報ネットワークシステム「FRENS」が稼働開始となった |
| | 9 | 15 | DF200－901が優秀な車両に贈られる鉄道友の会の「ローレル賞」に選ばれ、鷲別機関区で授賞式が行われた。合わせて量産機のDF200－1が披露された |
| | 12 | 3 | 9月に鷲別機関区に到着したDF200形量産機3両が本日から営業運転に入った |
| 1997 | 3 | 21 | JR貨物は釧網線中斜里－根室線新富士の貨物輸送（DE10重連）を廃止し、トラック輸送に転換した。ホクレン中斜里製糖工場の専用線も廃止となった |
| 1998 | 5 | 12 | JR貨物輪西車両所でワム80000形を改造したチップ輸送用無蓋車ワム480000形（15トン積み）の1号車が完成した。トラ90000形の老朽化により、置き換えられる |
| 1999 | 7 | 8 | 札幌貨物ターミナルでクールコンテナ〈フレッシュ号〉の出発式が行われた。北海道産の夏野菜類を首都圏に運ぶのは従来トラックが主流だったが、専用のクールコンテナを使った鉄道輸送に転換することにより、コストや環境負荷の削減などを目指す。農水省のモーダルシフト実験事業「遠隔地等一貫温物流システム確立事業」の一環。道内を出て、3日目の朝には店頭に並ぶ。 |
| | 7 | 16 | JR貨物ダイヤ改正。隅田川－札幌ターミナル直行のコンテ列車2本を新たに苫小牧に停車させ、地元への輸送サービス強化を図った。関東－苫小牧港を結ぶ高速フェリーに対抗するための措置 |
| | 11 | 28 | 室蘭線礼文－大岸の礼文浜トンネルで、重さ2トンのコンクリート塊が落下し、走行中の貨物列車が脱線。洞爺－長万部が不通となった。このため貨物列車も函館線小樽－長万部を迂回運転し、1日当たり5トンコンテナ換算で、上下合わせて185個を輸送した。このほか、苫小牧港－青森港に貨物船3隻をチャーターし、延べ402個のコンテナを輸送した。12月4日に全区間が復旧した |
| 2000 | 1 | 6 | 新型交直流機関車EH500－901（仙台鉄道総合部）が津軽海峡線で試運転を開始した |
| | 3 | 8 | EH500形量産機に「ECO－POWER 金太郎」の愛称がつけられた |
| | 3 | 11 | JR貨物ダイヤ改正。EH500形が営業運転に入った。また本輪西－札幌ターミナルなどにタンク貨車23両（計1,380トン）による石油輸送列車が登場。同時に牽引機がDD51形からDF200形に一部置き換えられた |
| | 3 | 31 | 数日前から地震活動が活発化していた有珠山が13時過ぎ、水蒸気爆発を起こし、噴火した。大規模噴火は1977年以来。このため、室蘭線でレールが曲がるなど甚大な被害が発生し、長期化する見込みとなったことから、函館線小樽経由での迂回運転が開始された。JR貨物の迂回運転は1日3往復 |
| | 4 | 4 | JR貨物は本日から迂回運転を5往復に増やし、1日当たりコンテナ250個を輸送する態勢を取った。トラック代行も札幌－五稜郭で往復400個に増強。また、1日から始まった苫小牧－青森の船舶代行も300個あり、合わせて1日950個の輸送力を確保した。ただ、通常2千個の輸送力に対して半分に満たず、五稜郭駅には連日700個が滞った |
| | 4 | 21 | 迂回運転に対応するため長万部に建設していた仮設コンテナホームが完成し、供用開始となった |
| | 4 | 27 | 室蘭線長和－洞爺で貨物列車の運転が再開した |
| | 12 | 6 | 18時46分ごろ、津軽海峡線津軽今別付近を走行中の札幌貨物ターミナル発隅田川行き3056レ（20両編成）の13両目と14両目が分離し、14〜18両目が脱線した。貨車の軸受けの発熱による車軸破損が原因 |
| 2001 | 5 | 9 | 145トンの大型変圧器が東芝私有貨車のシキ810形に積載されて川崎貨物を出発し、札幌貨物ターミナルへ147時間30分かけて輸送された |
| 2002 | 2 | 21 | JR貨物の函館－五稜郭の営業廃止が認可された |
| 2003 | 11 | 13 | 苫小牧勇払地区で産出した液化天然ガス（LNG）を苫小牧から旭川に輸送する列車の出発式が、苫小牧貨物駅で行われた。LNGの鉄道輸送は道内で初めて |
| | | | 2002年の貨物取扱量ランキングで、札幌貨物ターミナルが1日平均7,691トンを記録し、2年連続1位となった |
| 2004 | 10 | 16 | 石北線遠軽駅において、スイッチバックによる機関車の前後付け替えをやめ、全区間前後1両ずつを連結するプッシュプル方式に改めた |
| | 10 | 17 | コンテナ貨物に対する輸送需要に応えるため、臨時列車を大幅に増発。北海道関連では、隅田川－札幌貨物ターミナルで本日〜12月22日の週3回、上下60本の運転が始まった |
| 2005 | 1 | | 海峡線にED79形プッシュプルの試験列車が運転された。ED79 54＋スハフ14 506＋コキ104－642＋ED79 20 |
| 2006 | 1 | 10 | JR貨物は2005年10月から「IT－FRENS&TRACEシステム」が全面稼働したのに合わせ、「コンテナ荷票」を廃止した |

| 2007 | 8 | 21 | JR北海道の坂本眞一相談役は「北海道フォーラム」で、新幹線車両にそのまま貨物車両を積み込んで運ぶ「トレイン・オン・トレイン」構想を明らかにした |
|---|---|---|---|
| 2008 | 3 | 12 | 室蘭線陣屋町に隣接する陣屋町臨港－同線萩野で毎日1往復運転されていたチップ専用貨物列車が本日、最終出荷日となった。5263レ～5264レ牽引機のDD51 1164に「ありがとうワム480000 さよならチップ列車」のヘッドマークが付けられた。同時にワム480000系貨車61両が全廃となり、北海道支社管内の2軸貨車が姿を消した |
| | 7 | 6 | 有害なポリ塩化ビフェニル（PCB）廃棄物を処理するため、室蘭市内に建設された「日本環境安全事業」（JESCO）の北海道事業所に向けて、郡山貨物ターミナルから東室蘭までの廃棄物輸送が始まった。PCB廃棄物を鉄道で輸送するのは初めて。東北・甲信越・北関東・北陸などから専用の12フィートコンテナで運ばれる |
| | 10 | 1 | 苫小牧貨物駅構内に第3コンテナホームが完成し、使用を開始した。LNG輸送の増加などに対応するとともに、札幌貨物ターミナルの補完機能も受け持つ |
| 2009 | 1 | | 苫小牧から北見に向けLNG輸送が始まった。10トン入りLNGタンクコンテナを1日2個輸送する |
| | 3 | 14 | ダイヤ改正に合わせ、列車運行支援システム「PRANETS」が全線区に導入された。全国を走行する貨物列車の位置情報が把握でき、利便性が向上した |
| | 3 | 14 | 石油輸送の迅速化を目指し、従来の最高速度を75キロから95キロに引き上げた高速石油列車の運転が始まった。北海道ではDF200形に限り、最大23両編成で実施された |
| | 11 | 8 | 日本で初の特急コンテナ列車〈たから号〉（汐留－梅田）の運転開始50周年を記念し、「鉄道コンテナ輸送50周年記念列車」の出発式が東京貨物ターミナル構内で行われた。翌9日、EF210形牽引で東京貨物ターミナルを出発し、札幌貨物ターミナルにライトグリーンの記念カラーコンテナを積載して運転された |
| | 12 | 1 | 五稜郭－北旭川でLNG輸送が開始された。北海道では5例目で、2012年2月末までの冬期限定運転 |
| 2010 | 2 | 21 | 在来線貨物列車をそのまま新幹線貨物車両に積載する「トレイン・オン・トレイン」の実験車両がJR苗穂工場で初めて公開された。新幹線と在来線を共用する青函トンネル内での使用を想定。同方式では時速200キロの走行も可能で、貨物輸送力確保に加え、すれ違いの不安も解消されるとした |
| | 4 | | JR貨物と利用運送事業者10社が、鉄道コンテナの輸送情報をインターネット上でリアルタイムで提供する「鉄道Webサービス」が運用開始された。JR貨物の「TRACEシステム」と、走行中の列車位置をリアルタイムで把握する運転支援システム「PRANETS」を活用した |
| | 8 | 10 | 石北線北旭川－北見で運転されている「タマネギ列車」の臨貨が減便されて2往復体制となり、本日から8071・8072レ、17日から8073レ・8076レがDD51のプッシュプルで運転された |
| | 8 | 10 | 札幌貨物ターミナルの荷役ホームが完全20両化された |
| 2011 | 3 | 11 | 14時46分、東北地方太平洋沖を中心にマグニチュード最大9.0の大地震が発生した。鉄道路線・施設も未曾有の打撃を受け、東北線・常磐線を中心に貨物輸送も各地でストップ。北海道と本州との運行も一時途絶えた |
| | 3 | 12 | ダイヤ改正により貨物取扱駅の駅名変更があり、新富士駅は釧路貨物駅、帯広駅は帯広貨物駅、苫小牧駅は苫小牧貨物駅、五稜郭駅は函館貨物駅にそれぞれ変更された |
| | 3 | 15 | 11日の東北地方太平洋沖地震の影響で運転を見合わせていた津軽海峡線で、本日から4日ぶりに特急〈スーパー白鳥〉などから一部運転開始した。JR貨物は奥羽線秋田貨物－青森信号場、津軽海峡線青森信号場－函館貨物などで運転再開。関西・九州－北海道も一部復活した |
| | 3 | 17 | JR貨物及び通運連盟が被災地への救援物資の無賃輸送を実施することを発表した |
| | 4 | 1 | JR貨物は1～2日にかけ上越・日本海縦貫線を迂回して常磐線隅田川－札幌貨物ターミナルを結ぶコンテナ列車を1往復増発し、1日3往復体制に増強した |
| | 8 | 9 | 石北線の今秋の「タマネギ列車」が運転開始した。本年から減便され、1日1往復（8071レ・8074レ）となった |
| 2012 | 2 | 16 | 石勝線東追分駅構内で、釧路貨物発札幌貨物ターミナル行きの貨物列車（16両編成）が、停止信号で止まらず安全側線に乗り上げ、機関車とコンテナ車計5両が脱線。スノーシェルターの壁を突き破り、停車した |
| | 3 | | 国鉄時代の1960年から使用されていたワム80000形貨車が引退した。近年は一部が新聞用紙の輸送を担っていた |
| | 4 | 26 | 江差線釜谷－泉沢で広島貨物ターミナル発札幌貨物ターミナル行きの貨物列車（19両編成）の18両目が脱線した。コンテナ内の荷物が偏っていたことが原因とされた |
| | 5 | 31 | JX室蘭製油所の業務縮小により、北旭川への石油輸送が終了した |

| | | | |
|---|---|---|---|
| | 9 | 11 | 4月26日の事故と同じ江差線釜谷－泉沢で、函館貨物ターミナル発仙台貨物ターミナル行き貨物列車（20両編成）の18両目が脱線した。原因は4月26日と同様の荷物の偏りとされた |
| | | 12 | 全廃が近づいたDD51が札幌貨物ターミナルの入換機としての使用されることになった |
| 2013 | 3 | 7 | 石北線の「タマネギ列車」の牽引機がDD51からDF200に交替することになり、遠軽－北見でプッシュプルの試運転が行われた。編成は遠軽方DF200 111＋DD51 1162＋コキ＋DD51 1089北見方 |
| 2014 | 4 | 19 | 石北線の「タマネギ列車」を牽引していたDD51が本日をもって引退した |
| | 5 | 29 | JX室蘭製油所の業務縮小により、本日をもって本輪西－札幌貨物ターミナルでの石油輸送が終了した。北海道のタキ組成貨物列車はすべて廃止となり、本輪西駅でセレモニーが開催された |
| | 6 | 22 | 4時15分、江差線札苅駅構内で、札幌貨物ターミナル発宇都宮貨物ターミナル行き貨物列車（20両編成）の2両目が脱線し、不通となった。2012年の2回の脱線事故と同じく、線路の保守の問題の他、コンテナの積み荷が偏っていて、脱線に至ったと指摘された |
| | | 7 | 北海道新幹線開業後の青函トンネル共用走行に対応したEH800－901の本格的な走行試験が始まった。函館貨物－青森信号場で1日1往復、定期貨物列車を牽引。901に加え、6月に落成した量産機のEH800－1も7月後半から加わった |
| | 8 | 4 | 石北線の「タマネギ列車」が2014年度の運転を開始した。従来のDD51によるプッシュプルに代わり、DF200のプッシュプルとなった。DF200は石油輸送が廃止されたことから、供用可能になった |
| | 8 | 30 | DF200とDE10が配置されていた鷲別機関区を廃止し、五稜郭機関区に機能が移管された。これにより、北海道内の本線用機関車は五稜郭機関区に集約、札幌貨物ターミナルの入換えは苗穂車両所に配置となった |
| | 11 | 13 | 新幹線車両にコンテナ車を搭載して走る「トレイン・オン・トレイン」の開発が、当面凍結されることとなった |
| | 12 | 1 | 苗穂車両所に配置されたHD300－501が札幌貨物ターミナルの入換の運用に入った。国鉄色DE10 1747と共に使用される |
| 2016 | 3 | 18 | 2012年に発生した脱線事故の防止策として、偏積防止のための「輪重測定装置」が道内では函館貨物駅有川荷役線と東室蘭駅に設置され、使用開始となった。輪重比が高い場合、偏積車両と判断して編成から切り離す |
| | 3 | 26 | 北海道新幹線新青森－新函館北斗が開業した。これに伴い、貨物列車の函館貨物－青森信号場の牽引機は、交流2万5千ボルトに対応するEH800に引き継がれた |
| | 6 | 5 | 観光列車〈カシオペア〉の車両を使用した「カシオペアクルーズ北海道東北周遊3泊4日の旅」が催行され、北海道新幹線開業後初めて北海道に乗り入れた。函館・室蘭線では、JR貨物のDF200－116が牽引した |
| 2017 | 2 | 23 | 室蘭線洞爺－有珠で、隅田川発札幌貨物ターミナル行きの19両編成の貨物列車が脱線。長和－長万部で運転見合わせとなった |
| | | 8 | 低床式大型貨車シキ180が道内入りし、函館本線を走行し、旭川方面に変圧器を運んだ |
| | 9 | 3 | 富良野－札幌貨物ターミナルで運行する臨時貨物列車の愛称が〈ふらのベジタ号〉と決まった。富良野市内の小学生から募集したところ、2年生女子の作品が選ばれ、機関車にヘッドマークが付けられた |
| | 9 | 12 | アサヒビール、キリンビール、サッポロビール、サントリービールの国内大手ビール4社は、ドライバー不足への対応と環境負荷軽減を目的に、道東エリアの一部地区向けのビールなど各種飲料商品を対象に、JR貨物の鉄道コンテナとトラックを活用した共同物流を開始した |
| 2018 | 3 | | 国鉄時代のコンテナ貨車コキ50000形が引退した。約3,300両製造されたが、2008年からコキ107形へ置き換えが進み、JR貨物会社発足後に開発されたコキ100系に統一された |
| | 5 | 20 | 札幌貨物ターミナル駅で鉄道貨物フェスティバルが開かれ、子供たちがDF200運転席での乗車体験や保線作業の見学などを楽しんだ。札幌で開催されたのは初めて |
| | 10 | 1 | JR貨物は1987年の新会社発足以来初めて基本運賃を10パーセント値上げした。コンテナで1,300キロの距離を運ぶ場合、1トン当たり12,818円から14,100円になる。人手不足の中、人件費や車両などへの設備投資に資金を確保する |
| 2019 | 2 | 4 | 本日開会の第70回さっぽろ雪まつり「雪のHTB広場×JR貨物」でDF200形機関車の大雪像が作られ、夜間、プロジェクションマッピングで貨物を牽引する姿が表現された。JR貨物北海道支社の初めての試み |
| | 3 | 13 | JR貨物の真貝康一社長は東京での記者会見で、北海道と本州間の貨物輸送に関し、「（一部提起されている）貨物の船舶への移行案は北海道と本州だけでなく、道内の物流の根幹にかかわる問題だ」と述べ、時間をかけて議論する必要があるとの考えを示した |

| | | |
|---|---|---|
| | 3　15 | 根室線音別駅の貨物取扱が本日をもって終了した。最後の列車はDF200－62牽引の札幌貨物ターミナル行き2092レで、コンテナ5個が同駅発最後の貨物となった |
| | 5 | みずほ総研は青函トンネル内での北海道新幹線と貨物列車の共用走行問題で、鉄道貨物をすべて海上輸送に転換した場合の影響を試算し、発表した。それによると、必要となる運転手や船を確保出来なければ、農産品の輸送が難しくなり、道内経済に1,462億円の損失が生じるとしている。試算はJR貨物が同総研に委託して実施した |
| | 12　23 | 芦別市内の架道橋が事故で損傷し、根室線芦別－富良野が不通になったことから、JR貨物は本日、富良野駅で足止めになった貨物列車を富良野線経由で救出した。編成は機関車DF200が1両、コンテナ貨車14両で、JR北海道が協力してDE10と運転士を手配。貨物列車を2編成に分けて旭川に向かった。 |
| 2020 | 4　15 | JR貨物は札幌貨物ターミナル駅の敷地内に物流施設「DPL札幌レールゲート」を大和ハウス工業と共同で建築することを発表した。同施設は本年3月に開業した「東京レールゲートWEST」に続く第2弾。本州から鉄道で運んできた荷物を道内各地にトラック輸送したり、道内で集荷した荷物を道外へ運ぶ際の中継基地にする。6月24日に地鎮祭が現地で行われた |
| | 12　9 | 建設会社や鉄鋼関連企業などで構成する「日本プロジェクト産業協議会（東京）」の進藤孝生会長が、第2青函トンネルの建設を求める提言書を赤羽一嘉国土交通相に手渡した。トンネル内部を上下に分け、下部に貨物列車用の単線、上部に自動運転専用の2車線の道路を整備する。総工費は7,200億円。青函トンネル内における北海道新幹線と貨物列車の線路共用を解消するとともに、貨物輸送・自動車往来による経済効果を期待する |
| 2021 | 1 | JR貨物グループは「JR貨物グループ 長期ビジョン2030」を策定した。その中で「鉄道を基軸とした総合物流企業として最適なソリューションを提供し社会価値向上に貢献する」ことを宣言した |
| | 4　17 | 函館貨物駅有川荷役ホーム進入口に「トラックスケール」が設置された。コンテナを積んだトラックがこの装置の上に乗ることで、コンテナ積み荷の偏積を測定し、事故防止に役立てる。偏積が原因の脱線事故を受け、全国6カ所、うち北海道内では函館貨物駅のみ設置された |
| 2022 | 1　31 | トラックドライバー用アプリ「T－DAP」の試運用が始まった。対象は全国6カ所で、道内は函館貨物駅で実施。列車の遅延に伴う作業変更などの情報を利用事業者、トラックドライバー、フォークリフトドライバー、貨物駅で共有する。駅業務のスマート化と作業の利便性、安全性の向上を図る |
| | 5　31 | 札幌貨物ターミナル駅構内に建設していた「DPL札幌レールゲート」が竣工した。「東京レールゲートWEST」に続いて2カ所目となる |
| 2023 | 3　30 | 苫小牧貨物駅発釧路貨物駅行きのLNG輸送が終了した |
| | 3 | DF200の試作機901が廃車となった。1993年から北海道内で活躍し、近年は本線の運用から離れていた |
| | 7　26 | 北海道新幹線札幌延伸後の函館線函館－長万部の取り扱いについて、国、北海道、JR貨物、JR北海道が貨物鉄道を維持する方向で一致したことを発表した |

千歳線新札幌駅付近、2010.10.16

## あとがき

　私が生まれた北海道函館市は、長く北海道と本州を結ぶ鉄道の結節点だった。道内で集荷された野菜や魚、木材などは貨車に揺られて函館駅に近い五稜郭操車場に到着する。そこで本州行きの編成に組み直し、青函連絡船で青森に運ばれ、全国各地に運ばれていった。本州方面からの貨物も同様に函館に集められ、札幌や旭川、釧路はもちろん、遠くオホーツク沿岸や稚内方面に黙々と引かれていった。1950～60年代のこと。日本が戦禍から立ち直り、経済大国への道を確実に歩み始めたころだった。

　幼いころから鉄道が好きだった私は、「ブツリュウ」という言葉を知らないまでも、小さな貨車が全国を走り回り、いろいろな荷物を運んでいることは理解していた。身近なものでは、駅売店で毎週買う漫画週刊誌『少年サンデー』もその中の一つ。最新号を積んだ貨車が東京から函館に到着するのをワクワクしながら待ったものだ。また、毎年歳末になると、遠く和歌山からミカンが木箱で届く。その甘酸っぱい味は忘れられない記憶となっている。

　中学生になると、自転車で五稜郭操車場によく行った。そこでは数えきれない貨車が群れを成し、1両、1両、路線別に分けられる。その先には人がいて、生活があった。今思えば、貨車を通じて社会の成り立ちを垣間見ていたのかもしれない。貨車の横には行先を書いた「車票」が差し込まれていた。読んでみると、聞いたことがない駅名がたくさんある。それも好奇心をそそられた。

　何がきっかけだったか忘れたが、中学2年生の時、貨物列車の最後尾に付く車掌車に乗せてもらったことがある。五稜郭操車場を6時過ぎに出発する193レで、長万部駅まで約6時間かけ、各駅に止まって貨車を切り離し、待っていた貨車をつないでのんびり走る。車掌さんは停車すると下りてゆき、青旗と赤旗で機関士に合図を送りながら入換をした。ポイントも切り替える。ローカル貨物列車は地域住民にはなくてはならない存在だった。

千歳線北広島駅～上野幌駅　2012.9.22

しかし、戦後の経済発展を支えた貨物輸送は「自動車革命」に押され、低迷期に入っていく。そして、1987年4月の国鉄民営化により、日本貨物鉄道会社（JR貨物）として再スタートを切った。以後、車両や組織の近代化が図られ、現在はIT機器を駆使して、より効率的な経営を目指している。しかし、「人以外、何でも運ぶ」という貨物の原点は変わらない。そして、安全輸送を最優先する姿勢も堅持されている。本書で書いてきたように、「環境にやさしい鉄道輸送」の復権は、21世紀の世界的な潮流でもある。ぜひこの追い風をつかみ取り、全国に網を張る鉄道貨物輸送会社として発展していただきたい。

　2023年は日本で初めて貨物列車が走ってから150年に当たる。新橋－横浜に鉄道が開業した翌年の1873年9月15日、同区間に貨物列車が運転されたのが始まりだった。また、北海道と本州を結ぶ「海峡の鉄路」が設定されて100年目にも当たる。1924年5月21日、青函航路に貨車を積載できる翔鳳丸が就航し、貨物輸送近代化の飛躍台になった。そうした節目の年に本書を発刊できることに、格別の感慨を覚えている。

　今回の取材を通じて、改めて鉄道輸送が果たす大きな役割と、その可能性を知ることができた。全面的に協力をいただいたJR貨物本社・北海道支社・福岡総合鉄道部の担当社員、運転士など現場社員、社団法人鉄道貨物協会、さらに快く取材に応じていただいたホクレン農業協同組合連合会ほか各企業、団体など多くの方に御礼を申し上げます。この本が日本の貨物輸送を考える一助になれば幸いです。

2023年9月　原田　伸一

●参考文献
以下の文献等を参考にさせていただきました。
関係各位に御礼申し上げます。
『JR貨物　30年のあゆみ』(日本貨物鉄道株式会社)
『JR貨物グループレポート2021』(JR貨物グループ)
『貨物時刻表(2006 〜 2023年)』(鉄道貨物協会)
『鉄道貨物　再生、そして躍進』(伊藤直彦著、日本経済新聞出版社)
『JR貨物の魅力を探る本』(梅原淳著、河出書房新社)
『よみがえる貨物列車』(吉岡心平著、Gakken)
『北海道鉄道百年史　上・中・下』(日本国有鉄道北海道総局)
『北海道鉄道百年』(北洞孝雄著、北海道新聞社)
『鉄道による貨物輸送の変遷 ─操車場配線回顧─』(太田幸夫著、富士コンテム)
『鉄道ピクトリアル』『鉄道ファン』『鉄道ジャーナル』関連各号、ほか関連ウェブサイト。
また、年表の一部は奥野和弘氏らの資料を基に作成しました。

千歳線上野幌駅－北広島駅、2014.3.1